Cahier d'exercices
THÈME ET VARIATIONS

An Introduction to French Language and Culture
THIRD EDITION

M. PETER HAGIWARA

University of Michigan

JOHN WILEY & SONS
New York   Chichester   Brisbane   Toronto   Singapore

Cover Art: Henri Matisse *La Gerbe*, 1953
Paper on canvas, 10 × 12 feet
Regents of the University of California,
Los Angeles, Frederick S. Wight Art Gallery,
Gift of Mr. and Mrs. Sidney F. Brody
Photo credit: Janice Felgar

Copyright © 1977, 1981, 1985 by John Wiley & Sons, Inc.

All rights reserved. Published simultaneously in Canada.

Reproduction or translation of any part of this work beyond that permitted by Sections 107 or 108 of the 1976 United States Copyright Act without the permission of the copyright owner is unlawful. Requests for permission or further information should be addressed to the Permissions Department, John Wiley & Sons, Inc.

ISBN: 0-471-80738-9

Printed in the United States of America

10 9 8 7 6 5

TABLE OF CONTENTS

Introduction: Learning French with *Thème et Variations* v

Exercices de prononciation: Explications

1. Orthographe française et prononciation **1**
2. Rythme et accent **1**
3. Alphabet français **2**
4. Voyelles / i /, / e /, / ɛ / **2**
5. Voyelles / u /, / o /, / ɔ / **3**
6. Voyelles / y /, / ø /, / œ / **3**
7. Voyelles / a /, / ɑ / **4**
8. Voyelles / ɛ̃ /, / ɑ̃ / **4**
9. Voyelle / õ / **5**
10. Consonne / R / **5**
11. Semi-consonnes / j /, / w /, / ɥ / **6**
12. Consonne / l / **6**
13. Liaisons obligatoires **7**
14. Liaisons interdites et liaisons facultatives **8**
15. Syllabation et enchaînement consonantique **8**
16. Intonation descendante **9**
17. Intonation montante **10**
18. Intonation montante-descendante et groupe rythmique **10**
19. Voyelle / ə / **10**
20. Consonnes / n /, / ɲ / **11**
21. Consonnes / p /, / t /, / k / **12**
22. Consonnes / b /, / d /, / g / **12**
23. Consonnes / s /, / z / **13**
24. Consonnes / ʃ /, / ʒ / **13**
25. Consonnes / m /, / f /, / v / **14**
26. Accent d'insistance **14**

Travaux oraux et écrits

Première Leçon **15**
Deuxième Leçon **27**
Troisième Leçon **39**
Quatrième Leçon **49**
Cinquième Leçon **59**
Sixième Leçon **69**
Septième Leçon **81**
Huitième Leçon **91**
Neuvième Leçon **101**
Dixième Leçon **113**
Onzième Leçon **125**
Douzième Leçon **135**
Treizième Leçon **147**
Quatorzième Leçon **157**
Quinzième Leçon **169**
Seizième Leçon **181**
Dix-septième Leçon **191**
Dix-huitième Leçon **201**
Dix-neuvième Leçon **213**
Vingtième Leçon **223**
Vingt et unième Leçon **233**
Vingt-deuxième Leçon **245**
Vingt-troisième Leçon **257**
Vingt-quatrième Leçon **267**
Vingt-cinquième Leçon **279**
Vingt-sixième Leçon **289**
Leçon Supplémentaire **299**

INTRODUCTION

Learning French with *Thème et Variations*

The basic components of *Thème et Variations* for the student are the textbook, the workbook, and the laboratory tapes.[1] In each lesson, all these components constitute a single unit, each complementing the other, in order to help you acquire skills in listening, speaking, reading, and writing. Look at your textbook and workbook as you read the following description and see how everything fits together.

1. Exercices de prononciation (text, tape, workbook)

On pp. 1–13 of your textbook you will find a series of short pronunciation exercises. (On pp. 1–14 of the workbook are brief explanations of French and English pronunciation that correspond to the exercises.) These exercises are recorded on tape. Your instructor may do one or two exercises at the beginning of each class meeting as part of warm-up activities. You can also do them in the laboratory: First, read the explanations in the workbook; then listen to the tape and repeat each word or phrase as you look at the exercises in the textbook, paying close attention to the way in which French words are spelled.

2. Conversations (text, tape, workbook)

Most of the lessons begin with mini-dialogues. For Lesson 1, there are four mini-dialogues, on pp. 14–15. In the workbook, you will find the titles of these dialogues on p. 15, and the English equivalents on p. 23. In class, these short dialogues are used for repetition and variation. They are recorded on the tapes so that you can practice them in the laboratory as well, either before or after they are presented in class.[2] Whenever you have practiced a specific mini-dialogue in the laboratory, place a checkmark in the corresponding tally box (   ) in the workbook, like this: (√). The English equivalents will be of use to some of you as a prompter for learning and reviewing.

Turn to p. 15 of your textbook. A short section entitled **Différences** presents a glimpse of an aspect of French civilization. (**Différences** occurs in Lessons 1–15 only.)

3. Explications et exercices oraux (text, tape, workbook)

This section consists of several grammar headings and alternating sets of explanations and oral exercises, printed in two different type styles. The explanations are intended for you, and they should be read at home *before* the oral exercises are done in class. Study them carefully, reading each example aloud. If you have any questions, jot them down and ask your instructor about them.

You are also expected to go over the oral exercises before class and look up the meaning of new words before the exercises are done in class. (The vocabulary list, along with English equivalents, is found in each corresponding lesson of the *Cahier d'exercices*.) Some exercises call for practice with predictable answers. Others require answers that differ for each individual. It will be to your advantage to go over the latter and think of good (even humorous) answers to give your instructor or classmates.

---

[1] If your laboratory has tape-duplication facilities and if you own a recorder, you may inquire if the laboratory can copy the master tape for you, for practice at home. Please make sure that you read, sign, and submit the request form on p. 304 of this workbook to the laboratory so as not to violate the copyright law.

[2] Some of the **Conversations** involve questions about a drawing. These questions are not recorded or translated; but the vocabulary they employ is often recorded for listening and pronunciation practice.

About sixty percent of the oral exercises are available on tape. Exercises recorded as they appear in the text are marked with a cassette symbol in blue, for example Exercises A through D of section 1 (**Nom (singulier et pluriel) et article indéfini**), on pp. 18–19 of your textbook. A few that have been modified for the purpose of recording are marked with a black cassette symbol, like Exercise E of the same section. Whether or not these recorded exercises are completed in class, they should always be done in the language laboratory.

Most exercises are to be done with the textbook closed. Each item of a recorded exercise is arranged in this manner: *Item Number → Question and/or Cue → (pause) → Correct Answer.* You give your answer during the pause, then listen to the correct answer for confirmation. There will not be enough time for you to repeat the correct answer.

The workbook contains tally sheets to help you keep track of the exercises you have done in the laboratory and of the items that need reviewing. Turn to page 16 of your workbook, for section 1, and you will find that Exercises A through E are on tape. The directions from the textbook are duplicated, followed by a set of numbers. Each number corresponds to the item number of the particular exercise. As you do an item and compare your response to the correct answer recorded on the tape, circle, cross out, or mark in any other way the item number whenever you detect a mistake. After the laboratory session, look up in the textbook the sentences you missed. When you review for a test, pay special attention to these sentences. If you made a large number of errors in one exercise, go over the entire exercise again.

4. Compréhension auditive (tape, workbook)

Included among the recorded oral exercises are a series of listening comprehension exercises. For example, turn to pp. 16–18 of your workbook and you will see that there are five listening comprehension exercises and a short dictation, under sections 1, 3, 4, 5, and **Applications**. They are to be done in the laboratory along with the oral exercises. Mark or write your answers in the workbook, and check them with the key found in Part Three of the workbook lesson, p. 25. If you are not sure why your answer is wrong, ask your instructor to show you the recording script.

5. Exercices écrits (workbook)

For each grammar point explained in the text, there is also a writing exercise in Part Two of the corresponding workbook lesson. In order to minimize mistakes, these exercises should be done *after* the oral exercises have been done in class for a given grammar section. You will find the correct answers for 2/3 of the items (not preceded by an asterisk [*]) in Part Three of the workbook lesson (p. 25 for Lesson 1) so that you can compare them with your own. Parentheses in the answer keys indicate the part or parts of sentences where individually different answers are expected (see p. 36 of Lesson 2).

6. Applications (text, tape, workbook)

The **Applications** provide opportunities to apply in natural contexts the structures and vocabulary that have been presented in **Conversations** and **Exercices oraux**. You will find a wide variety of activities, and your instructor will specify which ones are to be done. Only the first section, **Dialogue et questions,** is recorded on tape. The workbook presents a tally sheet, for example on p. 22 for Lesson 1, so that you can keep a record of which activities have been done as written homework. You should use a loose-leaf notebook for all written assignments in **Applications,** one sheet for each activity assigned, so that you can hand it in whenever requested. Your instructor will explain how to do each type of activity assigned. We single out the following five common types.

Dialogue et questions (text, tape, workbook)
On the tape, the narrative passage preceding the dialogue is recorded only once, without pauses, for listening practice. The dialogue itself is recorded twice, as is **Conversations**: The first recording is without pauses, for general listening practice; the second is with pauses for your repetition. The questions about the dialogue and the correct answers are recorded in the same way as the **Exercices oraux**. You will find an English equivalent of the dialogue in Part Three of your workbook lesson (p. 24 for Lesson 1). Some use it as a prompter when they memorize or review the dialogue.

Expressions utiles (text, workbook)

This section supplies a list of useful words and phrases for a given topic. More than one-third of these expressions occur in the preceding parts of the lesson, and they are used extensively in the remainder of the **Applications.** You will find the English equivalents in Part Three of your workbook (p. 24 for Lesson 1). The list is occasionally recorded on the tape when **Conversations** do not consist of mini-dialogues.

Posez des questions (text)

On p. 51 of Lesson 2 you will find a short paragraph with certain words and phrases underlined. You replace the underlined parts with appropriate interrogative expressions and ask questions. Here are examples of this kind of activity in English:

My <u>brother</u> speaks French.
→*Who speaks French?*
I went <u>to the library</u>.
→*Where did you go?*

I saw <u>your book</u> on the table.
→*What did you see on the table?*
We watched TV <u>last night</u>.
→*When did you watch TV?*

Complétez le passage (text)

On p. 30 of Lesson 1 you will find a story consisting of "dehydrated" sentences. You "reconstitute" them fully by adding the necessary grammatical items and making any other necessary changes. There may be slight variations from one student's version to another's. Here is an example of dehydrated sentences in English.

This / girls / not / go / movies / yesterday / because / they / be / busy. Instead, / they / study / library / for / three / hour.
These girls did not go to the movies yesterday because they were busy. Instead, they studied in (at) the library for three hours.

Renseignements et opinions (text)

These questions make use of the structures and vocabulary you have learned in the entire lesson. They are designed to elicit simple information about your daily activities or your opinions about a topic, providing a point of departure for brief conversations between you and the instructor or a classmate. You will need to prepare at least a list of words and phrases you want to use in your answers.

7. Vocabulaire (text, workbook)

The vocabulary list at the end of each lesson includes all new words appearing in **Conversations, Exercices oraux** (except for those occurring only in the directions), and **Dialogue et questions**. Words occurring exclusively in **Conversations** and **Dialogue et questions** are preceded by a small dot. English equivalents of the words (along with the French) are provided in Part Three of the workbook lesson (for Lesson 1, pp. 24–25). Study the list until you are able to give the French words and phrases by looking at their English equivalents. Other new words appearing in the lesson, such as those in the **Applications** after **Dialogue et questions,** and the few new words appearing in the workbook, are listed in the **Lexique** (end vocabulary) of the textbook.

The chart below summarizes the main components of *Thème et Variations* and indicates which components are found in the textbook, the corresponding workbook lessons, and the tape program. "Texts" in the chart refers to all *printed* exercises and related activities.

	TEXTBOOK	WORKBOOK	TAPE PROGRAM
EXERCICES DE PRONONCIATION	texts	explanations	texts recorded
CONVERSATIONS	texts	checklist English equivalents	texts recorded
EXERCICES ORAUX	texts	directions talleys	texts and answers recorded
COMPRÉHENSION AUDITIVE	—	directions talleys answer keys	texts recorded
EXERCICES ÉCRITS	—	texts and answer keys	—
APPLICATIONS DIALOGUE ET QUESTIONS	texts	checklist English equivalents	texts and answers recorded
OTHER ACTIVITIES	texts	—	—
VOCABULAIRE	list	list and English equivalent	—

VOCAL ORGANS

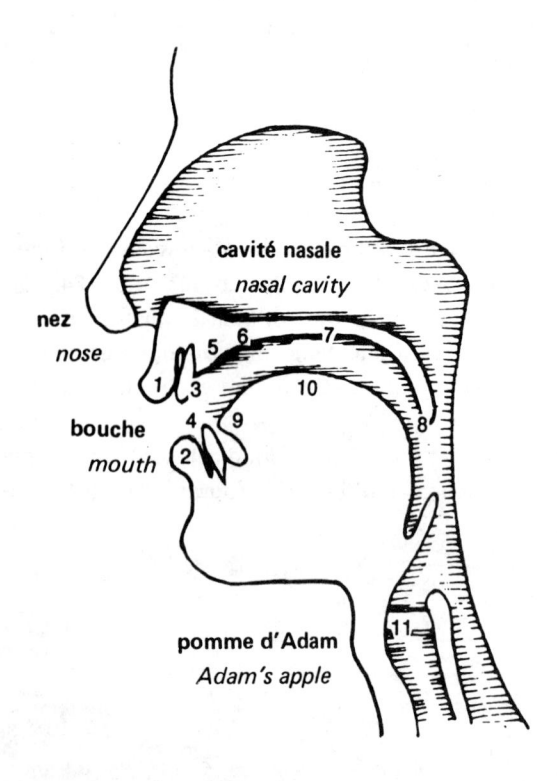

1. upper lip (*lèvre supérieure*)
2. lower lip (*lèvre inférieure*)
3. upper teeth (*dents supérieures*)
4. lower teeth (*dents inférieures*)
5. ridge behind the gums (*alvéole*)
6. hard palate (*palais dur*)
7. soft palate (velum) (*palais mou*) (*velum*)
8. uvula (*luette*)
9. tip of the tongue (*pointe de la langue*)
10. back of the tongue (*dos de la langue*)
11. vocal cords (larynx) (*cordes vocales*) (*larynx*)

EXERCICES DE PRONONCIATION : EXPLICATIONS

You should read the following explanations before doing the corresponding exercises in the textbook and on the tape. The phonetic symbols, especially those representing the vowels, should be learned thoroughly so that you can tell what sounds they represent whenever you see them used in grammar explanations.

● **1** Orthographe française et prononciation

One of the first things you need to know in your study of French is the sound-symbol relationship—how French sounds are pronounced and how they are spelled out in writing. Although it may not seem so at first, there is a more definite relationship in French between sounds, particularly vowels, and spelling than there is in English. The first section of the **Exercices de prononciation** presents some of the sounds and their typical spellings. Note the following:

   a) Word-final **c, r, f, l** are often pronounced:

   avec, sec, mur, professeur (but not in **cahier**), **chef, neuf, animal, national**

   b) Other word-final consonants are usually silent, unless linked to the next word by "liaison" (liaison is discussed in sections 13 and 14):

   dans, sous, devant, salut, maintenant, étudiant, vous parlez

   c) A word-final **e** without any accent mark shows that the consonant before it is pronounced:

   chaise, classe, montre, porte, livre, table, étudiante

   d) A single **n** or **m**, at the end of a word or when followed by a consonant letter, is not pronounced (nasal vowels are discussed in sections 8 and 9):

   crayon, américain, médecin, montre, étudiant, étudiante, maintenant

● **2** Rythme et accent

In English, a word of two or more syllables has a heavy stress on one of the vowels: *vIsit, telEpathy, philosOphical,* and so on. Stress is very important in English because it helps differentiate between words like *Import* (noun) and *impOrt* (verb), *bIllow* (verb) and *belOw* (preposition). Some vowels that do not receive a stress when pronounced tend to be blurred or dropped: *an(i)mal, b(e)lieve, mad(a)m, capit(a)l,* and so forth.

In French, the last syllable of a phrase or a word pronounced in isolation is lengthened, and all the preceding syllables are pronounced with more or less equal stress and duration. The "accent marks" in French spelling have nothing to do with stress; they indicate the type of vowels used in a word (as in **élève, élevé; répète, répété**), or distinguish between words that are pronounced alike (as in **a, à; ou, où; du, dû; sur, sûr**).

In doing the exercises, say each word or phrase evenly, always lengthening the last vowel. Do not put a heavy stress on the last vowel.

EXERCICES DE PRONONCIATION : EXPLICATIONS **1**

● 3 Alphabet français

First, go over the pronunciation of the letters of the French alphabet. Between each letter and its indication of pronunciation is a "spelling" of the letter. Note the French pronunciation of the letters **g** / ʒe / and **j** / ʒi / —more or less the opposite of English. Note also that / i / represents **i**, not **e**. In French, the letter **w** is a « double v » rather than a « double u » ; **y** is called a "Greek **i**."

In pronouncing double consonants, you add **deux** / dø / before the letter: **tt** / døte /, **pp** / døpe /. The / z / sound after / dø / occurs in liaison when the following sound is a vowel: **ll** / døzɛl/, **ss** / døzɛs /.

● 4 Voyelles / i /, / e /, / ɛ /

Vowels are sounds produced by the air stream passing through the vocal tract without encountering any obstruction. Certain vowels are known as "front vowels" because they are produced toward the front of the mouth. Certain others are known as "back vowels" because they are produced toward the back (near the soft palate) of the mouth. In English, the vowel sounds in *beat, bit, bet, bat* are front vowels. The French sounds / i /, / e /, and / ɛ / presented here are also front vowels.

/ i / Spread your lips horizontally and keep them tense. Close your jaw and hold the tip of your tongue firmly against the back of the lower teeth. Do not move your tongue during the pronunciation of / i /. The French / i / is more tense than the English vowel sound in *beat*.

USUAL SPELLING
- **i** ici, livre
- **î** île, huître
- **y** y, stylo

/ e / Spread your lips horizontally but a little more open than for / i /, still keeping them tense. Do not move your tongue at all during the articulation of / e /, or you will produce the diphthong[1] / ej / (that is, / e / followed by a glide sound / j /, as in English *bay, may, day*).

USUAL SPELLING
- **é** clé, été, téléphone
- **-er** cahier, premier (at the end of words of two or more syllables)
- **-ez** chez, parlez, répondez
- **-es** des, les, mes, ces (one-syllable words)
- **ai, ei** aimer, maison, enseigner (in open syllables[2])
- **et** the word meaning *and*

/ ɛ / Open your lips more than for / e /. This sound is quite close to the vowel sound in English *bet, met, set,* but it is articulated with more tense muscles.

USUAL SPELLING
- **è** père, mère, frère, achète
- **ê** être, fenêtre, forêt, bête
- **ai, ei** aime, aide, enseigne, Seine (in closed syllables[2])
- **e** avec, cher, serviette (in closed syllables)
  restaurant, prescription, rester (before two or more consonants)

In doing the exercises, make sure you do not produce a glide sound by moving your tongue during the articulation of / i / and / e /. Note also how your jaw drops down and lips open as you "go down" the scale / i / - / e / - / ɛ /.

---

[1] A diphthong consists of two sounds, usually a vowel and a glide sound produced by moving the tongue upward, as in / ej / of English *day, lay* and / ow / of *doe, so*.

[2] An "open syllable" ends in a vowel sound, and a "closed syllable" in a consonant sound. Words like **aimer, maison, peigner** are pronounced with open syllables: **ai-mer, mai-son, pei-gner**.

● **5** Voyelles / u /, / o /, / ɔ /

The vowel sounds / u /, / o /, / ɔ / are called "back vowels" because they are produced toward the back of the mouth, between the soft palate and the back of your tongue. The lips are rounded during the pronunciation of these vowels.

/ u / Keep your lips tensely rounded. They should be pushed forward with just enough opening for a pen to go through, as if you were about to blow out a candle. The tip of your tongue is behind the back of your lower teeth. Do not move your tongue during the articulation. This vowel sound is more tense than the vowel sound in English *food, pool, mood*.

USUAL SPELLING

ou	bonj**ou**r, s**ou**s, **ou**
oû	g**oû**ter, c**oû**ter
où	the word meaning *where*

/ o / Open your lips slightly more than for / u /, keeping them tense and rounded. You should not move your tongue during the articulation of / o /, so that you will not produce the English diphthong / ow / (as in *boat, coat, low*).

USUAL SPELLING

ô	r**ô**le, p**ô**le
o	r**o**se, ch**o**se, p**o**ser (before / z / sound)
	styl**o**, mot**o**, m**o**t (word-final position)
-au(x)	**au**, **aux**, tuy**au**, anim**aux**, journ**aux**
-eau(x)	tabl**eau**, chât**eaux**

/ ɔ / Open your lips wider, but keep them fairly tense. The tongue is flattened and its tip touches the back of the lower teeth. This vowel sound is close to the English vowel sound in *caught, bought, fought*, but it is shorter and more tense.

USUAL SPELLING

o	p**o**rte, p**o**ste, n**o**te, p**o**rtrait (except before / z / sound and in word-final position, where it is / o /)
au	P**au**l, M**au**rice, m**au**vais (except words like **au**, **aux**, and word-final **-aux**, as noted under / o /)

● **6** Voyelles / y /, / ø /, / œ /

These vowels are front vowels, like / i /, / e /, / ɛ /, but the lips must be rounded as for the back vowels / u /, / o /, / ɔ /. There are no similar sounds in English, and the number of exercises here should indicate to you the importance of learning them thoroughly.

/ y / Say / i /, and holding your tongue firmly in that position, round your lips gradually to the position of / u /; the result is / y /. The position of the tongue and lips is very similar to that used when you whistle. Avoid substituting the / juw / of English *you, few, hue* for / y /.

USUAL SPELLING

u	**u**ne, m**u**r, s**u**r, ét**u**diant
û	d**û**, s**û**r, m**û**r

/ ø / Pronounce / e /, and keeping your tongue in that position, round your lips.

USUAL SPELLING

eu	d**eu**x, f**eu**, danger**eu**x, cr**eu**ser (in word-final position or before / z / sound)
œu	**œu**fs / ø /, b**œu**fs / bø /[1]

---

[1]The singular forms of these words are pronounced / œf /, / bœf /, respectively.

/ œ / The tongue position is the same as for / ɛ /, and the lips are opened wider but kept rounded, as for / ɔ /.

USUAL SPELLING
- **eu** s**eu**l, p**eu**r, professeur (except as noted under / ø /)
- **œu** s**œu**r, c**œu**r, **œu**f, b**œu**f (except as noted under / ø /)

● **7** Voyelles / a /, / ɑ /

/ a / The lips are spread apart vertically, more than for / ɛ /, and held very tense. The tip of the tongue is behind the back of the lower teeth. The vowel sound / a / is the most open and the lowest (in terms of tongue and jaw height) of the front vowels. It somewhat resembles the vowel sound in English *cat, mat, sat,* but the lips are spread open more vertically.

USUAL SPELLING
- **a** m**a**dame, **a**nimal, C**a**nada (except before **s**)
- **à** **à**, l**à**, voil**à**
- **-amm-, -emm-** / am / élég**amm**ent, const**amm**ent, f**emm**e, réc**emm**ent, évid**emm**ent

/ ɑ / This is the lowest of the back vowels. The mouth is wide open and the tongue lies flat in the mouth. This vowel is usually pronounced longer than the others. It is quite close to the English vowel sound in *cot* and *hot*. It occurs in very few words, and is often replaced by / a /, sometimes pronounced longer than usual.

USUAL SPELLING
- **â** **â**ge, gr**â**ce
- **a** p**a**s, b**a**s, cl**a**sse (often before **s** or **ss**)

● **8** Voyelles / ɛ̃ /, / ɑ̃ /

Nasal vowels are produced by letting part of the air stream escape through the nasal passage. English has nasalized vowels, but they occur only when a vowel is next to a pronounced nasal consonant. Compare, for example, the vowels in *cat* and *man, gate* and *gain, coat* and *moan.*

Standard Parisian French has three nasal vowels.[1] They are shown in written language by a vowel letter followed by a single **m** or **n**: prin**tem**ps, **en**semble, **en**t**en**dons. Usually, a double **m** or **n** indicates that the preceding vowel is oral rather than nasal, and that the consonant sound / m / or / n / is pronounced: ga**mm**e, A**nn**e, po**mm**e, bo**nn**e. Likewise, at the end of a word, a single **m** or **n** followed by an **e** indicates an oral vowel followed by / m / or / n /: Américai**ne**, pla**ne**, ai**me**. The distinction between a nasal vowel (/ ɛ̃ /, / ɑ̃ /, / ɔ̃ /) and an oral vowel with a nasal consonant (/ ɛn /, / an /, / ɔn /) is very important in certain adjectives and verbs. In doing exercises for / ɛ̃-ɛn /, / ɑ̃-an /, make sure you are not pronouncing any / n / sound *at all* for the nasal vowels / ɛ̃ / and / ɑ̃ /, and that you are *clearly* pronouncing / n / and not nasalizing the preceding oral vowels / ɛ / and / a /.

/ ɛ̃ / Keep your lips slightly more open than for / ɛ /; let the breath escape through both the mouth and the nose. Do not pronounce / n / or / m /. Note that this vowel is represented by many spellings. Do not pronounce them differently; they all have the same pronunciation: / ɛ̃ /.

USUAL SPELLING
- **in, im** f**in**, v**in**, s**im**ple, **im**possible
- **yn, ym** s**yn**taxe, s**ym**pathique
- **ain, aim** tr**ain**, p**ain**, f**aim**
- **ein, eim** pl**ein**, fr**ein**, R**eim**s / ʀɛ̃s /
- **en** bi**en**, ti**en**s, moy**en**, europé**en**, lycé**en** (word-final, when preceded by **i**, **y** or **é**)
  exam**en** (in a few words ending in **-en**)
- **un, um**[2] **un**, l**un**di, parf**um**, h**um**ble

---

[1] A fourth nasal vowel, / œ̃ /, is often heard in non-Parisian speech.
[2] Some speakers use / œ̃ /, a nasalized version of / œ /, for these spellings.

4 EXERCICES DE PRONONCIATION : EXPLICATIONS   Copyright © 1985, John Wiley & Sons, Inc.

/ ã / Form your lips as for / a /, but with a somewhat narrower opening. Do not pronounce / n / or / m /.

USUAL SPELLING
an, am étudi**an**t, d**an**s, ch**am**bre, **am**ple
en, em c**en**t, **en**semble, m**em**bre (excluding words like **examen** and the third person plural verb ending **-ent** as in **parlent, finissent, vendent**)

● **9 Voyelle / õ /**

/ õ / Pronounce / o / with a somewhat larger opening, while letting the air escape partly through your nose. Do not pronounce / n / or / m /. Make a clear distinction between / õ / and / ɔn /.

USUAL SPELLING
on, om m**on**tre, cray**on**, t**om**ber, s**om**bre

The chart below indicates the relative positions of the vowels you have learned so far. HIGH-MID-LOW refers to the height of the tongue and the jaw, and FRONT-BACK to the area in the mouth.

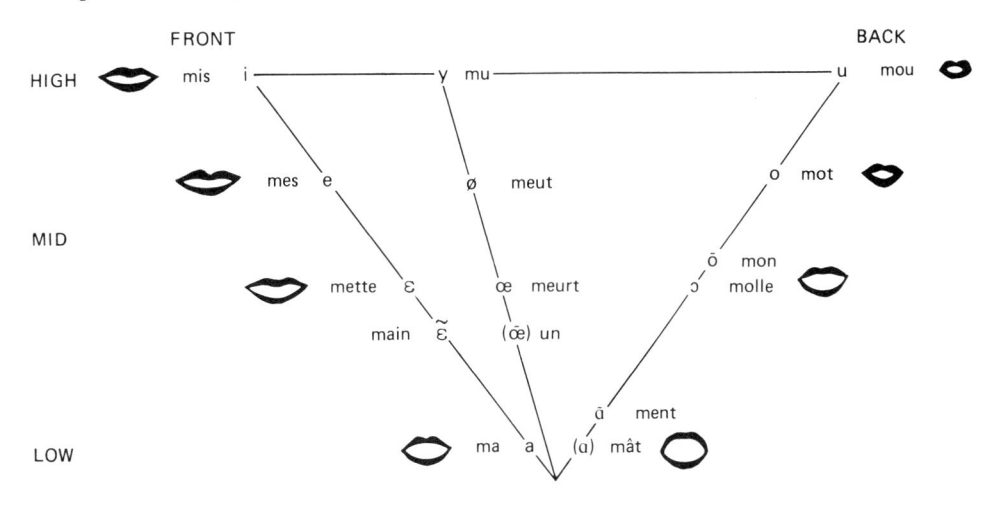

```
               FRONT                                           BACK
HIGH      mis  i ─────────── y  mu ─────────── u  mou
             mes  e           ø  meut           o  mot
MID
           mette  ɛ           œ  meurt          ɔ  õ  mon
                                                     molle
              main  ɛ̃         (œ̃) un
                                              ã  ment
LOW           ma  a           (ɑ) mât
```

The supplementary exercise is a list of typical male and female names. Hyphenated names (**Jean-Jacques, Marie-Louise**) are fairly common in France. Note that some male and female names are spelled differently but pronounced alike: **André, Andrée; Daniel, Danielle; Frédéric, Frédérique; Michel, Michèle; René, Renée.**

● **10 Consonne / R /**

You have probably noticed that French **r** sounds very different from that of American English. The American English **r** is like a vowel sound, produced by curling your tongue toward the hard palate. The typical French / R / is a *fricative* sound—the air stream goes through the narrow passage between the back of your velum (soft palate) and the back of your tongue, producing a very light "friction." To produce this sound, hold the tip of your tongue firmly against the back of the lower teeth (the tip has *no role* in the production of / R /), while raising the *back* of your tongue toward the back of the soft palate. This tongue position is somewhat similar to / k / and / g /, except that there is no contact between the tongue and the velum. If you know Spanish or German, the French / R / is close to the initial sound in Spanish **jota** and the final sound in German **ach**. To practice the French / R /, open your mouth wide as for / a /, raising the back of your tongue toward the velum, and force the air out to make a light fricative sound. You may substitute a uvular trill (produced by vibrating the uvula, similar to the sound made by gargling), although it is not the standard **r** sound in French. Note that the exercises are designed for practicing the / R / in all kinds of positions.

USUAL SPELLING
r, rr **r**a**r**e, c**r**ayon, a**rr**ive, ma**rr**e
rh **rh**ume, **Rh**in

EXERCICES DE PRONONCIATION : EXPLICATIONS

● 11 Semi-consonnes / j /, / w /, / ɥ /

French has three semiconsonants. They are known as "semiconsonants" because the air stream used in producing them does not meet a definite obstacle as it does in the pronunciation of true consonants like / t /, / b /, / s /. The semiconsonants / j /, / w /, / ɥ / are produced in the same way as their corresponding vowels / i /, / u /, / y /, but they are pronounced very quickly and form a single syllable with the vowel that precedes or follows them.

/ j / It is produced in the same way as for / i /, but the back of the tongue is raised very high toward the hard palate. This sound is far more tense and distinct than the *y* of English *yes, voyage, pay*.

USUAL SPELLING
y, i   pa**y**er, vo**y**age, cah**i**er, prem**i**er (**y** or **i** before another vowel sound)
ail, aill- / aj /   trav**ail**, trav**aill**er, t**aill**e
eil, eill- / ɛj /   sol**eil**, cons**eill**er, corb**eill**e
euil, euille / œj / faut**euil**, f**euill**e
ill- / ij /[1]   f**ill**e, fam**ill**e, b**ill**et

/ w / Pronounced like / u /, but quickly followed by another vowel sound, forming a single syllable with it. Keep your lips tensely rounded during the production of / w /, and move rapidly to the following vowel.

USUAL SPELLING
ou   **ou**i, **ou**est, al**ou**ette (**ou** before another vowel sound)
oi, oî, oy / wa /   l**oi**, **oi**seau, b**oî**te, v**oy**age
oin / wɛ̃ /   l**oin**, m**oin**s, bes**oin**

/ ɥ / Pronounced the same as / y /, but quickly followed by another vowel.

u   h**u**it, m**u**et, l**u**i, c**u**isine (**u** before another vowel sound)

After two or more consonants, and especially when the second consonant is / ʀ / or / l /, the full vowels / i /, / u /, / y / rather than the semiconsonants / j /, / w /, / ɥ / occur, except for the combination / ɥi / which does not change.

riez / ʀie / :   **criez** / kʀie /   **louer** / lwe / :   **clouer** / klue /
liant / ljɑ̃ / :   **client** / kliɑ̃ /   **ruelle** / ʀɥɛl / : **cruel** / kʀyɛl /

BUT

fruit / fʀɥi /, **construire** / kõstʀɥiʀ /, **détruit** / detʀɥi /

● 12 Consonne / l /

The consonant sound / l / is known as a "lateral" consonant because the tip of the tongue is firmly held against the back of the upper teeth and the air stream escapes at both sides of the tongue, laterally. The tip of your tongue should be held against the back of the upper teeth, not against the ridge of the gums as in English. It is particularly important in French to release the word-final / l / clearly. If it is not released (as in the word-final / l / of American English, often called the "dark l"), the listener will have difficulty distinguishing between singular and plural forms of nouns and adjectives like **journal-journaux, hôpital-hôpitaux, national-nationaux, social-sociaux**.

USUAL SPELLING
l, ll   tab**l**e, journa**l**, que**ll**e, vi**ll**e (except as noted under / j /)

---

[1] A few exceptions, where -ill- is pronounced / il /, include **mille, ville, village, tranquille**.

● **13 Liaisons obligatoires**

In French, word-final consonants—except, in many cases, **c, r, f, l**—are usually silent. Within a phrase, however, normally silent consonants may be linked and pronounced when they are followed by a word that begins with a vowel sound. This process is known as "liaison" (from the verb **lier** *to link, to tie*). Note also that a final consonant in liaison is pronounced as though it belonged to the next vowel: **vous êtes** is pronounced / vu-zɛt / rather than / vuz-ɛt / ; **c'est un enfant** is / sɛ-tɛ̃-nɑ̃-fɑ̃ /, not / sɛt-ɛ̃n-ɑ̃-fɑ̃ /; and **nous avons** is / nu-za-võ /, not / nuz-a-võ /. The following changes occur in pronunciation of the final consonant letters:

   a) The **-s** and **-x** are pronounced / z /.

   les amis / le-za-mi /, deux hommes / dø-zɔm /

   b) The **-d** is pronounced / t /.

   grand hôtel / gʀɑ̃-to-tɛl /, vend-elle ? / vɑ̃-tɛl /

   c) The **-n** is fully pronounced as / n /, and the preceding nasal vowel becomes an oral vowel.

   bon ami / bɔ-na-mi /, ancien hôtel / ɑ̃-sjɛ-no-tɛl /

   This rule does not apply to a few single-syllable words, such as **un, on,** and **en**, in which both the nasal vowel and the nasal consonant / n / are pronounced:

   un étudiant / ɛ̃-ne-ty-djɑ̃ /, on arrive / õ-na-ʀiv /, en avion / ɑ̃-na-vjõ /

   d) The **f** of **neuf** is pronounced / v / before **ans** and **heures**.

   neuf arbres / nœ-faʀbʀ /, *but* neuf ans / nœ-vɑ̃ /, neuf heures / nœ-vœʀ /

Liaison is a remnant of Old French, in which all final consonants used to be pronounced, as they are in English. The general tendency of modern colloquial French is to observe fewer liaisons in less formal speech, and more liaisons in more formal speech. But regardless of speech style, certain liaisons, known as **liaisons obligatoires**, must always be made. In some other cases, liaisons must never be made (**liaisons interdites**). In the rest of the cases, liaison is optional (**liaisons facultatives**). The main cases of **liaisons obligatoires** are listed below.

   a) Determinative[1] or adjective + noun

   un enfant, des arbres, mes amis
   un ancien ami, quels autres hôtels

   b) Pronoun + verb (or Verb + pronoun)

   vous avez, ils ont je les ai, ils en ont
   arrivent-ils ?, vend-il ?, allez-y, donnes-en

   c) After a preposition or a monosyllabic adverb

   en hiver, dans un livre, sous un arbre
   pas un cahier, très important, bien intéressant

In doing the exercises for this section, give your answer right after the cue during the pause; then compare it with the correct answer given on the tape (as with the **Exercices oraux**).

---

[1] The determinative always precedes a noun. Determinatives are the definite and indefinite articles, and the **possessive**, demonstrative, and interrogative adjectives. See p. 98 (Lesson **5.**3) of your textbook.

● **14** Liaisons interdites et liaisons facultatives

As mentioned in the preceding section, there are cases in which liaison must never be made. But first let's discuss the two kinds of **h** in French: **h muet** (*"mute" h*) and **h aspiré** (*"aspirate" h*). Both are silent, but they function differently. The **h muet** permits both liaison and elision before a word beginning with it, as if the **h** were not there at all. The **h aspiré**, on the other hand, blocks liaison and elision, as if it were an invisible consonant preventing such phenomena (shown by // below).[1]

> les hommes, en hiver, l'hôpital, l'heure
>
> les // hors-d'œuvre, en // haut, le // hibou, la // harpe

The main cases of **liaisons interdites** are listed below.

> a) Before a word beginning with an **h aspiré**, as discussed above
>
> > les // huit livres, les // hautes montagnes, vos // hors-d'œuvre
>
> b) After a singular noun or a proper name
>
> > un étudiant // américain, Jean // arrive, Robert // et Pierre
>
> c) After the conjunction **et**
>
> > Jean-Paul et // Anne, il regarde et // écoute
>
> d) After an interrogative adverb
>
> > Quand // arrive le train ? Comment // allez-vous à la gare ?

Exceptions to the rules above are rare and occur mostly in fixed ("idiomatic") expressions.

> dix-huit, accent aigu, nuit et jour, Comment allez-vous ? , fait accompli

Cases that have not been discussed either under **liaisons obligatoires** or **liaisons interdites** belong to the category of **liaisons facultatives**. In formal speech, you will hear more of these than you will in colloquial speech, where they may be completely absent. The **liaisons facultatives** are shown by the symbol ‿ in the examples below.

> Voici des enfants intelligents. Nous allons en ville à dix heures.
>
> Vous avez écouté le disque ? Il aime les cigarettes anglaises.
>
> Les trains arrivent à midi. Elles réfléchissent un peu.

● **15** Syllabation et enchaînement consonantique

English and French differ not only in vowels and consonants, but also in the way their sounds are linked and put into syllables. This section will discuss the most prominent features involving *stress, syllabification,* and *juncture* (*linking*).

> a) *Stress.* In section 2, you learned that each syllable in French receives more or less equal stress, and that the last syllable of a word or phrase is automatically lengthened. This means that all vowels are kept clear and distinct. In English, in contrast, unstressed vowels often become blurred, and are even dropped altogether in normal speech. This is why you usually do not distinguish between words like *capital* and *capitol,* or *principle* and *principal.* Pronounce the following words at a normal conversational speed and note underlined unstressed vowels.
>
> > mádam, jóurnalism, président, univérsity, chócolate
> >
> > átom—atómic, pólitics—political, Ánne—Annétte, máson—masónic

---

[1] The **h aspiré** is indicated throughout the text and the workbook with a small dot underneath.

8 EXERCICES DE PRONONCIATION : EXPLICATIONS

b) *Syllabification.* Syllables tend to be "open" in French, that is, they end in a vowel sound. In English, many syllables tend to be "closed," and end in a consonant sound. Compare, for example, the syllabification of *animal, disorganized* (an-i-mal, dis-or-gan-ized) with the French equivalents **animal** and **désorganisé** (**a-ni-mal, dé-sor-ga-ni-sé**). In pronouncing French, you should try to "push" a consonant to the following vowel—this will also help you pronounce the preceding vowel without being influenced by the consonant.

c) *Juncture.* The transition from one sound to another is known as "juncture." In "closed" juncture, two contiguous sounds are linked together. In "open" juncture, a slight pause separates the two sounds. Say the following pairs of English phrases.

a *name*; an *aim*

ni*trate*; nigh*t rate*

stop *spatting*; stops *patting*

In the first phrase of each pair, there is a smooth, pauseless transition from / n /, / t /, / s / to the next sound (closed juncture); in the second phrase, there is a slight pause between these consonants and the following sound (open juncture). Open juncture is fairly common in English, and helps mark word boundaries within phrases. In French, however, open juncture occurs only between phrases; inside each phrase, closed juncture occurs and word boundaries are not observed. Words and phrases like **la voir, l'avoir, lavoir** / lavwaʀ /, **qui l'écoute, qu'il écoute** / kilekut /, and **signe allemand, signalement** / siɲalmɑ̃ / are clearly distinguishable only in written language. The loss of word boundaries is what makes listening comprehension so difficult for some students.

Look over the exercise before you practice with the tape. All linking and liaison are indicated by the ties, and letters crossed out (h, ʜ, e, s) are not pronounced. "Push" the consonants to the next vowel in both slow and rapid reading: **Quelle heure est-il** ? as / kɛ—lœ—ʀɛ—til /, / kɛlœʀɛtil /.

● 16 Intonation descendante

Falling intonation is used in commands, questions that begin with interrogative words[1], and very short declarative sentences of two or three syllables. Ordinarily, you do not shift the pitch within a syllable, but progressively from one syllable to the next. The highest pitch, which occurs toward the beginning of the sentence, is somewhat higher than in the corresponding patterns in English. Do not put an extra stress on the first syllable just because it begins on high pitch.

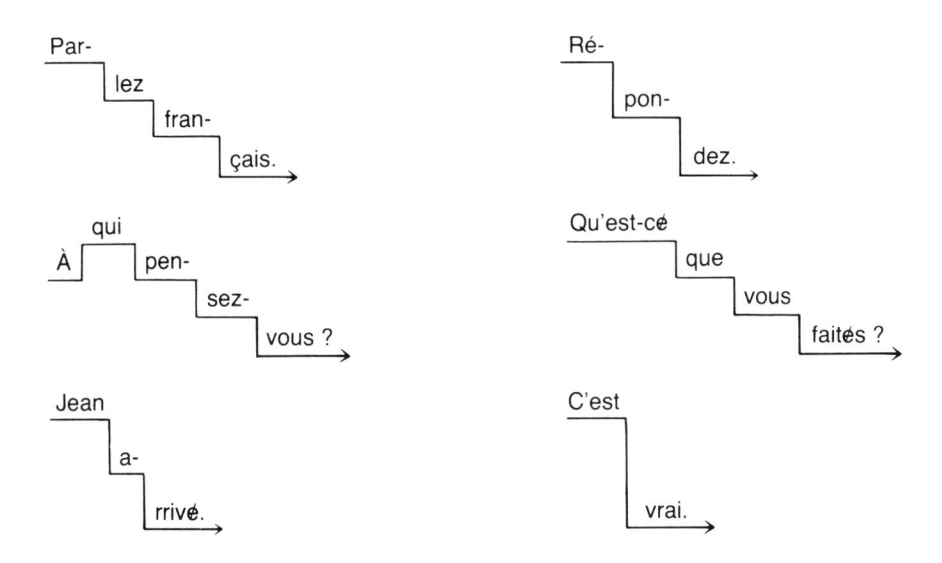

```
Par-
    lez
       fran-
            çais. →

    qui
À      pen-
           sez-
               vous ? →

Jean
    a-
      rrivé. →

Ré-
   pon-
       dez. →

Qu'est-ce
         que
             vous
                  faites ? →

C'est
     vrai. →
```

---

[1] Equivalents of *who, what, when, where, how,* etc., in English. Some speakers may end such questions with a slight rising intonation.

EXERCICES DE PRONONCIATION : EXPLICATIONS 9

● 17 Intonation montante

Rising intonation is commonly used in questions that can be answered by **oui** or **non**. The highest pitch, which occurs at the end of the sentence, is higher than the corresponding pattern in English. In colloquial French, it is quite common to omit use of **Est-ce que** or inversion in favor of the normal declarative construction, changing the intonation to a rising pattern in order to distinguish between a statement and a question.

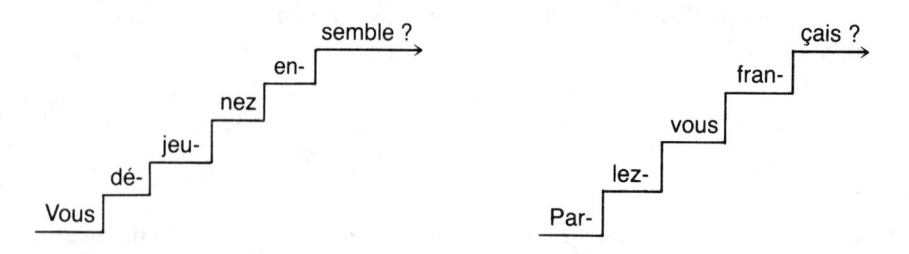

```
              semble ?                              çais ?
           en-                                 fran-
        nez                                vous
     jeu-                              lez-
   dé-                             Par-
Vous
```

● 18 Intonation montante-descendante et groupe rythmique

The normal declarative sentence (except when it consists of just two or three syllables) consists of rising and falling intonation patterns. The pitch at the end is lower than at the beginning of the sentence.

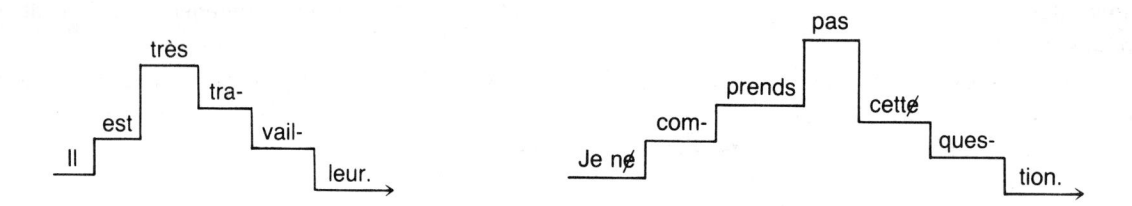

```
      très                                    pas
         tra-                           prends     cette
   est      vail-                  com-                ques-
Il              leur.          Je ne                       tion.
```

As we discussed in section 15, individual sounds are grouped into syllables, and the syllables into phrases. A phrase that is pronounced as a single speech unit is known as a **groupe rythmique** or **mot phonétique** in French. Inside the phrase, word boundaries are lost, and the entire phrase is pronounced as if it were one huge word. A sentence like **Il est étudiant de première année à l'université de Montpellier** may be broken up into four **groupes rythmiques**, consisting of **Il est étudiant // de première année // à l'université // de Montpellier**. When there are three or more **groupes rythmiques**, as in this example, each phrase assumes a rising intonation pattern until the highest pitch level is reached; then the last phrase receives the descending pattern. This system, greatly simplified, is represented below.[1]

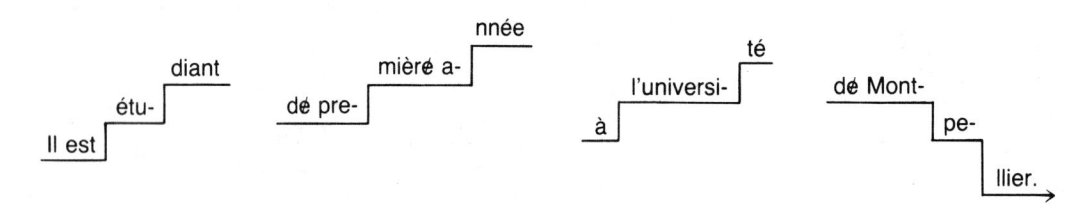

```
                nnée                        té
        diant        mière a-         l'universi-    de Mont-
     étu-       de pre-                                   pe-
Il est                             à                         llier.
```

● 19 Voyelle / ə /

Let us first begin with the pronunciation of / ə /. Round your lips slightly as for / œ /, but keep them less tense. It resembles the first vowel in English *support* or the second vowel in *sofa*, but it is pronounced with muscles more tense.

USUAL SPELLING
- **e** premier, secret, Bretagne
- **ai** faisons, faisais
- **on** of monsieur / məsjø /

---

[1] The highest pitch occurs in the most important element of a sentence. In this sentence, it can be in the phrase **de première année**, or **à l'université**. Regardless, the last phrase must assume a descending intonation pattern.

10 EXERCICES DE PRONONCIATION : EXPLICATIONS

The vowel / ə / is called "mute" **e**. The French terms are **e muet, e instable,** or **e caduc** (*weak e*). The second and third French terms are more descriptive than the first, because / ə / may or may not be pronounced in the same word, depending on the sequence of consonants surrounding it and on speech level and speed. Note the different pronunciation of **petite** and **fenêtre** in the following examples (unpronounced mute **e**'s are crossed out).

> la p~~e~~tit~~e~~ maison, un~~e~~ petit~~e~~ maison   / ptit / vs. / pətit /
>
> ma f~~e~~nêtr~~e~~, cett~~e~~ fenêtr~~e~~   / fnɛR / vs. / fənɛR /

The retention or deletion of the mute **e** is governed by a rule generally known as the "law of three consonants." Here are the cases where it is usually retained and fully pronounced.

> a) When deletion of / ə / would cause three consonants to come together; that is, three consonant sounds must not follow one another in succession through the dropping of a mute **e**.
>
> > dév~~e~~loppement, sam~~e~~di   / devlɔpmã /, / samdi /
> >
> > appartement, vendredi   / apaRtəmã /, / vãdRədi /
>
> In the case of **développement** and **samedi**, deletion of the mute **e** causes only two consonants to come together: / vl...pm / and / md /. With **appartement** and **vendredi**, on the other hand, deletion of the mute **e** would result in a cluster of three consonant sounds: / Rtm / and / dRd /. This is also why **petite** and **fenêtre** following **une** and **cette** above are pronounced with the mute **e**; if / ə / were dropped, three consonants would come together: / npt / and / tfn /.[1]
>
> b) Before an **h aspiré**.
>
> > le // héros   / ləeRo /
> >
> > une // hache   / ynəaʃ /
> >
> > cette // honte   / sɛtəõt /
>
> c) When a phrase begins with / p /, / t /, / k /, / b /, / d /, / g / plus the mute **e**.
>
> > Que fait~~e~~s-vous ?   Te comprend-il ?   De qui ?

When there is a succession of syllables containing several mute **e**'s, every other / ə /, beginning with the first or second syllable, will be dropped. The combinations **je ne** / ʒən /, **je te** / ʃtə /, and **ce que** / skə / are fixed, however, and are always pronounced that way.

Vous n~~e~~ me connaissez pas ?	Te l~~e~~ demand~~e~~-t-ell~~e~~ ?
Il ne m~~e~~ le donn~~e~~ pas.	Je n~~e~~ me demand~~e~~ pas c~~e~~la.
J~~e~~ te l~~e~~ donn~~e~~.	C'est c~~e~~ que Paul a vu.

● 20 Consonnes / n /, / ɲ /

/ n / The French / n / is pronounced with the tip of the tongue touching the back of the upper incisors. The English / n / is produced with the tip of the tongue touching the gum behind the upper teeth. In English, all vowels preceding a nasal consonant such as / n / and / m / are automatically nasalized. In French, this is normally *not* the case, and the contrast between nasal vowels and oral vowels followed by a pronounced nasal consonant is very important: / ɛ̃-ɛn /, / ã-an /, / õ-ɔn / (see sections 8 and 9).

USUAL SPELLING

n, nn   a**n**imal, a**n**o**n**yme, a**nn**ée, statio**nn**e

---

[1] Exceptions to the "law of three consonants" do occur. Within a single word, for example, several consonants may follow one another: **extrême** /...kstR.../, **expliquer** /...kspl.../, **splendide** / spl.../. More important is the exception that three consonants may come together if the last two begin a new word:

pas d~~e~~ plan / dpl /	cett~~e~~ probabilité / tpR /	tu l~~e~~ prends / lpR /
plus d~~e~~ train / dtR /	un~~e~~ grand~~e~~ maison / ngR /	vous l~~e~~ croyez / lkR /

/ ɲ / The tip of the tongue is kept firmly behind the back of the lower teeth. The middle of the tongue is raised until it touches the palate. It resembles the sound in English *onion* and *canyon,* but in English these nasal consonants are produced with the tip of the tongue held against the upper alveolar ridge (area immediately behind the gum of the upper teeth), not against the back of the lower teeth.

USUAL SPELLING

gn   espa**gn**ol, li**gn**e, pei**gn**e

● **21 Consonnes / p /, / t /, / k /**

The consonants / p /, / t /, / k / as well as / b /, / d /, / g / are called "plosives"; they are produced by a complete momentary closing in the mouth followed by a sudden release of the air stream. The consonants / p /, / t /, / k / are "voiceless," produced without the vibration of the vocal cords; / b /, / d /, / g / are "voiced," with the vocal cords in vibration during their articulation.

In English, / p /, / t /, / k / at the beginning of a word are aspirated, that is, accompanied by an extra puff of air. They are unaspirated only when preceded by / s /. Compare the pronunciation of the plosives in the pairs below.[1]

| pin-spin | till-still | kin-skin |
| pot-spot | tall-stall | kill-skill |

Moreover, the English plosives are not fully released at the end of a word—the vocal organs are in the position of the plosives, but the air stream is not released: *help, nap, get, lot, sick, track.*

In French, / p /, / t /, / k / are not aspirated; they therefore sound softer than the equivalent sounds in English. The best way to avoid aspiration is to try to pronounce the plosives with very tense throat muscles. Word-final plosives are also fully released in French.

USUAL SPELLING FOR / p /

p, pp   **p**apa, **p**apier, a**pp**orter, na**pp**e
b[2]   a**b**sent, o**b**server, a**b**surde, o**b**tenir (before a voiceless consonant)

USUAL SPELLING FOR / t /

t, tt   **t**able, complè**t**e, servie**tt**e
th   **th**é, **th**éâtre, an**th**ropologie

USUAL SPELLING FOR / k /

c   **c**ahier, **c**ou, **c**uisine, **c**lasse (except before **e** or **i**), ave**c**
qu   **qu**i, **qu**estion, jus**qu**'à, **qu**e
k   **k**ilo, **k**iosque
ch[3]   **ch**œur, **ch**rétien, **ch**ronomètre

● **22 Consonnes / b /, / d /, / g /**

The consonants / b /, / d /, / g / are fully voiced plosives in French; they are also fully released at the end of a word. In English, the voicing of these consonants is at times incomplete, and they are not fully released at the end of a word: *sob, sad, sag.*

In doing the exercises, voice / b /, / d /, / g / fully, both in the initial and in the final position of a word,

---

[1]You can tell the difference between an aspirated and an unaspirated consonant by holding a lighted match or a sheet of thin tissue paper a few inches from your mouth. If you keep repeating *spin,* the light will flicker or the tissue paper will move slightly. Once you say *pin,* the light will go out or the paper will move further away from your lips.
[2]A voiced consonant like / ʒ /, / b /, / d /, / g / often becomes partly voiceless when it is followed by a voiceless consonant such as / s / or / t /: **je te** / ʒtə /, **médecin** / metsɛ̃ /, **observer** / ɔpsɛʀve /, **obtenir** / ɔptəniʀ /. This process, known as "assimilation," is very common in French.
[3]Only in words of Greek origin (their English cognates usually have the / k / sound also). The letters **ch** usually represent the sound / ʃ /: **chaise, chercher.**

EXERCICES DE PRONONCIATION : EXPLICATIONS

and release them completely if they are in the word-final position. This releasing is especially important in the case of certain adjectives and verb forms, as in the third exercise.

USUAL SPELLING FOR / b /

b, **bb**   **b**ain, tom**b**e, ro**b**e, a**bb**é

USUAL SPELLING FOR / d /

d, **dd**   lai**d**e, **d**ame, ven**d**ent, a**dd**ition

USUAL SPELLING FOR / g /

g   **g**arçon, **g**lace, **g**oût, ai**g**u (except before **e** or **i**;

gu   **gu**ide, **gu**erre, lon**gue**

● **23** Consonnes / s /, / z /

The sounds / s / and / z / are fricative consonants produced by letting the air stream pass through a narrow constriction between the back of the upper teeth and the tip of the tongue. The French / s / has a stronger hissing sound than its English counterpart, and at times may sound like a slight lisp.

USUAL SPELLING FOR / s /

s   di**s**que, **s**ur, po**s**te (except between vowels)

ss   pa**ss**er, choi**ss**issez (between vowels)

sc   **sc**ène, **sc**ience (before **e** or **i**)

c   **c**es, **c**eci, i**c**i (before **e** or **i**)

ç   **ç**a, gar**ç**on, re**ç**u (before **a**, **o**, **u**)

t   na**t**ion, pa**t**ient (before **ion**, and often before **i**)

x / ks /   e**x**pliquer, e**x**primer (before a consonant)

USUAL SPELLING FOR / z /

s   cho**s**e, choi**s**issons (between vowels)

z   **z**éro, quin**z**e

x / gz /   e**x**amen, e**x**ercice, e**x**ode (before a vowel)

Note in exercise 3 that **-sion** and **-tion** in French retain the / z / or / s / sound, followed by the semiconsonant / j /. In English, they become / ʃ / or / ʒ /.

télévi**sion**	/ . . .zjõ /	televi*sion*	/ . . .ʒən /
dépres**sion**	/ . . .sjõ /	depres*sion*	/ . . .ʃən /
addi**tion**	/ . . .sjõ /	addi*tion*	/ . . .ʃən /

● **24** Consonnes / ʃ /, / ʒ /

/ ʃ /   The front of the tongue is held very close to the alveolar ridge, while the middle of the tongue is raised close to the palate. It is a "sharper" sound, with more of a hissing quality, than in English.

USUAL SPELLING FOR / ʃ /

ch   **ch**ercher, po**ch**e

/ ʒ /   The vocal organs are placed in the same position as for / ʃ /, but the vocal cords are vibrated. Do not touch the palate with the middle of your tongue, or the resultant sound will be / dʒ /, as in English *judge, bridge, jacket*. The French / ʒ / comes close to its English counterpart in *measure, leisure,* and *vision,* but it is more strongly articulated.

USUAL SPELLING FOR / ʒ /

j   **j**ambe, a**j**outer

g   ar**g**ent, ma**g**ique (before **e** and **i**)

ge   man**ge**able, man**ge**ons, ga**ge**ure (before **a**, **o**, **u**)

● **25** Consonnes / m /, / f /, / v /

These consonants are phonetically close to their English counterparts, but they are fully released at the end of a word. Be especially careful to voice / m / and / v / fully when they are in the word-final position.

● **26** Accent d'insistance

In French, a special stress is used when the speaker wishes to indicate emphasis, surprise, or excitement. This strong stress, known as **accent d'insistance**, usually falls on the first syllable of the word to be emphasized. It should be noted that the **accent d'insistance** does not replace the normal lengthening that occurs at the end of a word or phrase.

In English, it is possible to stress any part of a sentence with an extra heavy stress: *That* was my book, *I did not see* **you**, *He is leaving* **tomorrow**, and so on. The equivalent expressions in French often involve special sentence constructions. These constructions are presented in the textbook in Lessons **14**.1 (**moi, toi,** etc.), and **23**.1 (**c'est...qui, c'est...que**). Accent d'insistance should not be used indiscriminately.

Toi, tu ne comprends rien.
Tu ne comprends rien, **toi**.   } *You* don't understand anything.
C'est toi qui ne comprends rien.

NOM _____ COURS _____ SECTION _____

PREMIÈRE LEÇON

PREMIÈRE PARTIE[1]

CONVERSATIONS[2]

- (✓) **A** *Bonjour !*
- (✓) **B** *Au revoir !*
- (   ) **C** *Salut !*
- (   ) **D** *À tout à l'heure !*

EXERCICES ORAUX

● **1** Nom (singulier et pluriel) et article indéfini

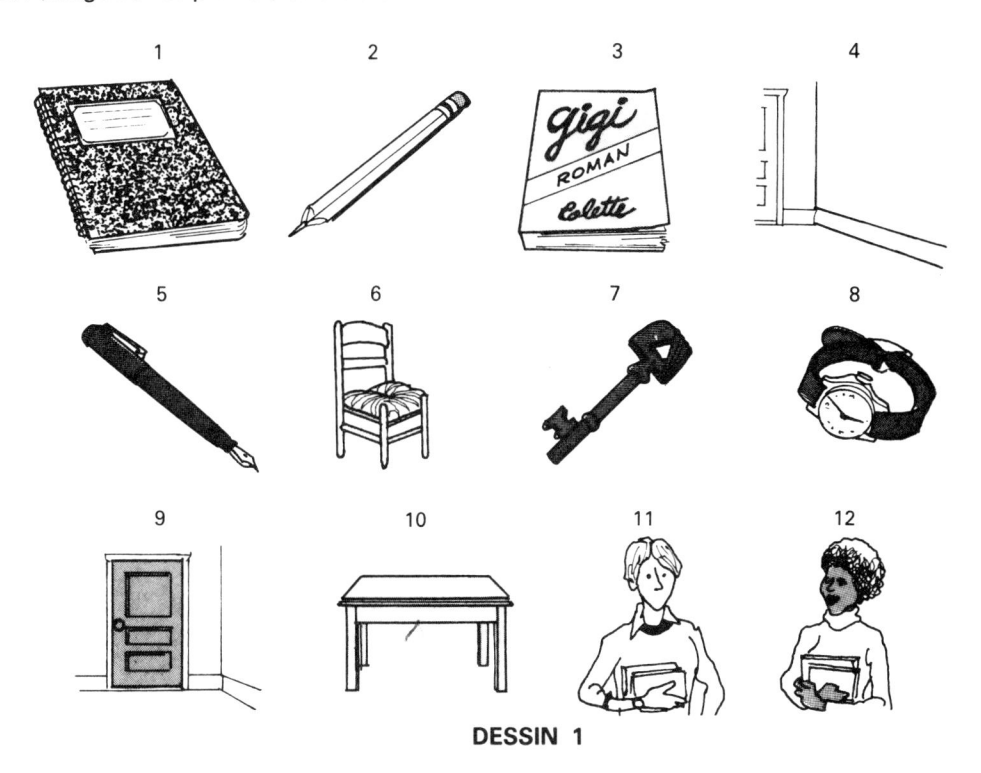

DESSIN 1

A *Regardez le Dessin 1 et répétez après moi.*[3]

    1 2 3 4 5 6 7 8 9 10 11 12

---

[1] Part One of each lesson consists of oral and listening comprehension work, to be done with the tape that accompanies the lesson.

[2] Each mini-dialogue is recorded twice in succession. The first recording, preceded by **Écoutez** (*Listen*), is without pauses for general listening practice; the second, preceded by **Répétez** (*Repeat*), is with pauses for your repetition.

[3] *Look at Drawing 1 and repeat after me.* See the Introduction (p. vi) on how to use those numbers.

B *Maintenant, répétez après moi.*[1]

    1 2 3 4 5 6 7 8 9 10 11 12

C *Écoutez les questions et les réponses...*
Maintenant, regardez le Dessin 1 et répondez aux questions.[2]

    1 2 3 4 5 6 7 8

D *Écoutez bien...*
Maintenant, mettez les phrases suivantes au pluriel.[3]

    1 2 3 4 5 6 7 8

(E) *Regardez le Dessin 1 et répondez aux questions.*[4]

    Modèle : (Picture 3) Qu'est-ce que c'est ? (singulier)
                        C'est un livre.
            (Picture 7) Qu'est-ce que c'est ? (pluriel)
                        Ce sont des clés.

    1 2 3 4 5 6 7 8

Compréhension auditive : *Indiquez si le nom est masculin ou féminin.*[5]

1.	m	(f)	5.	(m)	f	9.	m	(f)
2.	(m)	f	6.	m	(f)	10.	(m)	f
3.	m	(f)	7.	m	(f)	11.	(m)	f
4.	(m)	f	8.	(m)	f	12.	m	(f)

● **2** Forme interrogative : **est-ce que...?** ; forme négative : **ne...pas**

A *Écoutez bien...*
Répétez après moi...
Maintenant, posez des questions.[6]

    1 2 3 4 5 6 7 8

B *Répétez...*
Maintenant, répétez après moi.
Mettez les phrases au négatif.[7]

    1 2 3 4 5 6 7 8

C *Maintenant, faites des phrases d'après ce modèle.*[8]

    1 2 3 4 5 6

---

[1] *Now, repeat after me.*
[2] *Listen to the questions and answers... Now, look at Drawing 1 and answer the questions.*
[3] *Listen carefully... Now, put the following sentences into the plural.*
[4] *When you hear the cue* **singulier** *after the question, give the answer in the singular (for example,* **C'est un livre**). *When you hear* **pluriel**, *give the answer in the plural (***Ce sont des livres***). Exercises that are circled like* (E) *indicate that they are recorded in a different form from the version in the textbook.*
[5] *Indicate whether the noun is masculine or feminine. All nouns are in the plural. Circle either* **m** (**masculin** *masculine*) *or* **f** (**féminin** *feminine*).
[6] *Now, ask questions.*
[7] *Put the sentences into the negative.*
[8] *Now, make up sentences according to this model. Only the first six items are recorded. All the nouns you hear are singular, unless you hear the cue* **pluriel**. *As indicated by the model, you must give two sets of sentences for each item.*

NOM _____ COURS _____ SECTION _____

- **3** Article défini

    A *Répétez après moi.*

    B *Maintenant, modifiez les phrases suivantes.*[1]

    1 2 3 4 5 6 7 8 9 10

    Compréhension auditive : *Indiquez si le nom est au singulier ou au pluriel.*[2]

    | 1. s p | 5. s p | 9. s p |
    | 2. s p | 6. s p | 10. s p |
    | 3. s p | 7. s p | 11. s p |
    | 4. s p | 8. s p | 12. s p |

- **4** Prépositions locatives et pronoms personnels sujet : **il**, **elle**, **ils**, **elles**

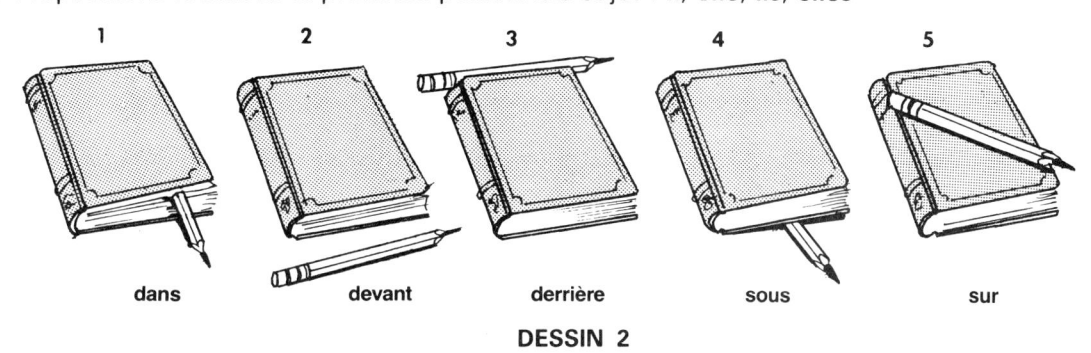

1	2	3	4	5
dans	devant	derrière	sous	sur

    DESSIN 2

    A *Regardez le Dessin 2 et répétez après moi...*
    Répétez...
    Maintenant, répondez aux questions.[3]

    1 2 3 4 5

---

[1] *Now, modify the following sentences.*
[2] *Indicate whether the noun is in the singular or plural. All the nouns are preceded by the definite article. Circle* **s** *(singular) or* **p** *(plural).*
[3] *Use appropriate subject pronouns (***Il**, **Elle**, **Ils**, **Elles***) in your answers.*

PREMIÈRE LEÇON   17

DESSIN 3

B *Maintenant, regardez le Dessin 3 et répétez après moi...*
Maintenant, répondez aux questions.[1]

1   2   3   4   5   6

Compréhension auditive : *Regardez le Dessin 3 et indiquez si chaque commentaire est vrai ou faux.*[2]

1. v   f   4. v   f   7. v   f
2. v   f   5. v   f   8. v   f
3. v   f   6. v   f   9. v   f

● **5** Pronoms personnels sujet et **être**

A *Exercice de contrôle*

1   2   3   4   5   6;   1   2   3   4   5   6

B *Répondez aux questions.*[3]

Modèle : Est-ce que vous êtes professeur ?   (étudiant)
Non, je ne suis pas professeur, je suis étudiant.

1   2   3   4   5   6   7   8   9   10

Compréhension auditive : *Est-ce que la réponse à chaque question est logique et appropriée ?*[4]

1. oui   non   4. oui   non   7. oui   non
2. oui   non   5. oui   non   8. oui   non
3. oui   non   6. oui   non   9. oui   non

APPLICATIONS

A Dialogue : *Bonjour !*[5] (   )

Questions :   1   2   3   4   5   6   7   8   9

---

[1] Use appropriate subject pronouns (**Il, Elle, Ils, Elles**) in your answers.
[2] *Look at Drawing 3 and indicate whether each comment is true or false.* Circle either **v** (**vrai** *true*) or **f** (**faux** *false*).
[3] Use the cue supplied immediately after each question in your answer.
[4] *Is the answer to each question logical and appropriate?* If the answer is logical and appropriate in terms of the question you heard, circle **oui**. If it is not, circle **non**.
[5] The short narrative preceding the dialogue is recorded without pauses for listening practice. The dialogue itself is first recorded without pauses, then with pauses for your repetition (as in the mini-dialogues of **Conversations**).

NOM _____ COURS _____ SECTION _____

Compréhension auditive : *Voici quelques commentaires au sujet du dialogue de cette leçon. Indiquez si chaque commentaire est vrai ou faux.*[1]

1. v f   3. v f   5. v f
2. v f   4. v f   6. v f

Dictée : *Nous sommes dans la classe.*[2]

_____

_____

_____

_____

_____

DEUXIÈME PARTIE[3]

EXERCICES ÉCRITS

● **1** Nom (singulier et pluriel) et article indéfini

Regardez le Dessin 1 à la page 15 et répondez aux questions d'après ce modèle.[4] p. 18

   Qu'est-ce que c'est ? (1)   **C'est un cahier.**

1. Qu'est-ce que c'est ? (8)
   C'est une montre

2. Qu'est-ce que c'est ?[5] (4)
   Ce sont des murs

3. Qu'est-ce que c'est ? (9)
   C'est une porte

4. Qu'est-ce que c'est ?[5] (11)
   Ce sont des étudiants

5. Qu'est-ce que c'est ? (7)
   C'est une clé

6. Qu'est-ce que c'est ? (12)
   C'est une étudiante

---

[1] *Here are a few comments concerning the dialogue of this lesson. Indicate whether each comment is true or false. The true-false comments concern the dialogue itself, and not the short narrative that precedes it.*
[2] *All dictations of sentences are recorded three times. The first reading is without pauses for general comprehension. The second is with pauses long enough for you to write what you hear. The third reading is without pauses for a final check of what you have written.*
[3] *Part Two consists of writing exercises. For **Applications**, keep a record of which activities have been done (on separate sheets of paper) by placing a checkmark or cross in the parentheses. The word games at the end are optional.*
[4] *Look at Drawing 1 on page 15 and answer the questions according to this model.*
[5] *Answer in the plural.*

PREMIÈRE LEÇON 19

*7. Qu'est-ce que c'est ?[1] (10)

   C'est une table

*8. Qu'est-ce que c'est ?[2] (3)

   C'est ~~asont~~ des livres

*9. Qu'est-ce que c'est ? (2)

   C'est un crayon

● 2 Forme interrogative : **est-ce que. . . ?** ; forme négative : **ne. . .pas**

   Posez des questions d'après ce modèle.[3]

   (clé) **Est-ce que c'est une clé ?**

   1. (montre)

   Est-ce que c'est une montre

   2. (étudiantes)   ce sont (plural)

   Est-ce que ce sont des étudiantes

   3. (stylos)

   Est-ce que ce sont des stylos

   4. (chaise)

   Est-ce que c'est une chaise

   Regardez le Dessin 1 et répondez aux questions d'après ce modèle.

   Est-ce que c'est un cahier ? (2)   **Non, ce n'est pas un cahier, c'est un crayon.**

   5. Est-ce que c'est une étudiante ? (11)

   Non ce n'est pas une étudiante, c'est un étudiante

   6. Est-ce que ce sont des crayons ?[2] (5)

   Non, ce ne sont pas des crayons, c'est un crayon

   *7. Est-ce que ce sont des murs ?[2] (9)

   Non, ce ne sont pas des murs, c'est un mur

   *8. Est-ce que c'est un livre ? (1)

   ~~Non c'est un~~ Non ce n'est pas un livre, c'est une montre

   *9. Est-ce que c'est un professeur ? (12)

   Non, ce n'est pas un professeur, c'est une étudiante.

● 3 Article défini

   Écrivez des phrases d'après ce modèle.[4]

   Voilà / livre / montre.   **Voilà le livre et la montre.**

   1. Voilà / porte / murs.

   Voila la porte et le mur

   2. Voilà / livre / crayon.

   Voila le livre et le crayon

[1]The asterisk indicates items for which no answers are given in the answer keys in Part Three.
[2]Answer in the plural.
[3]Ask questions according to this model.
[4]Write sentences according to this model.

NOM _____ COURS _____ SECTION _____

3. Voilà / professeur / étudiants.

   Voila le professeur et les etudiants

4. Voilà / table / chaises.

   Voila la table et les chaises

*5. Voilà / stylo / clés.

   Voila le stylo et les clés

*6. Voilà / étudiants / professeurs.

   Voila les etudiants et les professeurs

● **4** Prépositions locatives et pronoms personnels sujet : **il**, **elle**, **ils**, **elles**

   Regardez le Dessin 3 à la page 18 et indiquez où est chaque objet d'après ce modèle.[1]

   (corbeille, table)   **La corbeille est sous la table**.

   1. (serviette, table)

      La serviette est sous la table

   2. (crayon, livre)

      Le crayon est dans le livre

   3. (stylo, cahier)[2]

      Le stylo est derrière le cahier

   4. (chaise, table)[2]

      La chaise est derrière la table

   5. (livre et cahier, table)[3]

      Le livre et le cahier sur la table

   6. (clés, livre)

      Les clés est derrière le livre

   *7. (montre, livre)

      La montre est sur le livre

   *8. (corbeille et serviette, table)[3]

      La corbeille et la serviette est sous la table

   *9. (cahier, livre et montre)[3]

      Le cahier est sous le livre et la montre

● **5** Pronoms personnels sujet et **être**

   Répondez aux questions.

   1. Est-ce que je suis professeur ?

      Oui, vous êtes professeur

   2. Est-ce que je suis français ?

      Non, vous n'êtes pas français

[1] *Look at Drawing 3 on page 18 and indicate where each object is according to this model.*
[2] Use **derrière**.
[3] Repeat the definite article before each noun.

PREMIÈRE LEÇON   21

3. Est-ce que vous êtes américain(e) ?

   Oui, _je suis americain(e)_

4. Est-ce que vous êtes dans le couloir ?

   Non, _je ne suis pa dans le couloir_

5. Est-ce que nous sommes dans un jardin ?

   Non, _nous ne somme pas dans un jardin_

6. Est-ce que les étudiants sont dans la classe ?

   Non, _~~les étudiants~~ ils ne sont pas la classe._

*7. Est-ce que vous êtes français(e) ?

   Non, _vous n'êtes pas francais(e)_

*8. Est-ce que le professeur est dans la classe ?

   Non, _le professeur n'est pas dans la classe._

*9. Est-ce que nous sommes américains ?

   Oui, _nous sommes americains._

APPLICATIONS : Travaux écrits

   (   ) **A** Questions
   (   ) **C** Complétez le passage suivant.
   (   ) **D** Renseignements et opinions

(I) Complétez la grille avec l'équivalent français des mots suivants.[1]

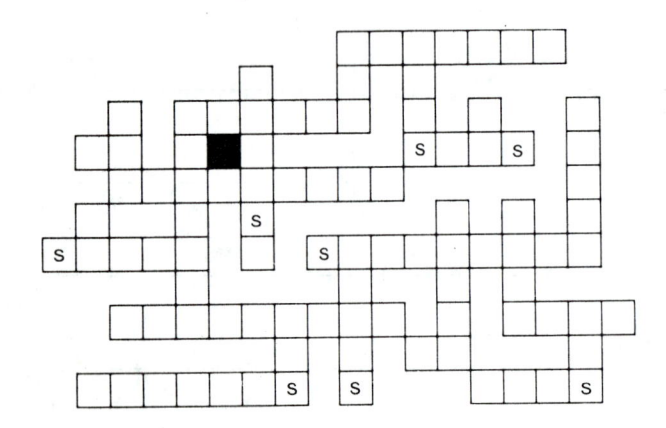

2 lettres : and, he, I, you
3 lettres : key, the, they, wall
4 lettres : in(side), she, to be, you, under
5 lettres : they, book, door, pen
6 lettres : notebook, chair
7 lettres : corridor, pencils, doctor
9 lettres : wastebasket, (female) student, briefcase

---

[1] Complete the grid with the French equivalents of the following words.

22 PREMIÈRE LEÇON   Copyright © 1985, John Wiley & Sons, Inc.

NOM _____ COURS _____ SECTION _____

(II) Complétez la grille avec les formes conjuguées du verbe **être**.[1]

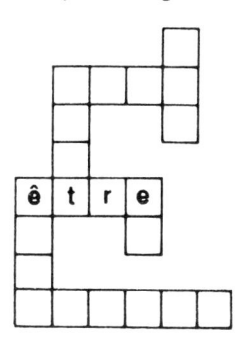

| ê | t | r | e |

TROISIÈME PARTIE[2]

CONVERSATIONS

A *Hello!*

JACQUELINE Hello [sir].
PROFESSOR Hello [Miss]. How are you?
JACQUELINE Just fine [Very well], thank you. And you?
PROFESSOR Fine [Well], thank you.

B *Good-bye!*

JACQUELINE Excuse me, I'm late.
PROFESSOR Good-bye [Miss].
JACQUELINE See you tomorrow [sir].

C *Hi!*

PHILIPPE Hi, Bernard.
BERNARD Well, hi, Philippe. How are you?
PHILIPPE Not bad. And you?
BERNARD So-so.

D *See you in a little while!*

ROBERT Excuse me, I'm late.
MARTINE See you in a little while, Robert.
ROBERT Yes, see you in a little while.

---

[1] Complete the grid with the conjugated forms of the verb **être**.
[2] Part Three gives the English equivalents of the mini-dialogues of **Conversations**, the **Dialogue** (but not the narrative which precedes it), the **Expressions utiles**, and the **Vocabulaire**. The English equivalents are only approximate. Brackets [. . .] indicate either words that are usually not said in English or French, or a more literal translation of French. Following these English equivalents are the answer keys to **Compréhension auditive** and dictation exercises, **Exercices écrits**, and word games.

PREMIÈRE LEÇON   23

APPLICATIONS

A Dialogue et questions: *Hello!*

JEAN-PAUL   Excuse me. I'm looking for Room 206. Do you know where it is?
CHRISTINE   It's over there, on your left. Say, are you French?
JEAN-PAUL   Yes. Do you speak French?
CHRISTINE   Yes, a little. I'm in a French class [course].
JEAN-PAUL   Is that so [Oh, yes]? And where is your [the] classroom?
CHRISTINE   There, in front of you. And there's the professor, Mr. Dubois, in front of the blackboard.
JEAN-PAUL   Is he French?
CHRISTINE   No, he's American.
JEAN-PAUL   What's that? Is it your [the] French book?
CHRISTINE   Yes, and there's the workbook.

B Expressions utiles

Greetings

Hello, { (sir). (Miss). (Ma'am). }   Hi, { Michel. Martine. }

How are you? [formal and familiar] { (Just) fine, thank you. Not bad, thank you. So-so. Not very well. } And you? [formal and familiar]

Good-bye.
See you tomorrow.
See you in a little while.

In class

Listen carefully [well],
Look (at the board),
Repeat (after me),
Read (the sentence),
Write (the word),
Answer (in French),
Once more,
Louder,
} (please).

VOCABULAIRE

Masculine nouns

notebook **cahier**	·exercise **exercice**	wall **mur**
corridor **couloir**	garden **jardin**	professor **professeur**
·course **cours**	book **livre**	pen **stylo**
pencil **crayon**	doctor **médecin**	blackboard **tableau**
student **étudiant**	sir **monsieur**	

Feminine nouns

chair **chaise**	ma'am **madame**	(class)room **salle (de classe)**
class[room] **classe**	Miss **mademoiselle**	·economics **sciences économiques**
key **clé**	house **maison**	briefcase **serviette**
wastebasket **corbeille**	watch **montre**	table **table**
student **étudiante**	door **porte**	

Verbs

to be   **être** *irrég*

Adjectives

American   **américain(e)**   French   **français(e)**   ·finished   **terminé(e)**

Adverbs

· well **bien**
there **là**
· now **maintenant**

· not bad **pas mal**
where **où**
· very **très**

· a little **un peu**

Prepositions

in(side) **dans**
of **de**
behind **derrière**

in front of **devant**
· in **en**
under **sous**

on, on top of **sur**

Other expressions

· see you tomorrow **à demain**
· oh (yes/no) **ah (oui / non)**
· see you in a little while **à tout à l'heure**
· good-bye **au revoir**
· hello **bonjour**
· that **ça**
· so-so **comme ci comme ça**
· How are you? **Comment allez-vous ?**

· How are you? **Comment ça va ?**
· late **en retard**
[question marker] **est-ce que**
and **et**
· excuse me **excuse-moi**
· excuse me **excusez-moi**
· thank you **merci**
not **ne...pas**
no **non**
or **ou**

yes **oui**
excuse me **pardon**
What is this/that? **Qu'est-ce que c'est ?**
who **qui**
look at **regardez**
· hi **salut**
· well(!) **tiens**
there is/are **voilà**
· you speak **vous parlez**

ANSWER KEYS

COMPRÉHENSION AUDITIVE

Exercices oraux

1.1 f—m—f—m; m—f—f—m; f—m—m—f

1.3 s—p—s—p; p—s—p—p; s—p—s—s

1.4 f—f—v; v—f—f; v—f—v

1.5 oui—oui—oui; oui—non—non; oui—oui—non

Applications

v—f; v—f; f—f

(*Dictée*) Je suis américaine. Voilà le livre de français. Voilà le professeur. Il est français. Il est devant la porte. Les étudiants sont dans la classe.

EXERCICES ÉCRITS

1.1 1. C'est une montre. 2. Ce sont des murs. 3. C'est une porte. 4. Ce sont des étudiants. 5. C'est une clé. 6. C'est une étudiante.

1.2 1. Est-ce que c'est une montre ? 2. Est-ce que ce sont des étudiantes ? 3. Est-ce que ce sont des stylos ? 4. Est-ce que c'est une chaise ? 5. Non, ce n'est pas une étudiante, c'est un étudiant. 6. Non, ce ne sont pas des crayons, ce sont des stylos.

1.3 1. Voilà la porte et les murs. 2. Voilà le livre et le crayon. 3. Voilà le professeur et les étudiants. 4. Voilà la table et les chaises.

1.4 1. La serviette est sous la table. 2. Le crayon est dans le livre. 3. Le stylo est derrière le cahier. 4. La chaise est derrière la table. 5. Le livre et le cahier sont sur la table. 6. Les clés sont devant le livre.

1.5 1. vous êtes professeur. 2. vous n'êtes pas français. 3. je suis américain(e). 4. je ne suis pas dans le couloir. 5. nous ne sommes pas dans un jardin. 6. ils ne sont pas dans la classe.

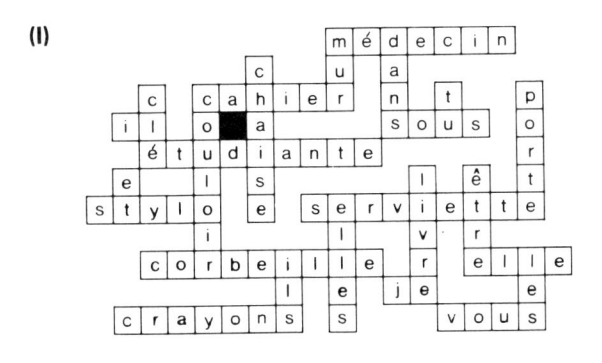

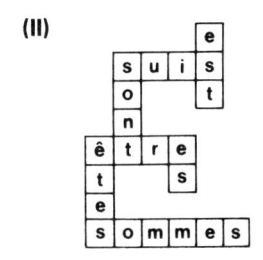

PREMIÈRE LEÇON 25

Copyright © 1985, John Wiley & Sons, Inc.

NOM _____ COURS _____ SECTION _____

DEUXIÈME LEÇON

PREMIÈRE PARTIE

CONVERSATIONS

    ( ) **A** *Le cours de chimie est très difficile !*
    ( ) **B** *J'aime beaucoup la botanique.*
    ( ) **C** *L'horloge avance de dix minutes.*

EXERCICES ORAUX

● **1** Verbes du premier groupe : **-er** (1)

1	2	3	4
arriver	regarder	entrer	chercher
5	6	7	8
parler	essayer	aimer	payer

DESSIN 4

  A *Regardez le Dessin 4 et répétez après moi.*

    1   2   3   4   5   6   7   8

B *Écoutez bien et ajoutez des phrases d'après ce modèle.*[1]

1   2   3   4   5   6

C *Maintenant, répondez aux questions d'après ce modèle.*

1   2   3   4   5   6

E *Exercice de contrôle*

1   2   3   4   5   6;   1   2   3   4   5   6

Compréhension auditive : *Est-ce que le sujet est au singulier ou au pluriel ?*[2]

1.	s	p	?	4.	s	p	?	7.	s	p	?
2.	s	p	?	5.	s	p	?	8.	s	p	?
3.	s	p	?	6.	s	p	?	9.	s	p	?

Compréhension auditive : *Est-ce que la réponse à chaque question est logique et appropriée ?*[3]

1.	oui	non	4.	oui	non	7.	oui	non
2.	oui	non	5.	oui	non	8.	oui	non
3.	oui	non	6.	oui	non	9.	oui	non

● **2** Contraction de l'article défini avec **à**

A *Répétez après moi...*
Continuez de la même façon.[4]

1   2   3   4   5   6

● **3** Contraction de l'article défini avec **de**

A *Répétez après moi...*
Continuez de la même façon.

1   2   3   4   5   6

● **4** Nombres cardinaux, de 0 à 60 ; **il y a** ; **combien de. . . ?**

(A) *Répétez après moi.*

0–1–2, 3–4–5, 6–7–8, 9–10–11, 12–13–14, 15–16–17, 18–19–20, 21–22–23, 31–34–35, 41–46–47, 51–59–60

Comptons par trois de 0 à 60. Répétez après moi.

0–3–6, 9–12–15, 18–21–24, 27–30–33, 36–39–42, 45–48–51, 54–57–60

Maintenant, donnez les nombres en français.[5]

a   b   c   d   e   f   g   h   i   j   k   l   m

---

[1] *Listen carefully and add sentences according to this model.*
[2] *Is the subject in the singular or plural?* In this type of exercise, all the subject pronouns are in the third person. If the subject is singular (**Il arrive**), circle **s**; if it is plural (**Elles aiment**, with liaison), circle **p**; if it could be either singular or plural (**Ils regardent**), circle the question mark.
[3] All the answers you hear are grammatically correct. Listen especially for the appropriate or inappropriate use of subject pronouns in the answers.
[4] *Continue in the same manner.*
[5] Letters of the alphabet are used in order to avoid confusion of item numbers and the numbers themselves. See **Exercice de prononciation 3** for the pronunciation of the French alphabet. The cues are given in English, and you supply the French equivalents.

NOM _____ COURS _____ SECTION _____

B *Ajoutez* **professeur** *et* **étudiant** *après chaque nombre.*[1]

Modèle : Un.   **Un professeur et un étudiant.**
         Deux. **Deux professeurs et deux étudiants.**
         Trois. **Trois professeurs et trois étudiants.**

Commencez.

4   5   6   7   8   9   10

Dictée : Épelez les nombres que vous entendez.[2]

a. _____   e. _____

b. _____   f. _____

c. _____   g. _____

d. _____   h. _____

● **5** L'heure[3]

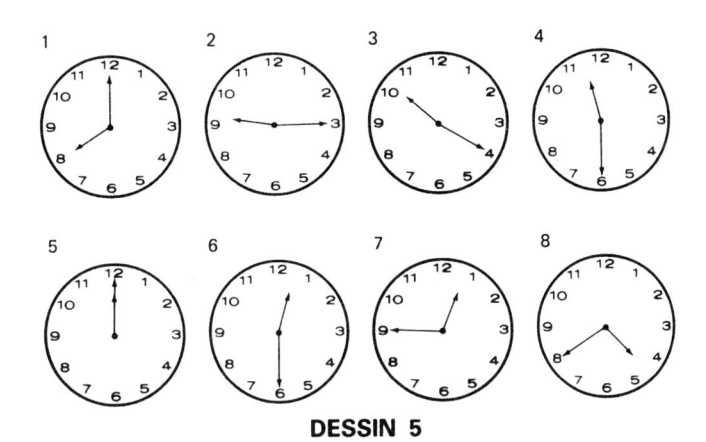

DESSIN 5

A *Quelle heure est-il ? Regardez le Dessin 5 et répétez après moi...*
Maintenant, répondez aux questions.

1   2   3   4   5   6   7   8

Compréhension auditive : Regardez le Dessin 5. Indiquez si chaque commentaire est vrai ou faux.

1. v   f   4. v   f   7. v   f
2. v   f   5. v   f   8. v   f
3. v   f   6. v   f   9. v   f

APPLICATIONS

A Dialogue : *Tu travailles trop !* (   )

Questions :   1   2   3   4   5   6   7   8   9   10   11   12

---

[1] *Add* **professeur** *and* **étudiant** *after each number.*
[2] *Spell out the numbers that you hear. Each number is read only once, followed by a pause.*
[3] *Beginning with this section, all the item numbers of each oral exercise will be given in French.*

DEUXIÈME LEÇON

Compréhension auditive : *Voici quelques commentaires au sujet du dialogue de cette leçon. Indiquez si chaque commentaire est vrai ou faux.*

1. v f
2. v f
3. v f
4. v f
5. v f
6. v f

Dictée : *Le cours de français*

___

DEUXIÈME PARTIE

EXERCICES ÉCRITS

● **1** Verbes du premier groupe : **-er** (1)

Écrivez des phrases en utilisant les éléments indiqués.[1]

1. Je / entrer / dans / boutique / et / chercher / vendeuse.

2. Nous / être / dans / classe / et / nous / parler / français.

3. Je / étudier / français, / mais / David et Gisèle / étudier / chimie.

4. Vous / aimer / cours / français / et / vous / ne pas / arriver / en retard.

5. Ne pas / regarder / horloge ; / vous / ne pas / être / en retard.

*6. Nous / travailler / beaucoup, / mais / Robert / ne pas / travailler.

*7. Je / déjeuner / maintenant ; / cours / être / terminé.

[1] *Write sentences using the indicated elements.*

*8. Ils / rentrer / à la maison / et / fermer / porte.

● 2 Contraction de l'article défini avec **à**

Répondez aux questions d'après ce modèle.

    Êtes-vous à l'hôpital ? (maison)   **Non, je suis à la maison.**

1. Êtes-vous à la maison ? (université)

   Non,

2. Est-ce que le professeur est au cinéma ? (bibliothèque)

   Non,

3. Est-ce que les étudiants sont à la maison ? (laboratoire)

   Non,

4. Parlez-vous au professeur ? (étudiants)

   Non,

5. Est-ce que la vendeuse parle à l'étudiante ? (professeur)

   Non,

*6. Est-ce que Jean-Paul est à l'hôpital ? (cinéma)

   Non,

*7. Est-ce que Jean-Paul parle au médecin ? (étudiante)

   Non,

● 3 Contraction de l'article défini avec **de**

Répondez aux questions d'après ce modèle.

    Est-ce que c'est le livre de l'étudiant ? (professeur)   **Non, c'est le livre du professeur.**

1. Est-ce que c'est le cahier de la vendeuse ? (médecin)

   Non,

2. Est-ce que ce sont les chaises du professeur ? (étudiants)

   Non,

3. Est-ce que c'est la porte du laboratoire ? (classe)

   Non,

4. Est-ce que la jeune fille parle de la boutique ? (cours de français)

   Non,

5. Parlez-vous de la maison ? (hôpital)

   Non,

*6. Est-ce que ce sont les clés de la jeune fille ? (médecin)

*7. Est-ce qu'elle parle du laboratoire ? (université)

   Non,

DEUXIÈME LEÇON   31

● **4** Nombres cardinaux de 0 à 60 ; **il y a** ; **combien de...** ?

Épelez les nombres suivants d'après le modèle.[1]

    (12)   **douze**

1. (16)   6. (24)

2. (19)   7. (33)

3. (48)   8. (55)

4. (41)   9. (60)

5. (22)   10. (14)

Répondez aux questions.

11. Combien de jeunes filles est-ce qu'il y a dans le cours de français ?

12. Et combien d'etudiants est-ce qu'il y a dans le cours ?

13. Combien de chaises est-ce qu'il y a dans la classe ?

*14. Combien de pages est-ce qu'il y a dans la Leçon 2 ?

*15. Combien de bibliothèques est-ce qu'il y a à l'université ?

● **5** L'heure

Répondez aux questions.

1. À quelle heure est-ce que le cours de français commence ?

2. À quelle heure déjeunez-vous ?

3. Quelle heure est-il maintenant ?

4. À quelle heure rentrez-vous à la maison ?

---

[1]*Spell out the following numbers according to the model.*

32 DEUXIÈME LEÇON

NOM _____ COURS _____ SECTION _____

5. À ma montre il est une heure moins douze. Mais elle avance de trois minutes. Quelle heure est-il en réalité ?

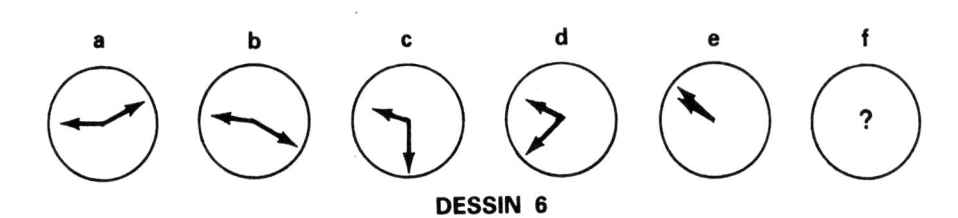

_____

DESSIN 6

*6. Quelle heure est-il ?[1]

a) _____

b) _____

c) _____

d) _____

e) _____

f) _____

APPLICATIONS : Travaux écrits

( ) **A** *Questions*
( ) **C** *Complétez le passage suivant.*
( ) **D** *Posez des questions sur les parties soulignées.*
( ) **E** *Renseignements et opinions*

(I) *Complétez la grille avec les nombres de 1 à 20, écrits en toutes lettres.*[2]

[1] The clock faces are sequential pictures of the same clock.
[2] **écrits en toutes lettres** *spelled out fully*. The hyphen, whenever it occurs, occupies a box. You might start with the shortest and longest words.

DEUXIÈME LEÇON

(II) *Complétez les séries suivantes.*

a) sept—quatorze—_____—vingt-huit—trente-cinq—quarante-deux—quarante-neuf—_____

b) soixante—cinquante-quatre—quarante-huit—_____—trente-six—trente—vingt-quatre—dix-huit—_____—six

c) un—quatre—sept—_____—treize—seize—dix-neuf—vingt-deux—_____—vingt-huit

d) un—cinq—_____—seize—vingt-trois—trente et un—quarante—_____

TROISIÈME PARTIE

CONVERSATIONS

A *The chemistry course is very hard!*

PROFESSOR Are you studying chemistry?
JACQUELINE Yes, I'm studying chemistry [a student in chemistry].
PROFESSOR How is the chemistry course?
JACQUELINE It's very hard!

B *I like botany a lot.*

MICHEL Do you study [work] a lot for the botany course?
MIREILLE Yes, almost two hours a [per] day.
MICHEL Oh, my! Two hours a day! You work too hard [too much].
MIREILLE Do you think so [Do you find]? It's because I like botany a lot.

C *The clock is ten minutes fast.*

MIREILLE Look at the clock. It's almost two o'clock! I'm late!
MICHEL No, you aren't late.
MIREILLE How's that?
MICHEL The clock is ten minutes fast. According to my watch, it's ten to two [o'clock].

APPLICATIONS

A Dialogue et questions: *You work too hard [too much]!*

JEAN-PAUL So, how is the biology class [course]?
CHRISTINE It's hard, but the professor is fun [amusing].
JEAN-PAUL Do you study [work] a lot for the course?
CHRISTINE That depends, but on the whole [in general] almost two hours a [per] day.
JEAN-PAUL Two hours a day! Oh, my, you work too hard.
CHRISTINE Do you think so [Do you find]? It's because I like biology a lot.
JEAN-PAUL But you don't study all the time (I hope *is understood*)! Are you free at ten every day?
CHRISTINE No, only twice a week [two times per week].
JEAN-PAUL That's too bad! Are you free tomorrow at noon?
CHRISTINE Yes. Why?
JEAN-PAUL Let's have lunch together in the school cafeteria [university restaurant].
CHRISTINE [A] good idea!

B Expressions utiles

Courses

anatomy	electronics	philosophy
anthropology	geography	photography
architecture	geology	physics
astronomy	history	psychology
fine arts	computer science	economics
biology	journalism	social ⎫
botany	linguistics	natural ⎬ science
chemistry	literature	physical ⎪
business	mathematics	political ⎭
law	medicine	sociology
ecology	music	zoology

Studies

to study ⎫ ⎧ chemistry
[to be a student in] ⎭ ⎩ journalism

to study ⎫ ⎧ (a) little
to work ⎭ ⎨ a lot
⎩ too hard [too much]

to study ⎧ chemistry
⎩ journalism

to like ⎫ ⎧ the course
to hate ⎭ ⎨ the instructor
⎩ the lab work

The course is ⎧ easy (hard).
⎪ useful (useless).
⎨ interesting (boring).
⎩ [an] elective (required).

VOCABULAIRE

Masculine nouns

English (*language*) **anglais**
afternoon **après-midi**
·building **bâtiment**
windbreaker **blouson**
·campus **campus**
movies **cinéma**
·corner **coin**
concert **concert**
child **enfant**

film **film**
French (*language*) **français**
hospital **hôpital**
·interest **intérêt**
day **jour**
laboratory **laboratoire**
morning **matin**
noon **midi**
midnight **minuit**

word **mot**
number **numéro**
quarter **quart**
restaurant **restaurant**
evening **soir**
·time **temps**
train **train**
salesperson **vendeur**

Feminine nouns

library **bibliothèque**
·biology **biologie**
·botany **botanique**
shop **boutique**
·chemistry **chimie**
·dormitory area **cité**
manner, way **façon**
·time [*frequency*] **fois**

hour; o'clock **heure**
·clock **horloge**
·idea **idée**
·illustration **illustration**
girl **jeune fille**
lesson **leçon**
letter **lettre**
minute **minute**

page **page**
sentence **phrase**
second **seconde**
·week **semaine**
university **université**
salesperson **vendeuse**

Verbs

to like **aimer**
to arrive **arriver**
to be fast **avancer**
to look for **chercher**
to begin **commencer**
to have lunch **déjeuner**
to enter **entrer (dans)**

to try **essayer**
·to study **étudier**
to close **fermer**
·to walk **marcher**
·to show **montrer**
to speak **parler**
to pay (for) **payer**

·to leave **quitter**
to look (at) **regarder**
to get home **rentrer**
to work, study **travailler**
·to find **trouver**

DEUXIÈME LEÇON 35

Adjectives

·amusing, fun **amusant(e)**	·half **demi(e)**	·small, little **petit(e)**
other **autre**	·difficult, hard **difficile**	following **suivant(e)**
·good **bon (bonne)**	·free **libre**	[of] university **universitaire**
each **chaque**	open **ouvert(e)**	

Adverbs

·so **alors**	·tomorrow **demain**	·when **quand**
much, a lot **beaucoup**	·together **ensemble**	·only **seulement**
·soon **bientôt**	·why **pourquoi**	too much **trop**
·how **comment**	·almost **presque**	

Other expressions

to **à**	·on the whole **en général**	·for **pour**
at home, to home **à la maison**	in truth, really **en réalité**	·near **près de**
[at] what time **à quelle heure**	there is/are **il y a**	then **puis**
·across **à travers**	read **lisez**	What time is it? **Quelle heure est-il ?**
·with **avec**	·but **mais**	
·that depends **cela dépend**	me, too **moi aussi**	say again **redites**
·that's too bad **c'est dommage**	to, before [*time expression*] **moins**	·every day **tous les jours**
how many **combien de**	·Oh, my(!) **Mon Dieu**	·all the time **tout le temps**
·how often **combien de fois**	·per **par**	·Do you think so? **Tu trouves ?**
·how long **combien de temps**	because **parce que**	
·How's that? **Comment cela ?**	·a/per day (week) **par jour (semaine)**	

ANSWER KEYS

COMPRÉHENSION AUDITIVE

Exercices oraux

2.1 s—?—p; ?—?—p; ?—?—s

oui—non—non; oui—non—oui; oui—non—oui

2.4 (*Dictée*) seize; trente-sept; cinquante-deux; quarante-huit; vingt-cinq; quinze; quatorze; dix-neuf

2.5 v—f—v; f—v—f; f—v—f

Applications

v—f; f—v; f—v

(*Dictée*) J'aime beaucoup le cours de français. Il commence à neuf heures dix. Il y a vingt-deux étudiants dans le cours. M. Dubois est le professeur. Il est amusant. Il parle bien français.

EXERCICES ÉCRITS[1]

2.1 1. J'entre dans la (une) boutique et cherche une (la) vendeuse.   2. Nous sommes dans la classe et nous parlons français.   3. J'étudie le français, mais David et Gisèle étudient la chimie.   4. Vous aimez le cours de français et vous n'arrivez pas en retard.
5. Ne regardez pas l'horloge ; vous n'êtes pas en retard.

2.2 1. je suis à l'université.   2. il est à la bibliothèque.   3. ils sont au laboratoire.   4. je parle aux étudiants.   5. elle parle au professeur.

2.3 1. c'est le cahier du médecin.   2. ce sont les chaises des étudiants.   3. c'est la porte de la classe.   4. elle parle du cours de français.   5. je parle de l'hôpital.

2.4 1. seize   2. dix-neuf   3. quarante-huit
4. quarante et un   5. vingt-deux   6. vingt-quatre
7. trente-trois   8. cinquante-cinq   9. soixante
10. quatorze   11. Il y a (quinze) jeunes filles dans le cours de français.   12. Il y a (vingt et un) étudiants dans le cours.   13. Il y a (vingt-cinq) chaises dans la classe.

2.5 1. Il commence à (dix) heures (du matin).   2. Je déjeune à (midi et demi).   3. Il est (huit) heures (du soir).   4. Je rentre à la maison à (six heures et demie).   5. Il est une heure moins le quart.

---

[1] When various answers are possible the part of the answer in which variations occur is put in parentheses (such as in **2.4** and **2.5**). For such items, the answers given here are sample answers. You should ask your instructor to check your answers.

(I) [crossword puzzle]

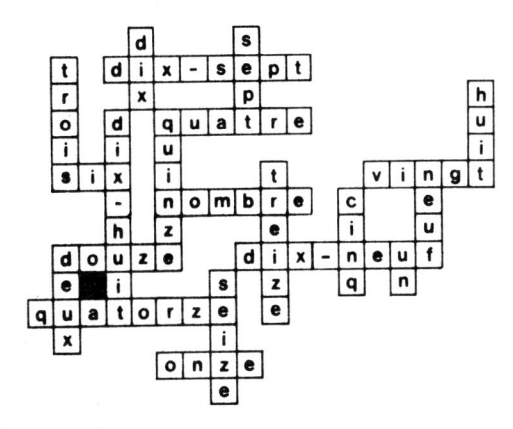

(II) a. vingt et un, cinquante-six
b. quarante-deux, douze
c. dix, vingt-cinq
d. dix, cinquante

DEUXIÈME LEÇON

Copyright © 1985, John Wiley & Sons, Inc.

NOM _____ COURS _____ SECTION _____

TROISIÈME LEÇON

PREMIÈRE PARTIE

CONVERSATIONS

    ( ) **B** *Où ?*

EXERCICES ORAUX

- **1** Nombres ordinaux et la date

    A *Donnez le nombre ordinal qui correspond à chaque nombre cardinal.*[1]

    a   b   c   d   e   f   g   h   i   j   k   l

    B *Parlons du calendrier. Répondez aux questions.*[2]

    1 2 3 4 5 6 7 8 9 10 11 12 13 14

    Compréhension auditive : *Nous parlons des jours de la semaine et des mois de l'année. Indiquez si chaque phrase est logique et appropriée.*

1. oui non		4. oui non		7. oui non	
2. oui non		5. oui non		8. oui non	
3. oui non		6. oui non		9. oui non	

- **2 Avoir** et **pas de**

    A *Exercice de contrôle*

    1 2 3 4 5 6; 1 2 3 4 5 6

    B *Répondez aux questions.*[3]

    1 2 3 4 5 6 7 8 9 10 11 12 13

- **3** Adjectifs possessifs : **mon, ton** et **votre**

    A *Remplacez* **un, une, des** *par* **mon, ma, mes** *d'après les modèles.*

    1 2 3 4 5 6 7 8 9 10 11 12

---

[1] *Give the ordinal number that corresponds to each cardinal number.*
[2] The questions in exercise items 1 through 7 are recorded; they are renumbered consecutively since each item contains two questions.
[3] The questions have been renumbered consecutively since each item contains two or three questions. Use the cues given immediately after each question.

TROISIÈME LEÇON   39

B *Répétez l'exercice précédent. Remplacez* **un, une, des** *par* **votre** *ou* **vos**, *d'après les modèles.*

1 2 3 4 5 6 7 8 9 10 11 12

C *Répondez d'après les modèles.*

1 2 3 4 5 6

Compréhension auditive : *Écoutez la conversation. Est-ce que la réponse est logique et appropriée ?*[1]

1. oui non   3. oui non   5. oui non
2. oui non   4. oui non   6. oui non

● **4 Adjectif interrogatif quel**

A *Posez des questions d'après ce modèle.*

1 2 3 4 5 6 7 8

B *Nous posons des questions a Jean-Paul Chabrier. Répétez après moi. . . Maintenant, posez des questions.*

1 2 3 4 5 6 7 8 9 10

● **5 Adjectifs possessifs : son, notre et leur**

A *Répondez aux questions d'après les modèles.*

1 2 3 4 5 6 7 8

B *Répondez aux questions. Utilisez des adjectifs possessifs dans vos réponses.*[2]

1 2 3 4 5 6 7 8 9 10 11

Compréhension auditive : *Écoutez la conversation. Est-ce que la réponse est logique et appropriée ?*

1. oui non   4. oui non   7. oui non
2. oui non   5. oui non   8. oui non
3. oui non   6. oui non   9. oui non

APPLICATIONS

A Dialogue : *Allons au cinéma demain soir.* (   )

Questions : 1 2 3 4 5 6 7 8 9

Compréhension auditive : *Voici quelques commentaires au sujet du dialogue de cette leçon. Indiquez si chaque commentaire est vrai ou faux.*

1. v f   3. v f   5. v f
2. v f   4. v f   6. v f

---

[1] Listen especially for the appropriate or inappropriate use of subject pronouns and possessive adjectives.

[2] The questions have been renumbered consecutively since each item contains two or three questions. Use the cues given immediately after each question.

NOM _____ COURS _____ SECTION _____

Dictée : *Allons au cinéma.*[1]

DANIEL : _____

MARIE : _____

DANIEL : _____

MARIE : _____

DANIEL : _____

_____

MARIE : _____

DEUXIÈME PARTIE

EXERCICES ÉCRITS

● **1** Nombres ordinaux et la date

Écrivez en toutes lettres le nombre ordinal qui correspond à chaque nombre cardinal.

1. (5)_____   5. (12)_____

2. (16)_____   6. (1)_____

3. (20)_____   7. (9)_____

4. (31)_____

Répondez aux questions.

8. Quels sont les mois de l'été ?

_____

_____

9. Quels mois ont trente jours ?

_____

_____

10. Quelle est la date de Noël ?

_____

[1]This **dictée** is given in dialogue form.

*11. Quelle est la date de la Fête Nationale en France ?

*12. Quelle est la date aujourd'hui ?

● **2 Avoir** et **pas de**

Répondez aux questions.

1. Avez-vous un cours à neuf heures ?
   Non,

2. Est-ce qu'il y a des chaises dans le couloir ?
   Non,

3. Est-ce que le professeur a des amis en France ?
   Oui,

4. Est-ce que nous avons une corbeille dans la classe ?
   Oui,

5. Est-ce que j'ai des lapins à la maison ?
   Non,

6. Est-ce que les étudiants ont des montres ?
   Oui,

*7. Est-ce que les étudiants ont des cours le dimanche ?
   Non,

*8. Est-ce qu'il y a des chats dans la chambre ?
   Non,

*9. Demandez au professeur s'il a des chats.

● **3 Adjectifs possessifs : mon, ton** et **votre**

Répondez aux questions. Utilisez des adjectifs possessifs dans vos réponses.

1. Aimez-vous votre cours de français ?

2. Avez-vous mes livres ?

3. Avez-vous mon adresse ?

4. Est-ce que votre professeur a votre montre ?

5. Est-ce que j'ai vos clés ?

6. Où sont vos livres ?

NOM _____ COURS _____ SECTION _____

*7. Où est-ce que vous avez votre argent ?

*8. Cherchez-vous vos cahiers ?

*9. Est-ce que vous avez mon stylo ?

● 4 Adjectif interrogatif **quel**

Vous parlez à une jeune fille. Elle est française. Vous posez des questions et elle donne des réponses. Écrivez vos questions.

1. Je suis française.

2. Je suis professeur.

3. C'est 23, avenue Victor Hugo.

4. Mon père est dentiste.

5. Le nom de ma mère ? C'est Marie-Claire.

6. À ma montre il est onze heures et quart.

*7. J'aime beaucoup le tennis.

*8. La date de mon anniversaire, c'est le 20 novembre.

*9. Ma mère est américaine.

● 5 Adjectifs possessifs : **son**, **notre** et **leur**

Répondez aux questions. Utilisez des adjectifs possessifs dans vos réponses.

1. Avez-vous l'adresse de vos parents ?

2. Est-ce que la montre de votre professeur est sur votre bureau ?

3. À quelle heure est-ce que notre cours commence ?

4. Avez-vous l'argent de vos amis ?

TROISIÈME LEÇON 43

5. Regardez-vous les livres de votre professeur ?

6. Cherchez-vous vos clés ?

*7. Est-ce que j'ai votre cahier ?

*8. Quelle est la date de la Fête du Travail en France ?

*9. Avez-vous la montre de Jean-Paul ?

- Révision[1]

Écrivez des phrases en employant les éléments indiqués.

*1. Mon / frère / être / médecin. Il / travailler / à / hôpital / près de / université.

*2. Montre / de / professeur / ne pas / être / dans / son / poche ; / elle / être / sur / son / table.

*3. Il / être / 2 h 15 / de / après-midi. Nous / ne pas / avoir / cours / aujourd'hui.

*4. Tu / arriver / à / boutique / et / tu / essayer / blousons. Tu / payer / blouson / à / vendeur.

Répondez aux questions.

*5. Quelle est la date aujourd'hui ?

*6. Quelle heure est-il ?

*7. Où est votre livre de français ?

*8. Combien d'étudiants est-ce qu'il y a dans votre cours de français ?

---

[1] Review exercises will occur at the end of every three lessons. No answer keys will be provided.

NOM _____ COURS _____ SECTION _____

*9. Quels mois ont trente et un jours ?

_____

_____

*10. Demandez à votre professeur la date de son anniversaire.

_____

*11. Où êtes-vous à sept heures du matin ?

_____

*12. Quelle est la nationalité de votre mère ?

_____

APPLICATIONS : Travaux écrits

( ) **A** *Questions*
( ) **C** *Complétez le passage suivant.*
( ) **D** *Posez des questions sur les parties soulignées.*
( ) **E** *Renseignements et opinions*

(I) *Complétez la grille avec les jours de la semaine et les mois de l'année.*[1]

(II) *Complétez les séries suivantes.*

1. premier—troisième—sixième—_____—douzième

2. premier—quatrième—huitième—douzième—_____

3. premier—deuxième—quatrième—septième—onzième—seizième—

   _____

4. vingt-troisième—_____—dix-neuvième—dix-septième—

   quinzième—_____

[1] If necessary, make a list of the words and begin with the shortest and longest words.

TROISIÈME LEÇON 45

TROISIÈME PARTIE

CONVERSATIONS

B *Where?*

VETERINARIAN	Where's your little cat?
PIERROT	My cat? He's at home.
VETERINARIAN	Then [So], what's in your basket?
PIERROT	It's my rabbit. He's sick.

APPLICATIONS

A Dialogue et questions: *Let's go to the movies tomorrow night.*

JEAN-PAUL	Are you free tomorrow night?
BILL	No, on [every] Thursday I always have English homework.
JEAN-PAUL	That's too bad. There's a great film at the cinema club.
BILL	Is that so [Oh, yes]? What film?
JEAN-PAUL	Claude Lelouch's *Robert et Robert*. It's a very funny [amusing] comedy.
BILL	What time does the movie [film] begin?
JEAN-PAUL	At seven. And [the] admission is free because it is the first film of the year.
BILL	OK. Let's go to the movies tomorrow night.
JEAN-PAUL	But your English homework?
BILL	After the movie, if we don't come home too late.

B Expressions utiles

Campus

The students are
- in the modern language building.
- in the language laboratory.
- in the university cafeteria.
- in the stadium.
- at the university.
- at the swimming pool.
- at the **cité**.
- at the bookstore.
- at the library.
- at the dormitory.

The department office / The class(room) / The laboratory / The office is
- near here/far from here.
- on the left/on the right.
- on the first floor.
- on the second/on the third floor.

Modern languages

French	Chinese	Japanese
German	Spanish	Polish
English	Hebrew	Portuguese
Arabic	Italian	Russian

VOCABULAIRE

Masculine nouns

friend **ami**	summer **été**	Christmas **Noël**
birthday **anniversaire**	February **février**	name **nom**
August **août**	soccer **football**	November **novembre**
apartment **appartement**	French (*person*) **Français**	October **octobre**
money **argent**	brother **frère**	basket **panier**
fall, autumn **automne**	people **gens** *pl*	parent **parent**
April **avril**	winter **hiver**	father **père**
calendar **calendrier**	January **janvier**	wallet **portefeuille**
buddy, friend **camarade**	Thursday **jeudi**	spring **printemps**
camping **camping**	newspaper **journal**	bag **sac**
cat **chat**	July **juillet**	Saturday **samedi**
dog **chien**	June **juin**	September **septembre**
cinema club **ciné-club**	rabbit **lapin**	sport **sport**
leave, day off **congé**	Monday **lundi**	south **sud**
December **décembre**	May **mai**	tennis **tennis**
dentist **dentiste**	Tuesday **mardi**	work, study **travail**
homework **devoir**	March **mars**	Friday **vendredi**
Sunday **dimanche**	Wednesday **mercredi**	veterinarian **vétérinaire**
United States **États-Unis** *pl*	month **mois**	neighbor **voisin**

Feminine nouns

address **adresse**	holiday **fête**	region **région**
friend **amie**	France **France**	dormitory **résidence**
year **année**	nurse **infirmière**	street **rue**
avenue **avenue**	Louisiana **Louisiane**	scene **scène**
friend (*casual*) **camarade**	mother **mère**	sister **sœur**
room **chambre**	nationality **nationalité**	television **télévision**
comedy **comédie**	origin **origine**	neighbor **voisine**
date **date**	person **personne**	car **voiture**
admission **entrée**	pocket **poche**	
family **famille**	profession **profession**	

Verbs

to have **avoir** *irrég*	to live **habiter**
to ask (for) **demander**	to share **partager**

Adjectives

Canadian **canadien(ne)**	free [of charge] **gratuit(e)**	favorite **préféré(e)**
last **dernier (dernière)**	sick **malade**	first **premier (première)**
great **formidable**	national **national(e)**	what, which **quel (quelle)**

Adverbs

today **aujourd'hui**	late **tard**
also **aussi**	always **toujours**

Other expressions

let's go **allons**	on the right **de droite**	not any **pas de**
after **après**	on the left **de gauche**	if **si**
OK **d'accord**	his name is **il s'appelle**	
describe **décrivez**	he comes **il vient**	

TROISIÈME LEÇON

ANSWER KEYS

COMPRÉHENSION AUDITIVE

Exercices oraux

3.1 non—oui—oui; non—non—oui; non—non—oui

3.3 oui—oui; non—non; oui—non

3.5 oui—oui—non; non—non—oui; non—oui—oui

Applications

v—f; f—v; v—f

(*Dictée*)
DANIEL : Marie, est-ce que tu es libre mercredi soir ?
MARIE : Oui. Mais pourquoi ?
DANIEL : Il y a un film amusant au ciné-club.
MARIE : Ah oui ? Quel film, et à quelle heure ?
DANIEL : *Robert et Robert*. C'est une comédie formidable. Le film commence à neuf heures.
MARIE : D'accord. Allons au cinéma mercredi soir.

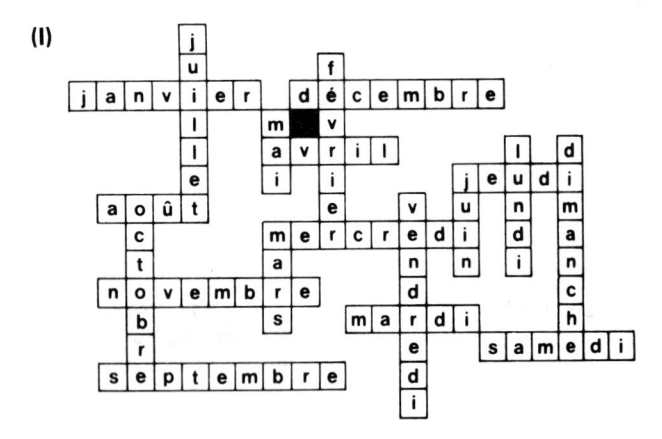

(I) [crossword puzzle with: janvier, décembre, juillet, février, avril, août, mai, jeudi, lundi, mercredi, vendredi, dimanche, novembre, octobre, mars, samedi, septembre]

EXERCICES ÉCRITS

3.1 cinquième 2. seizième 3. vingtième 4. trente et unième 5. douzième 6. premier / première 7. neuvième 8. Juin, juillet et août sont les mois de l'été. 9. Avril, juin, septembre et novembre ont trente jours. 10. C'est (*or* La date de Noël est) le vingt-cinq décembre.

3.2 je n'ai pas de cours à neuf heures. 2. il n'y a pas de chaises dans le couloir. 3. il a des amis en France. 4. nous avons une corbeille dans la classe. 5. vous n'avez pas de lapins à la maison. 6. ils ont des montres.

3.3 (Oui, j'aime) mon cours de français. 2. (Non, je n'ai pas) vos livres. 3. (Non, je n'ai pas) votre adresse. 4. Non, mon professeur (*or* il / elle) n'a pas ma montre. 5. Non, vous n'avez pas mes clés. 6. Mes livres sont (à la maison).

3.4 Quelle est votre nationalité ? 2. Quelle est votre profession ? 3. Quelle est votre adresse ? 4. Quelle est la profession de votre père ? 5. Quel est le nom de votre mère ? 6. Quelle heure est-il [à votre montre] ?

3.5 1. Oui, j'ai leur adresse. 2. Non, sa montre (*or* elle) n'est pas sur mon bureau. 3. Notre cours commence à (onze heures). 4. Non, je n'ai pas leur argent. 5. Non, je ne regarde pas ses livres. 6. Non, je ne cherche pas mes clés.

(II) 1. neuvième 2. seizième 3. vingt-deuxième 4. vingt et unième, treizième

NOM _____ COURS _____ SECTION _____

QUATRIÈME LEÇON

PREMIÈRE PARTIE

CONVERSATIONS

( ) **A** *C'est trop loin d'ici.*
( ) **B** *Quel temps fait-il ?*
( ) **C** *Le restaurant en face de la gare*

EXERCICES ORAUX

● **1 Le temps qu'il fait**

A *Répétez les phrases après moi...*
Maintenant, parlons un peu des saisons et du climat de notre région. Répondez aux questions.[1]

1   2   3   4   5   6   7   8   9   10

● **2 Aller**

A *Exercice de contrôle*

1   2   3   4   5   6;   1   2   3   4   5   6

B *Mieux vaut tard que jamais. Ajoutez des phrases d'après ce modèle.*

1   2   3   4   5   6

D *Révision de la contraction de l'article défini. Faites des phrases d'après ce modèle.*

1   2   3   4   5   6

● **3 Verbes du deuxième groupe : -ir**

A *Exercice de contrôle*

1   2   3   4   5   6;   1   2   3   4   5   6

● **4 Verbes du troisième groupe : -re**

A *Exercice de contrôle*

1   2   3   4   5   6;   1   2   3   4   5   6

---

[1] Use the cue provided after each question. The questions have been renumbered consecutively.

C *Révision des verbes. Répondez aux questions suivantes.*

1 2 3 4 5 6 7 8 9 10 11 12

Compréhension auditive : *Vous allez entendre plusieurs phrases. Pour chaque phrase, copiez le sujet et le verbe que vous entendez.*[1]

1. _____   5. _____

2. _____   6. _____

3. _____   7. _____

4. _____   8. _____

● **5** Nombres cardinaux (après 60)[2]

(A) *Lisez les nombres suivants après moi.*

40–41–42, 50–53–54, 60–65–66, 70–71–75, 76–77–79, 80–81–84, 86–88–89, 90–91–92, 93–95–97, 99–100–101, 274, 382, 494

(C) *Dites les nombres suivants en français.*[3]

a b c d e f g h i j k

Compréhension auditive : *Écrivez le nombre que vous entendez dans chaque phrase.*[4]

1. J'ai _____ francs à la banque.   5. Il y a _____ heures dans une semaine.

2. La leçon commence à la page _____.   6. Il y a _____ jours dans une année.

3. Le repas coûte _____ francs.   7. Il y a _____ étudiants dans cette école.

4. Il y a _____ pages dans le livre.   8. La stéréo coûte _____ dollars.

APPLICATIONS

A Dialogue : *Allons au jardin botanique !* (   )

Questions :   1   2   3   4   5   6   7   8   9   10

Compréhension auditive : *Voici quelques commentaires au sujet du dialogue de cette leçon. Indiquez si chaque commentaire est vrai ou faux.*

1. v f   3. v f   5. v f
2. v f   4. v f   6. v f

---

[1] *Copy the subject and the verb that you hear. If the verb is in the negative, copy the negation also.*
[2] *The exercises on the tape use numbers up to and including 999.*
[3] *Say the following numbers in French. The cues are given in English, and you give the French equivalent of each number during the pause. Every other number beginning with the first one is recorded.*
[4] *Write the number you hear in each sentence. Use Arabic numerals.*

NOM _____ COURS _____ SECTION _____

Dictée : *Écrivez les mots qui vous sont épelés.*[1]

1. _____   5. _____

2. _____   6. _____

3. _____   7. _____

4. _____   8. _____

Dictée : *Une promenade*

_____

_____

_____

_____

_____

_____

_____

DEUXIÈME PARTIE

EXERCICES ÉCRITS

● **1** Le temps qu'il fait

Répondez aux questions.

1. Quels sont les mois de l'hiver ?

_____

2. Quel temps fait-il en hiver ?

_____

3. Quel temps fait-il au printemps ?

_____

4. Quelle saison vient après le printemps ?

_____

5. En quel mois fait-il très chaud ?

_____

---

[1] *Write the words that are spelled out for you.* This exercise should be done after you have completed or reviewed **Exercice de prononciation 3**.

QUATRIÈME LEÇON 51

*6. En quel mois est-ce qu'il neige beaucoup ?

_____

*7. Regardez le deuxième dessin du Tableau 21 à la page 77 de votre livre de français. Faites une description du temps qu'il fait.

_____

_____

_____

● 2 **Aller**

Répondez aux questions.

1. À quelle heure est-ce que les étudiants vont au cours de français ?

_____

2. Combien de fois par semaine allez-vous au laboratoire de langues ?

_____

3. À quelle heure allez-vous déjeuner demain ?

_____

4. Où est-ce que le professeur va après le cours ?   (bibliothèque)

_____

5. Est-ce que nous allons étudier le dialogue demain ?

_____

*6. Demandez-moi comment je vais.

_____

*7. Demandez à votre voisin où il va après le dîner.

_____

● 3 **Verbes du deuxième groupe : -ir**

Écrivez les formes appropriées de chaque verbe d'après le modèle.

finir   (tu, vous)   **tu finis, vous finissez**

1. finir   (je, nous)

_____

2. choisir   (tu, ils)

_____

3. ne pas obéir   (elle, vous)

_____

Répondez aux questions.

4. Je suis professeur. Est-ce que je choisis mes étudiants ?

_____

52 QUATRIÈME LEÇON

NOM _____ COURS _____ SECTION _____

5. Obéissez-vous toujours aux agents de police ?
_____

*6. Finissez-vous toujours vos devoirs ?
_____

*7. Est-ce que vos parents choisissent vos cours ?
_____

● 4 Verbes du troisième groupe : **-re**

Répondez aux questions suivantes.

1. Répondez-vous aux questions du professeur ?
_____

2. Est-ce que vos amis attendent leur professeur maintenant ?
_____

*3. Est-ce que je vends votre livre de français ?
_____

*4. Est-ce que votre professeur entend toujours ses étudiants ?
_____

Écrivez les formes appropriées des verbes suivants.

5. attendre (je, vous)
_____

6. répondre (elle, ils)
_____

7. vendre (tu, il)
_____

8. choisir (je, elles)
_____

9. payer (je, nous)
_____

● 5 Nombres cardinaux (après 60)

Écrivez les nombres suivants en toutes lettres.

1. 188
_____

2. 377
_____

3. 999
_____

4. 524
_____

5. 480

_____

6. 2222

_____

*7. 3571

_____

*8. 1.000.000

_____

APPLICATIONS : Travaux écrits

    (   ) **A** *Questions*

    (   ) **C** *Mettez ces actions dans l'ordre logique.*

    (   ) **D** *Complétez le passage suivant.*

    (   ) **E** *Renseignements et opinions*

(I) *Complétez la grille avec les formes conjuguées des verbes* **être**, **avoir** *et* **aller**.

(II) *Complétez les séries suivantes.*

1. cinquante-cinq—soixante—soixante-cinq—soixante-dix—_____

2. cinquante et un—soixante et un—soixante et onze—_____—quatre-vingt-onze

3. soixante—_____—quatre-vingt-dix—cent cinq—_____—cent trente-cinq

4. soixante-cinq—soixante-treize—quatre-vingt-un—_____—quatre-vingt-dix-sept—_____—cent treize

54 QUATRIÈME LEÇON   Copyright © 1985, John Wiley & Sons, Inc.

TROISIÈME PARTIE

CONVERSATIONS

A *It's too far from here.*

MICHEL	Let's go to the library.
CHARLES	But it's pouring out!
MICHEL	What [How], you don't have an [any] umbrella?
CHARLES	Yes, but the library is too far from here.

B *What's the weather like?*

ROBERT	Let's go to the botanical garden.
JACQUELINE	OK. What's the weather like?
ROBERT	It's a little cool.
JACQUELINE	Wait a minute. I'm going to get [to look for] my windbreaker.

C *The restaurant across from the station*

TOURIST	Hello. Is this Santenay?
A VOICE	Pardon? I can't [don't] hear [you]. Please speak louder.
TOURIST	Is this Santenay, the restaurant across from the station?
A VOICE	Oh, no. You have the wrong number.
TOURIST	Oh, excuse me.
A VOICE	It's all right [You're welcome].

APPLICATIONS

A Dialogue et questions: *Let's go to the botanical garden!*

CHRISTINE	Hello. . .is it you, Jean-Paul?
JEAN-PAUL	Yes. Hello, Christine. How are you?
CHRISTINE	Not bad, thanks. Listen, are you free around four [o'clock]?
JEAN-PAUL	Around what? I can't [don't] hear [you] very well.
CHRISTINE	Are you free around four?
JEAN-PAUL	Around four? Yes. Why?
CHRISTINE	I'm at Barbara's. Bill is here [there], too. We're going to the botanical garden.
JEAN-PAUL	Oh, yes, the trees are gorgeous [magnificent] right now.
CHRISTINE	Yes. Come with us. We're going to take [some] pictures.
JEAN-PAUL	OK. But tell me, does winter come [arrive] early in this region?
CHRISTINE	Not before December. But it snows a lot. You don't like winter?
JEAN-PAUL	Not really [so much]. Besides, my winter clothes aren't here yet.
CHRISTINE	You have your windbreaker, anyway. So, it's agreed? [At] four o'clock, at the entrance to [of] the garden?
JEAN-PAUL	OK. Good-bye, and see you in a little while.
CHRISTINE	Yes, see you in a little while.

B Expressions utiles

Telephone

to phone / to call back } someone

to look for { a telephone / a phone booth

to consult / to look for the number in } the telephone directory

to pick up / to hang up } the receiver; { to dial the / to have the right/wrong } number

The line is busy.
There is no answer.

Hello!—Who is speaking [on the phone], please?
This is Pierre Roland. Is Mr. Raymond there?
—Hold on (please).

Weather and seasons

It's nice weather. / It's bad weather. } I like nice weather.

It's cold. / It's hot. / It's windy. } I hate { the cold. / the heat. / the wind. }

It's raining. / It's pouring. / It's snowing. } I don't like { rain. / snow. }

In spring / In autumn } it is cool.

In summer / In winter } it gets { light / dark } { very early. / very late. }

VOCABULAIRE

Masculine nouns

policeman **agent (de police)**
telephone directory **annuaire**
·tree **arbre**
office **bureau**
·sky **ciel**
speech **discours**
floor **étage**
inhabitant **habitant**

City Hall **Hôtel de ville**
million **million**
·moment **moment**
·umbrella **parapluie**
passage **passage**
president **président**
·receiver **récepteur**
first floor **rez-de-chaussée**

sun **soleil**
telephone **téléphone**
weather **temps**
·tourist **touriste**
wind **vent**
·garment; *pl* clothes **vêtement**

Feminine nouns

metropolitan area **agglomération**
ambulance **ambulance**
capital **capitale**
·color **couleur**
·entrance **entrée**
·window **fenêtre**

·leaf **feuille**
·(railroad) station **gare**
language **langue**
·photo **photo**
police **police**
population **population**

question **question**
season **saison**
·kind **sorte**
TV **télé**
city **ville**
·voice **voix**

Verbs

to go **aller** *irrég*
to applaud **applaudir**
to wait (for) **attendre**
·to yawn **bâiller**
·to shine **briller**
·to change **changer (de)**
to choose **choisir**
to count **compter**

·to consult **consulter**
·to pick up **décrocher**
to exceed **dépasser**
to have dinner **dîner**
·to listen (to) **écouter**
to hear **entendre**
to finish **finir**
to eat **manger**

·to snow **neiger**
to obey **obéir (à)**
to rain **pleuvoir**
to ask [*a question*] **poser**
to answer **répondre (à)**
·to sound, ring **sonner**
·to phone **téléphoner (à)**
to sell **vendre**

Adjectives

beautiful **beau (bel, belle)**
·blue **bleu(e)**
·botanical **botanique**
this/that **ce (cet, cette)**

hot **chaud(e)**
cool **frais (fraîche)**
cold **froid(e)**
high **haut(e)**

gorgeous, magnificent **magnifique**
bad **mauvais(e)**

Adverbs

then **ensuite**
·here **ici**

·far (from) **loin (de)**
·(not) yet **(pas) encore**

often **souvent**
·soon, early **tôt**

Prepositions

·before **avant**
·at the home of **chez**

·across from **en face de**
·around [*time*] **vers**

Other expressions

loud(ly) **à haute voix**
to go get **aller chercher**
hello [*telephone*] **Allô**
for, because **car**
hundred **cent**
it's agreed **c'est entendu**
besides **d'ailleurs**
tell me **dis-moi**
right now **en ce moment**
to take pictures **faire des photos**
it's nice (hot, windy, cool, cold, bad) out **il fait beau (chaud, du vent, frais, froid, mauvais)**
it's raining (it's pouring) out **il pleut (à verse)**
It's all right. **Je vous en prie.**
thousand **mille**
not really **pas tellement**
more than **plus de**
louder **plus fort**
later **plus tard**
to ask a question **poser une question**
anyway **quand même**
what kind of **quelle sorte de**
What's the weather like? **Quel temps fait-il ?**
what **quoi**
so **si**
please **s'il vous plaît**
come **viens**

ANSWER KEYS

COMPRÉHENSION AUDITIVE

Exercices oraux

4.4 1. J'entends 2. Choisissez-vous 3. Ils répondent 4. Il n'obéit pas 5. Elle ne vend pas 6. Ils arrivent 7. Tu essaies 8. Elle va

4.5 1. 831 2. 87 3. 75 4. 653 5. 168 6. 365 7. 542 8. 398

Applications

v—v; f—v; f—f

(*Dictée*) 1. dîner 2. attendre 3. soleil 4. téléphone 5. manger 6. langue 7. froid 8. compter

(*Dictée*) Nous sommes dans le jardin botanique de l'université. Nous allons faire des photos. Il fait très beau aujourd'hui. Le ciel est bleu et le soleil brille. Les arbres du jardin sont magnifiques, car c'est l'automne et les feuilles commencent à changer de couleur.

EXERCICES ÉCRITS

4.1 1. Décembre, janvier et février sont les mois de l'hiver. 2. Il fait froid en hiver. 3. (Il fait frais, il pleut souvent et il fait du vent) au printemps. 4. L'été vient après le printemps. 5. Il fait très chaud (en juillet et [en] août).

4.2 1. Ils vont au cours de français à (dix) heures. 2. Je vais au laboratoire de langues (deux) fois par semaine. 3. Je vais déjeuner à (midi et demi) demain. 4. Il / Elle va à la bibliothèque après le cours. 5. (Non, nous n'allons pas étudier le dialogue demain.)

4.3 1. je finis, nous finissons 2. tu choisis, ils choisissent 3. elle n'obéit pas, vous n'obéissez pas 4. Non, vous ne choisissez pas vos étudiants. 5. (Non, je n'obéis pas toujours aux agents de police.)

4.4 1. Oui, je réponds à ses questions. 2. Non, ils n'attendent pas leur professeur. 5. j'attends, vous attendez 6. elle répond, ils répondent 7. tu vends, il vend 8. je choisis, elles choisissent 9. je paie, vous payez

4.5 1. cent quatre-vingt-huit 2. trois cent soixante-dix-sept 3. neuf cent quatre-vingt-dix-neuf 4. cinq cent vingt-quatre 5. quatre cent quatre-vingts 6. deux mille deux cent vingt-deux

(I) [crossword puzzle with entries: ava, vais, avoir, ont, onl, suis, vas, être, ont, t, a, m, est, m, allons, avez, e, s, s, z]

(II) 1. soixante-quinze 2. quatre-vingt-un
3. soixante-quinze, cent vingt
4. quatre-vingt-neuf, cent cinq

QUATRIÈME LEÇON

Copyright © 1985, John Wiley & Sons, Inc.

NOM _____ COURS _____ SECTION _____

CINQUIÈME LEÇON

PREMIÈRE PARTIE

CONVERSATIONS

    ( ) **A** *Un champion de tennis*
    ( ) **B** *D'accord pour ce soir.*
    ( ) **C** *Le maire va parler aux étudiants.*

EXERCICES ORAUX

● **1 Faire**

    A *Exercice de contrôle*

    1 2 3 4 5 6; 1 2 3 4 5 6

Exercice supplémentaire : *Répondez aux questions d'après ces modèles.*[1]

    Est-ce que vous faites du camping ? (non) **Non, je ne fais pas de camping.**
    Est-ce que vous faites de la musique ? (oui) **Oui, je fais de la musique.**

    1 2 3 4 5 6 7 8

● **2** Formes interrogatives : **n'est-ce pas ?** et inversion ; emploi de **si**

    A *Posez des questions d'après ce modèle.*[2]

    1 2 3 4 5 6

    B *Nous allons parler de deux étudiants. Ils vont déjeuner avec leur professeur. Vous allez poser des questions d'après ce modèle.*

    1 2 3 4 5 6 7 8

Compréhension auditive : *Indiquez si le sujet de chaque phrase est au singulier ou au pluriel.*[3]

1.	s	p	?	4.	s	p	?	7.	s	p	?
2.	s	p	?	5.	s	p	?	8.	s	p	?
3.	s	p	?	6.	s	p	?	9.	s	p	?

[1] Whenever there is a supplementary oral exercise on the tape (not in the textbook), the text of the exercise will be found in Part Three of the lesson, along with the key for **Compréhension auditive**. The answer keys for **Exercices supplémentaires** provide the cues only.
[2] Only inversion is to be practiced.
[3] All the sentences are in the interrogative, with inversion.

CINQUIÈME LEÇON **59**

1 traverser	2 entrer	3 choisir
4 regarder	5 commander	6 finir
7 demander	8 payer	9 quitter
10 attendre	11 monter	12 descendre

DESSIN 7

● **3** Adjectif démonstratif **ce** ; les déterminants

A *Ajoutez des phrases d'après ces modèles.*

1 2 3 4 5 6 7 8 9 10

B *Je vais acheter des vêtements dans une boutique. Ajoutez des phrases d'après ces modèles.*

1 2 3 4 5 6 7 8 9 10 11 12

60 CINQUIÈME LEÇON   Copyright © 1985, John Wiley & Sons, Inc.

NOM _____ COURS _____ SECTION _____

Compréhension auditive : *Jacqueline et Robert sont dans une salle où il y a beaucoup de monde.*[1] *Robert donne des réponses aux questions de Jacqueline. Indiquez si ses réponses sont logiques et appropriées.*

1.	oui non	4.	oui non	7.	oui non
2.	oui non	5.	oui non	8.	oui non
3.	oui non	6.	oui non	9.	oui non

● **4 Structure des phrases**

A *Regardez le Dessin 7. C'est Jean-Paul. Il est à Paris. Répétez après moi.*

1 2 3 4 5 6 7 8 9 10 11 12

B *Maintenant, ajoutez des phrases d'après ce modèle.*

1 2 3 4 5 6

Maintenant, répondez aux questions d'après ce modèle.

7 8 9 10 11 12

Exercice supplémentaire : *Mettez le sujet de chaque phrase au singulier ou au pluriel, selon le cas,*[2] *d'après ces modèles.*

Je traverse la rue. **Nous traversons la rue.**
Elles choisissent la table. **Elle choisit la table.**
Tu regardes le menu. **Vous regardez le menu.**

1 2 3 4 5 6 7 8 9 10

● **5 Pronom interrogatif : sujet**

A *Posez des questions sur le sujet de chaque phrase d'après ce modèle.*[3]

1 2 3 4 5

B *Posez des questions sur le sujet de chaque phrase d'après ce modèle.*[3]

1 2 3 4 5

C *Maintenant, posez des questions en employant* **qui** *ou* **qu'est-ce qui** *selon le cas.*

1 2 3 4 5 6 7 8

APPLICATIONS

A Dialogue : *Un grand champion de judo* (   )

Questions : 1 2 3 4 5 6 7 8 9 10

Compréhension auditive : *Voici quelques commentaires au sujet du dialogue de cette leçon. Indiquez si chaque commentaire est vrai ou faux.*

1.	v f	3.	v f	5.	v f
2.	v f	4.	v f	6.	v f

---

[1] **beaucoup de monde** *a lot of people*
[2] *Put the subject of each sentence into the singular or the plural, as the case may be*
[3] *Only the first five items are recorded.*

CINQUIÈME LEÇON

Dictée : *Bill aime beaucoup les sports.*[1]

_____

_____

_____

_____

_____

_____

DEUXIÈME PARTIE

EXERCICES ÉCRITS

● **1 Faire**

Répondez aux questions.

1. Faites-vous toujours votre lit ?
   _____

2. Est-ce que vos parents font vos devoirs ?
   _____

3. Où faites-vous votre devoir de français ?
   _____

4. En quelle saison faisons-nous du ski ?
   _____

5. Est-ce que je fais des fautes de grammaire ?
   _____

*6. Faites-vous de la musique ?
   _____

*7. Qu'est-ce que vous faites comme sport ?
   _____

[1]Partly based on the narrative that precedes the dialogue.

NOM _____ COURS _____ SECTION _____

- **2** Formes interrogatives : **n'est-ce pas ?** et inversion ; emploi de **si**

    Mettez les phrases suivantes à l'interrogatif en employant l'inversion.[1]

    1. Robert parle français.

    2. L'étudiante écoute Jacqueline.

    3. Marie a deux journaux.

    4. Le professeur répond à la question.

    5. Les vendeurs finissent leur repas.

    6. Les jeunes filles font du tennis.

    *7. Le garçon apporte leur café.

    *8. Le médecin pose des questions.

- **3** Adjectif démonstratif **ce** ; les déterminants

    Écrivez des phrases en employant les éléments indiqués, d'après ce modèle.

    garçon / essayer / blousons   **Ce garçon essaie ces blousons.**

    1. étudiant / regarder / chemises

    2. jeune fille / attendre / autobus s[2]

    3. monsieur / parler à / vendeuse

    4. étudiants / choisir / cours pl[2]

    5. enfants / aller à / cinéma

    *6. gens / descendre de / autobus s

    *7. garçon / aller faire / lits

    *8. enfant / obéir à / agent

[1] *Put the following sentences into the interrogative by using inversion.*
[2] *The letters s and pl stand for* **singulier** *and* **pluriel**, *respectively.*

CINQUIÈME LEÇON 63

● 4 Structure des phrases

Écrivez des phrases avec les mots indiqués.[1]

1. Je / aller / traverser / ce / rue.

2. Tu / entrer / dans / un / restaurant.

3. Nous / ne pas / choisir / ce / table.

4. Elle / demander / le / livres / à / le / vendeur ?[2]

5. Tu / descendre / de / le / autobus ?[2]

6. Je / attendre / ton / amis / devant / le / maison.

7. Je / téléphoner / à / mon / parents / ce / après-midi.

*8. Vous / ne pas / obéir / toujours / à / les / agents.

*9. Le / client / payer / le / chemises / à / ce / vendeuse ?[2]

*10. Ils / finir / le / repas / et / demander / le / addition.

● 5 Pronom interrogatif : sujet

Faites des questions en employant **qui** *ou* **qu'est-ce qui** *selon le cas.*

1. Nous parlons bien français.

2. Mon livre est sous la chaise.

3. Le français n'est pas trop difficile.

4. Ces étudiants n'ont pas le cahier d'exercices.

5. Les restaurants sont loin d'ici.

*6. Ces montres ne marchent pas.

[1] The articles, possessive adjectives, and demonstrative adjectives must agree in gender and number with the noun that they modify.
[2] Employez l'inversion.

NOM _____ COURS _____ SECTION _____

*7. Quelqu'un est dans la chambre.

_____

*8. Vous allez au cinéma ce soir.

_____

APPLICATIONS : Travaux écrits

( ) **A** *Questions*
( ) **C** *Posez des questions sur les parties soulignées.*
( ) **D** *Renseignements et opinions*

(I) *Dans cette liste, chaque nombre remplace une lettre. À l'aide du¹ premier mot, trouvez douze verbes à la troisième personne du singulier.*

1. Il	<u>f a i t</u>	1 2 3 4
2. Il	—	2
3. Il	— —	8 2
4. Il	— — —	5 6 4
5. Il	— — — —	8 5 9 0
6. Il	— — — — —	5 9 4 7 5
7. Il	— — — — —	1 3 9 3 4
8. Elle	— — — — — —	2 4 4 5 9 0
9. Elle	— — — — — —	5 9 4 5 9 0
10. Elle	— — — — — —	2 7 7 3 8 5
11. Elle	— — — — — —	7 5 9 4 7 5
12. Elle	— — — — — —	5 6 6 2 3 5
13. Elle	— — — — — — — —	4 7 2 8 5 7 6 5

(II) *Remettez les mots de chaque phrase dans le bon ordre.²*

1. | 4 | mon | 7 | matin | 1 | je | 5 | père | 2 | téléphone | 3 | à | 6 | ce |

¹**À l'aide de** *With the help of*
²*Put the words in each sentence into the correct order.*

CINQUIÈME LEÇON 65

2. | la | attends | entre | boutique | vendeur | et | dans | j' | le | .

3. | de | la | et | vous | traversez | autobus | rue | descendez | l' | .

4. | lettre | répondre | mère | pas | de | la | ne | ma | vas | à | tu | .

TROISIÈME PARTIE

CONVERSATIONS

A *A tennis champion*

GILBERTE Look at that young man over there. Is he French?
CHANTAL No, he is (an) American.
GILBERTE Really? Does he play any sports? He is very muscular.
CHANTAL Sports? That's Greg Wilson, the tennis champion!

B *OK for tonight*

JACQUES Let's go to the movies this afternoon.
MARTINE Sorry, but I'm busy [taken] this afternoon.
JACQUES That's too bad! Then tonight?
MARTINE Tonight? Yes, OK.

C *The mayor is going to speak to the students.*

DANIEL Well, what's going on? Where are these students going?
MONIQUE They are going to hear [listen to] Raymond Massieux.
DANIEL Who? Who is going to speak?
MONIQUE Raymond Massieux, the mayor of our city. He is going to deliver [make] a speech.

APPLICATIONS

A Dialogue et questions: *A great judo champion*

BILL Hello, Jean-Paul.
JEAN-PAUL Hello, Bill. What's new?
BILL Not much. Tell me, you are free at five today, aren't you?
JEAN-PAUL At five? Yes. What's going on?
BILL Shintaro Yamada is going to give a judo demonstration [lesson].
JEAN-PAUL Who?
BILL Shintaro Yamada. He's a great judo champion.
JEAN-PAUL [Of] Judo?
BILL Yes. I feel like learning this sport.
JEAN-PAUL Still another sport! Fine, OK. Let's go see the demonstration before dinner.
BILL It [That] is going to be very interesting.
JEAN-PAUL Interesting, perhaps. Curious, certainly.
BILL You're going to love it [that]. It [That] is going to be exciting for you.
JEAN-PAUL For me? You're kidding!

B Expressions utiles

Sports

to do { track and field / cycling / (ice/roller) skating / skiing/waterskiing / tennis / sailing / gymnastics / judo / swimming }

to play { basketball / golf / handball / hockey / soccer / tennis }

to watch (on television) / to attend } a { tennis / basketball } game

The team { is good. / is poor/so-so. / is bad/is not good. }

The team { wins / does not win/loses } { always. / often. }

Expressions of frequency

every day	from time to time
all the time	once a week/month
(almost) always	rarely
(very) often	not

VOCABULAIRE

Masculine nouns

bus	**autobus**	record	**disque**	game	**match**
basketball	**basket-ball**	man	**homme**	menu	**menu**
roommate	**camarade de chambre**	judo	**judo**	program	**programme**
champion	**champion**	bed	**lit**	meal	**repas**
dinner	**dîner**	mayor	**maire**	ski	**ski**

Feminine nouns

bill	**addition**	end	**fin**	part	**partie**
shirt	**chemise**	gymnastics	**gymnastique**	health	**santé**
desire	**envie**	music	**musique**	waitress	**serveuse**
team	**équipe**	swimming	**natation**		

Verbs

to love	**adorer**	to get off, to go down	**descendre**	to get on, to go up	**monter**
to attend	**assister (à)**	to give	**donner**	to happen	**se passer**
to order	**commander**	to do, to make	**faire** *irrég*	to cross	**traverser**

Adjectives

this, that, these, those	**ce (cet, cette, ces)**	great	**grand(e)**	exciting	**passionnant(e)**
curious	**curieux (curieuse)**	interesting	**intéressant(e)**	busy, taken	**pris(e)**
sorry	**désolé(e)**	young	**jeune**	fond of sports	**sportif (sportive)**
easy	**facile**	muscular	**musclé(e)**		
		new	**neuf (neuve)**		

Adverbs

certainly	**certainement**	over there	**là-bas**	perhaps	**peut-être**

CINQUIÈME LEÇON 67

Other expressions

- Really! **Ah bon !**
- let's go see **allons voir**
- to learn **apprendre**
- to feel like **avoir envie de**
- as **comme**
- to play sports **faire du sport**
- to belong to **faire partie de**
- to deliver a speech **faire un discours**
- isn't it so? **n'est-ce pas ?**
- not much **pas grand-chose**
- someone **quelqu'un**
- what [direct object] **qu'est-ce que**
- what [subject] **qu'est-ce qui**
- What's new? **Quoi de neuf ?**
- You're kidding! **Tu parles !**

ANSWER KEYS

COMPRÉHENSION AUDITIVE

Exercices oraux

5.1 (*Exercice supplémentaire*) 1. Est-ce que vous faites du golf ? (non) 2. Faites-vous du ski ? (oui) 3. Ne faites-vous pas d'espagnol ? (non) 4. Est-ce que vos parents font du camping ? (non) 5. Est-ce que nous faisons du tennis ? (oui) 6. Faites-vous de la natation ? (oui) 7. Est-ce que je fais de la musique ? (non) 8. Est-ce que je fais du basket-ball ? (non)

5.2 s—p—s; p—?—?; p—?—s

5.3 oui—oui—non; non—non—oui; non—oui—oui

5.4 (*Exercice supplémentaire*) 1. Nous entrons dans le restaurant. 2. Vous choisissez la table. 3. Je commande le repas à la serveuse. 4. Elle ne finit pas le repas. 5. Demandez-vous l'addition à la serveuse ? 6. Nous payons l'addition à la serveuse. 7. Tu quittes le restaurant. 8. Attendent-ils l'autobus ? 9. Vous montez dans l'autobus. 10. Nous ne descendons pas de l'autobus.

Applications

f—v; f—v; v—v

(*Dictée*) Bill est américain. Il vient du sud de la Louisiane. Il est très sportif. Il fait partie de l'équipe de tennis. Il fait aussi de la natation quatre fois par semaine. Il va assister au match de football samedi après-midi. Le match va être passionnant.

EXERCICES ÉCRITS

5.1 1. (Non, je ne fais pas) toujours mon lit. 2. Non, ils ne font pas mes devoirs ! 3. Je fais mon devoir de français (au laboratoire de langues). 4. Nous faisons du ski en hiver. 5. (Non, vous ne faites pas de) fautes de grammaire.

5.2 1. Robert parle-t-il français ? 2. L'étudiante écoute-t-elle Jacqueline ? 3. Marie a-t-elle deux journaux ? 4. Le professeur répond-il à la question ? 5. Les vendeurs finissent-ils leur repas ? 6. Les jeunes filles font-elles du tennis ?

5.3 1. Cet étudiant regarde ces chemises. 2. Cette jeune fille attend cet autobus. 3. Ce monsieur parle à cette vendeuse. 4. Ces étudiants choisissent ces cours. 5. Ces enfants vont à ce cinéma.

5.4 1. Je vais traverser cette rue. 2. Tu entres dans un restaurant. 3. Nous ne choisissons pas cette table. 4. Demande-t-elle les livres au vendeur ? 5. Descends-tu de l'autobus ? 6. J'attends tes amis devant la maison. 7. Je téléphone à mes parents cet après-midi.

5.5 1. Qui parle bien français ? 2. Qu'est-ce qui est sous la chaise ? 3. Qu'est-ce qui n'est pas trop difficile ? 4. Qui n'a pas le cahier d'exercices ? 5. Qu'est-ce qui est loin d'ici ?

(I) 1. Il fait 2. Il a 3. Il va 4. Il est 5. Il vend 6. Il entre 7. Il finit 8. Elle attend 9. Elle entend 10. Elle arrive 11. Elle rentre 12. Elle essaie 13. Elle traverse

(II) 2. J'entre dans la boutique et attends le vendeur. 3. Vous descendez de l'autobus et traversez la rue. 4. Tu ne vas pas répondre à la lettre de ma mère.

NOM _____ COURS _____ SECTION _____

SIXIÈME LEÇON

PREMIÈRE PARTIE

CONVERSATIONS

( ) **A** *Le concierge est un peu dur d'oreille.*
( ) **B** *Dans un restaurant*

EXERCICES ORAUX

● **1** Pronom interrogatif : complément d'objet direct

A *Posez des questions en employant* **qui est-ce que** *d'après ce modèle.*

1   2   3   4   5   6

B *Posez des questions en employant* **qu'est-ce que** *d'après ce modèle.*

1   2   3   4   5   6

C *Je déjeune dans un restaurant. Posez des questions en employant* **qui est-ce que** *ou* **qu'est-ce que** *selon le cas.*

1   2   3   4   5   6   7   8   9   10

Compréhension auditive : *Indiquez si les réponses sont logiques et appropriées.*[1]

1. oui non	4. oui non	7. oui non
2. oui non	5. oui non	8. oui non
3. oui non	6. oui non	9. oui non

● **2 Prendre, apprendre, comprendre**

A *Exercice de contrôle*

1   2   3   4   5   6;   1   2   3   4   5   6

B *Maintenant, posez-moi des questions. Employez l'inversion.*

1   2   3   4   5   6

---

[1] Listen carefully to see whether the questions ask for human or nonhuman nouns, and whether or not the subject and verb of the answers correspond to those of the questions.

SIXIÈME LEÇON   69

● 3 Article partitif

DESSIN 8

A *Regardez le Dessin 8. C'est une salle à manger. Répétez après moi.*

1   2   3   4   5   6   7   8   9   10   11   12   13   14   15   16

B *Continuez à regarder le Dessin. Répondez à ces questions.*

1   2   3   4   5   6   7   8   9   10   11   12

Compréhension auditive : *Regardez le Dessin 8. Indiquez si chaque commentaire est vrai ou faux.*

1.   v   f   4.   v   f   7.   v   f
2.   v   f   5.   v   f   8.   v   f
3.   v   f   6.   v   f   9.   v   f

● 4 Vouloir

A *Exercice de contrôle*

1   2   3   4   5   6;   1   2   3   4   5   6

Exercice supplémentaire : *Répondez aux questions d'après ces modèles.*[1]

Voulez-vous du café ? (non)   **Non, je ne veux pas de café.**
Allez-vous au cinéma ? (oui)   **Oui, je vais au cinéma.**

1   2   3   4   5   6   7   8   9   10

Dictée : *Écrivez le sujet et le verbe de chaque phrase.*

1. _____   5. _____
2. _____   6. _____
3. _____   7. _____
4. _____   8. _____

---

[1] This is a review of the irregular verbs you have learned thus far.

NOM _____ COURS _____ SECTION _____

● 5 Pronom interrogatif : après une préposition ; autres mots d'interrogation

   A *Posez des questions sur la dernière partie de chaque phrase, d'après ce modèle.*

   1   2   3   4   5   6

   B *Posez des questions en employant* **à quoi, avec quoi** *ou* **de quoi**.

   1   2   3   4   5   6

   C *Maintenant, posez des questions en employant* **à qui, à quoi, de qui, de quoi,** *etc.*

   1   2   3   4   5   6   7   8   9   10

   D *Posez une question sur la dernière partie de chaque phrase. Employez* **que, où, à quelle heure, quand, comment, combien** *et* **pourquoi**.

   1   2   3   4   5   6   7   8   9   10

Compréhension auditive : *Écoutez ces questions et ces réponses. Indiquez si les réponses sont logiques et appropriées.*

1. oui non	5. oui non	9. oui non
2. oui non	6. oui non	10. oui non
3. oui non	7. oui non	11. oui non
4. oui non	8. oui non	12. oui non

APPLICATIONS

   A Dialogue : *Au restaurant universitaire* (   )

   Questions :   1   2   3   4   5   6   7   8   9   10   11   12

Compréhension auditive : *Voici quelques commentaires au sujet du dialogue de cette leçon. Indiquez si chaque commentaire est vrai ou faux.*

| 1. v f | 3. v f | 5. v f |
| 2. v f | 4. v f | 6. v f |

Compréhension auditive : *Indiquez le mot qui n'appartient pas à chaque série.*[1]

a. 1 2 3 4	e. 1 2 3 4
b. 1 2 3 4	f. 1 2 3 4
c. 1 2 3 4	g. 1 2 3 4
d. 1 2 3 4	h. 1 2 3 4

---

[1] *Indicate the word that does not belong to each series.* Circle the number that corresponds to the word. For example, if you hear **asperge—poulet—salade composée—haricot vert**, you circle 2, because all the words except **poulet** represent vegetables. This type of exercise is often based on the **Expressions utiles** of the lesson.

SIXIÈME LEÇON

DEUXIÈME PARTIE

EXERCICES ÉCRITS

- **1** Pronom interrogatif : complément d'objet direct

    Posez des questions en employant la forme **vous** *et* **qui est-ce que** *ou* **qu'est-ce que** *selon le cas.*

    1. J'attends l'autobus.

    2. Je paie la robe à la vendeuse.

    3. Je vais commander un repas.

    4. Je regarde mon livre de français.

    5. Je finis mes devoirs ce soir.

    6. Je cherche un de mes amis.

    7. J'aime beaucoup le tennis.

    *8. Je choisis cet étudiant.

    *9. Je vends ce livre à Jacques.

    *10. Je déteste votre professeur de chimie.

- **2 Prendre, apprendre, comprendre**

    Répondez aux questions.

    1. À quelle heure prenez-vous votre petit déjeuner ?

    2. Vos parents comprennent-ils le français ?

    3. Demandez-moi combien de repas je prends par jour.

    4. Quelle langue apprenez-vous ?

NOM _____ COURS _____ SECTION _____

5. Qu'est-ce que vous apprenez à faire dans le cours de français ?
   _____

6. Quelle leçon apprenons-nous cette semaine ?
   _____

*7. Qui est-ce que vous ne comprenez pas ?
   _____

*8. Demandez-moi si je prends un bain ou une douche.
   _____

*9. Demandez-moi quel sport je ne comprends pas.
   _____

● 3 Article partitif

Mettez l'article partitif ou l'article indéfini devant chaque nom.[1]

1. _____ sel
2. _____ viande
3. _____ couteau
4. _____ eau
5. _____ légumes
6. _____ bouteille
7. _____ crème
8. _____ sucre
9. _____ serviette
10. _____ poivre
11. _____ verres
12. _____ beurre
13. _____ argent
14. _____ vin
15. _____ pain
16. _____ papier
17. _____ assiette
18. _____ carottes

Regardez le Dessin 8 à la page 70 et répondez aux questions.

19. Y a-t-il de l'argent sur la table ?
   _____

20. N'y a-t-il pas de pain ?
   _____

21. Y a-t-il des chaises dans la salle à manger ?
   _____

*22. N'y a-t-il pas des haricots verts sur la table ?
   _____

*23. N'y a-t-il pas de buffet dans la salle à manger ?
   _____

*24. Y a-t-il des serviettes sur la table ?
   _____

*25. Y a-t-il du papier ?
   _____

[1]Remember, count nouns take the indefinite article (**un**, **une**, or **des**), while noncount nouns take the partitive article.

SIXIÈME LEÇON

● **4 Vouloir**

Répondez aux questions.

1. Que voulez-vous faire ce soir ?

2. Que voulez-vous manger demain ?

3. Qu'est-ce que vos parents veulent faire en été ?

4. Voulez-vous de l'eau ?
   Non,

5. Demandez-moi où je veux aller demain soir.

*6. Que veut dire le mot « serviette » en anglais ?

*7. Que veut dire « être dur d'oreille » ?

*8. Demandez-moi quelle langue je veux apprendre.

● **5 Pronom interrogatif : après une préposition ; autres mots d'interrogation**

*Posez une question sur la partie soulignée de chaque phrase en employant la forme **vous** et l'inversion.*

1. Je pense à <u>mes vacances</u>.

2. J'obéis <u>aux agents</u>.

3. Je téléphone à <u>mon ami</u>.

4. Je réponds <u>aux questions de mon professeur</u>.

5. Je parle souvent <u>de mon ami</u>.

6. Je travaille <u>avec ces livres</u>.

*7. Je paie ce livre <u>à la vendeuse</u>.

*8. Je travaille <u>pour M. Raymond</u>.

*9. Je parle <u>de mon repas</u>.

NOM _____ COURS _____ SECTION _____

10. Je vais <u>au laboratoire de langues.</u>

11. Je vais <u>très bien</u> ce matin.

12. Je travaille <u>une heure</u> au laboratoire.

13. Je prends mon repas <u>à huit heures.</u>

14. J'arrive à Paris <u>demain matin.</u>

15. J'arrive <u>de Chicago.</u>

*16. J'ai <u>trois</u> cours aujourd'hui.

*17. J'aime ce livre <u>parce qu'il est très intéressant.</u>

*18. Je suis <u>dans le jardin.</u>

• Révision

Écrivez des phrases en employant les éléments indiqués.[1]

1. Je / aller / commander / hors-d'œuvre, / viande / et / légumes ; / je / ne pas / vouloir / sandwich.

2. Que / vous / aller / faire / ce / après-midi ? Vous / vouloir / aller / jardin botanique ?

3. Il / pleuvoir, / et / Marianne / ne pas / avoir / parapluie. Elle / ne pas / vouloir / aller / bibliothèque.

4. En général, / tu / prends / ton / déjeuner / à / un / heure. Pourquoi / tu / déjeuner / à / midi / aujourd'hui ?

[1]Use the partitive article or indefinite article before nouns unless use of other determiners is indicated by **le**, **mon**, **ce**, etc.

SIXIÈME LEÇON   75

5. Que / ils / faire / comme / sport ? — Ils / ne pas / faire / sport ; / ils / faire / musique.

_____

_____

Posez des questions sur la dernière partie de chaque phrase en employant l'inversion.

6. Il arrive demain. _____

7. Il cherche sa montre. _____

8. Il pense à cet examen. _____

9. Il travaille bien. _____

10. Il comprend son amie. _____

11. Il va au laboratoire. _____

12. Il obéit aux ordres. _____

13. Il parle à son père. _____

14. Il parle de ses vacances. _____

15. Il vient à midi dix. _____

16. Il est quatre heures. _____

17. Il fait très chaud. _____

18. Il coûte cent francs. _____

APPLICATIONS : Travaux écrits

( ) **A** *Questions*
( ) **C** *Posez des questions sur les parties soulignées.*
( ) **D** *Complétez le passage suivant.*
( ) **E** *Composition*
( ) **F** *Renseignements et opinions*

(I) *Complétez la grille avec des mots interrogatifs qui correspondent aux parties soulignées des phrases suivantes.*

Elle va très bien.
Elle a deux frères.
Elle fait son lit.
Parce qu'elle est là.
Elle lit mon livre.
Elle parle de son cours.
Elle cherche son ami.
Elle arrive ce soir.
Elle est à la maison.

(crossword grid with **q u e s t i o n s** filled in)

76   SIXIÈME LEÇON   Copyright © 1985, John Wiley & Sons, Inc.

NOM _____ COURS _____ SECTION _____

(II) *Complétez la grille avec les formes appropriées des verbes suivants.*

aller : tu ___, il ___, vous ___, ils ___
avoir : j' ___, tu ___, nous ___, ils ___
choisir : ils ___
descendre : je ___
essayer : j' ___
être : je ___, tu ___, il ___, ils ___

faire : nous ___, vous ___, ils ___
finir : ils ___
prendre : je ___, nous ___, ils ___
rentrer : je ___
traverser : je ___
vouloir : il ___, ils ___

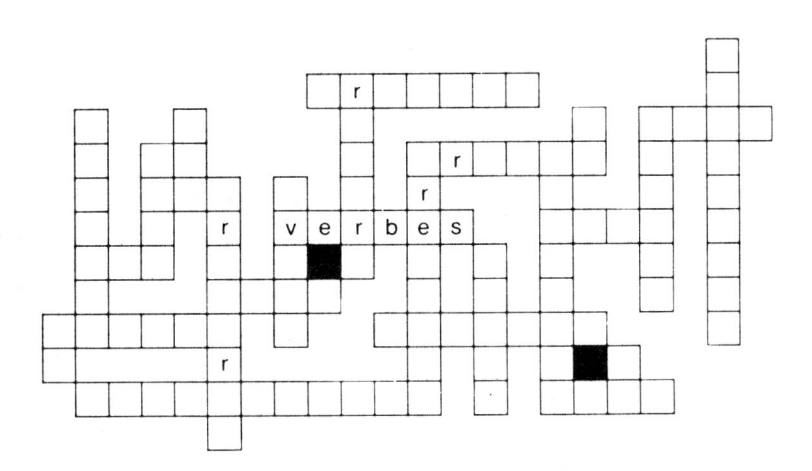

TROISIÈME PARTIE

CONVERSATIONS

A *The concierge is a little hard of hearing.*

ANNE-MARIE Hello, [sir]. I'm looking for Mr. Bernard.
CONCIERGE Pardon [me], Miss. What are you looking for?
ANNE-MARIE I'm looking for Mr. Bernard. Is he here?
CONCIERGE Pardon [me], who are you looking for?
ANNE-MARIE MISTER BERNARD. Is he here?
CONCIERGE Oh, you're looking for Mr. Bernard? No, he isn't here.

B *In a restaurant*

Appetizers
WAITER Hello [sir]. Would you like [Do you want] an appetizer?
CUSTOMER Yes. Let me [Let's] see. . .bring me some oysters.

Meat
WAITER Fine [sir]. What meat dish would you like [What do you want for meat]?
CUSTOMER Let me see. . .bring me a steak.

Vegetables
WAITER Fine [sir]. What vegetables would you like?
CUSTOMER Let me see. . .bring me asparagus.

Drink
WAITER Fine [sir]. And what would you like to drink [And for a drink]?
CUSTOMER Let me see. . .bring me a half bottle of Bordeaux.

SIXIÈME LEÇON 77

(later) *Bill*

CUSTOMER	Waiter, the bill, please.
WAITER	Yes [sir]. There [it is], [sir].
CUSTOMER	Oh, my! 260 francs! You're joking, I hope!
WAITER	Oh, no [sir]. And the service charge is not included.

APPLICATIONS

A Dialogue et questions: *In the university cafeteria*

CHRISTINE	Are you going to have [take] a salad?
JEAN-PAUL	Yes, a combination (tossed) salad. What about you [And you]?
CHRISTINE	A tomato salad. What meat dish are you going to have [What are you going to have as meat]?
JEAN-PAUL	Oh, I don't know... Roast beef, with French fries.
CHRISTINE	[As] for me, chicken and peas. Don't you want any vegetable?
JEAN-PAUL	Sure [Yes], green beans. Don't you want a roll and butter?
CHRISTINE	No, thanks. I want a glass of skim milk.
JEAN-PAUL	You eat like a bird (*idiom*)! Are you on a diet?
CHRISTINE	No, but I have a tennis game in a half hour.
JEAN-PAUL	That's true. With Barbara, right [no]?
CHRISTINE	Yes, and with her friends.

B Expressions utiles

Meals

to have [take] / to order / to finish { a meal / breakfast / lunch / dinner }   to ask for / to pay } the bill

Meat and fowl

a steak	turkey
a sausage	chicken
roast beef	omelette
ham	a (ham/cheese) sandwich

Vegetables

asparagus	rice
carrots	French fries [*two ways*]
peas	a combination (tossed) salad
green beans	a tomato/cucumber salad

Fruits

a banana	a grapefruit
an apple	cherries
a pear	strawberries
an orange	grapes

Drinks

coffee	tomato juice
tea	Coca-Cola
hot chocolate	(mineral) water
milk	wine
orange juice	beer

VOCABULAIRE

Masculine nouns

appetite	**appétit**
bath	**bain**
butter	**beurre**
·beef steak	**bifteck**
buffet	**buffet**
coffee	**café**
[hot] chocolate	**chocolat**
customer	**client**
·concierge	**concierge**
·friend, pal	**copain**
knife	**couteau**
lunch	**déjeuner**
·waiter	**garçon**

·green bean	**haricot vert**
·appetizer	**hors-d'œuvre**
milk	**lait**
vegetable	**légume**
bird	**oiseau**
order	**ordre**
bread	**pain**
paper	**papier**
breakfast	**petit déjeuner**
·roll	**petit pain**
peas	**petits pois** *pl*
pepper	**poivre**
·chicken	**poulet**

·diet	**régime**
·roast beef	**rosbif**
salt	**sel**
·service charge	**service**
steak	**steak**
sugar	**sucre**
·turn	**tour**
vegetarian	**végétarien**
glass	**verre**
wine	**vin**
weekend	**week-end**

SIXIÈME LEÇON

Feminine nouns

·asparagus **asperge**	shower **douche**	·[here] line **queue**
plate **assiette**	water **eau**	·salad **salade**
·drink **boisson**	fork **fourchette**	dining room **salle à manger**
bottle **bouteille**	·French fries **frites** pl	napkin **serviette**
carrot **carotte**	·oyster **huître**	·tomato **tomato**
·friend, pal **copine**	tablecloth **nappe**	vacation **vacances** pl
spoon **cuillère**	ear **oreille**	meat **viande**
·half hour **demi-heure**	apple **pomme**	

Verbs

·to bring **apporter**	·to hope **espérer**	to take **prendre** irrég
to learn **apprendre** irrég	·to play **jouer (à)**	to want **vouloir** irrég
to understand **comprendre** irrég	·to joke **plaisanter**	to mean **vouloir dire**

Adjectives

·crowded **bondé(e)**	·included **compris(e)**	·endless **interminable**
·each **chacun(e)**	·skimmed **écrémé(e)**	·same **même**
·[here] combination **composé(e)**	·excellent **excellent(e)**	·true **vrai(e)**

Other expressions

to eat like a bird **avoir un appétit d'oiseau**	·to stand in line **faire la queue**	who(m) **qui est-ce que**
·to be on a diet **être au régime**	·I don't know **je ne sais pas**	·everyone **tout le monde**
to be hard of hearing **être dur(e) d'oreille**	·to play tennis **jouer au tennis**	·let me see **voyons**
	·Oh, my! **Oh ! là ! là !**	
	·[as] for me **pour moi**	

ANSWER KEYS

COMPRÉHENSION AUDITIVE

Exercices oraux

6.1 oui—non—oui; non—non—oui; oui—non—oui

6.3 v—v—v; f—f—v; f—v—f

6.4 (*Exercice supplémentaire*) 1. Voulez-vous de la crème ? (non) 2. Prenez-vous du sucre ? (non) 3. Est-ce que je vais au laboratoire ? (oui) 4. Faites-vous du tennis ? (non) 5. Est-ce que je fais des fautes de grammaire ? (non) 6. Comprenez-vous ma question ? (oui) 7. Êtes-vous dans le couloir ? (non) 8. Allez-vous au cinéma ce soir ? (non) 9. Avez-vous de l'argent ? (non) 10. Est-ce que je suis dans la classe ? (non)

(*Dictée*) 1. Je prends 2. Elle fait 3. Ils comprennent 4. Vous êtes 5. Il n'a pas 6. Je ne veux pas 7. Tu n'es pas 8. Tu apprends

6.5 oui—non—non—oui; non—oui—non—non; oui—oui—non—non

Applications

f—f; v—f; v—f

3—2—4—1; 2—4—1—3

EXERCICES ÉCRITS

6.1 1. Qu'est-ce que vous attendez ? 2. Qu'est-ce que vous payez à la vendeuse ? 3. Qu'est-ce que vous allez commander ? 4. Qu'est-ce que vous regardez ? 5. Qu'est-ce que vous finissez ce soir ? 6. Qui est-ce que vous cherchez ? 7. Qu'est-ce que vous aimez beaucoup ?

6.2 1. Je prends mon petit déjeuner à (huit heures). 2. (Non, ils ne comprennent pas) le français. 3. Combien de repas prenez-vous par jour ? 4. J'apprends le français. 5. J'apprends à (parler français). 6. Nous apprenons la sixième leçon cette semaine.

6.3 1. du 2. de la 3. un 4. de l' 5. des 6. une 7. de la 8. du 9. une 10. du 11. des 12. du 13. de l' 14. du 15. du 16. du 17. une 18. des 19. Non, il n'y a pas d'argent sur la table. 20. Si, il y a du pain. 21. Oui, il y a des chaises dans la salle à manger.

6.4 1. Je veux (regarder la télévision). 2. Je veux manger (du rosbif) demain. 3. Ils veulent (voyager) en été. 4. Je ne veux pas d'eau. 5. Où voulez-vous aller demain soir ?

6.5 1. À quoi pensez-vous ? 2. À qui obéissez-vous ? 3. À qui téléphonez-vous ? 4. À quoi répondez-vous ? 5. De qui parlez-vous souvent ? 6. Avec quoi travaillez-vous ? 10. Où allez-vous ? 11. Comment allez-vous ce matin ? 12. Combien de temps travaillez-vous au laboratoire ? 13. À quelle heure prenez-vous votre repas ? 14. Quand arrivez-vous à Paris? 15. D'où arrivez-vous?

SIXIÈME LEÇON

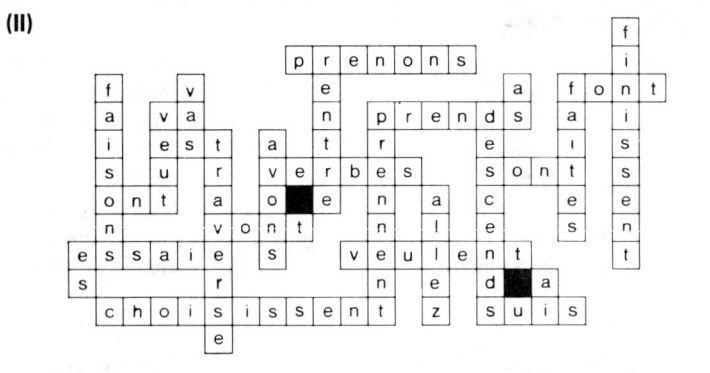

(I)

(II)

80 SIXIÈME LEÇON

Copyright © 1985, John Wiley & Sons, Inc.

NOM _____ COURS _____ SECTION _____

SEPTIÈME LEÇON

PREMIÈRE PARTIE

CONVERSATIONS

    ( ) **A** *Au supermarché*
    ( ) **B** *On va faire des courses.*
    ( ) **C** *Voilà un café.*

EXERCICES ORAUX

● **1** Pronom indéfini : **on**

    A *Je vais vous proposer certaines choses. Vous allez être d'accord. Ajoutez des phrases d'après ces modèles.*

    1 2 3 4 5 6 7 8 9 10

● **2** Expressions de quantité : **beaucoup de**, **un kilo de**, etc.

    A *Modifiez les phrases suivantes d'après ce modèle.*[1]

    1 2 3 4 5 6

    B *Parlons de notre cours. Modifiez les phrases suivantes en employant les expressions* **très peu de**, **peu de**, **un peu de**, **quelques**, **assez de**, **beaucoup de** *ou* **trop de**, *d'après ce modèle.*

    1 2 3 4 5 6 7 8

Dictée : *Écrivez les expressions que vous entendez.*

1. _____
2. _____
3. _____
4. _____
5. _____
6. _____

[1]The two separate answers in the textbook have been combined into a single one: **Il y a beaucoup de jambon, mais pas assez de rosbif.**

- **3 Pouvoir**

    A *Exercice de contrôle*

    1   2   3   4   5   6;   1   2   3   4   5   6

    Compréhension auditive : *Indiquez si le sujet de chaque phrase est au singulier ou au pluriel.*

    1. s   p   ?   4. s   p   ?   7. s   p   ?
    2. s   p   ?   5. s   p   ?   8. s   p   ?
    3. s   p   ?   6. s   p   ?   9. s   p   ?

- **4 Verbes du premier groupe : -er (2)**

    A *Donnez la forme* **je** *et la forme* **nous** *de chaque verbe d'après ce modèle.*

    1   2   3   4   5   6   7   8   9   10   11   12

    B *Mettez tous les éléments de chaque phrase au singulier d'après ce modèle.*

    1   2   3   4   5   6   7   8

    Exercice supplémentaire : *Révision des mots interrogatifs. Posez une question sur la partie répétée de chaque phrase d'après ces modèles.*[1]

    Je traverse la rue ; la rue.   **Que traversez-vous ?**
    Votre cours est difficile ; votre cours.   **Qu'est-ce qui est difficile ?**
    Je vais à cette boutique ; à cette boutique.   **Où allez-vous ?**

    1   2   3   4   5   6   7   8   9   10   11   12

- **5 Expressions avec avoir**

    B *Modifiez les phrases suivantes d'après ce modèle.*

    1   2   3   4   5   6

    Compréhension auditive : *Écoutez la conversation. Est-ce que la réponse est logique et appropriée ?*

    1. oui   non   4. oui   non   7. oui   non
    2. oui   non   5. oui   non   8. oui   non
    3. oui   non   6. oui   non   9. oui   non

APPLICATIONS

A *Dialogue : Allons faire les courses.* (   )

Questions :   1   2   3   4   5   6   7   8   9   10

Compréhension auditive : *Voici quelques commentaires au sujet du dialogue de cette leçon. Indiquez si chaque commentaire est vrai ou faux.*

1. v   f   3. v   f   5. v   f
2. v   f   4. v   f   6. v   f

---

[1] Use the **vous** form and inversion in your question whenever you hear the **je** form in the sentence.

NOM _____ COURS _____ SECTION _____

Compréhension auditive : *Indiquez si les phrases que vous entendez sont logiques et appropriées.*[1]

1. oui   non   4. oui   non   7. oui   non
2. oui   non   5. oui   non   8. oui   non
3. oui   non   6. oui   non   9. oui   non

Dictée : *Je fais des courses.*

_____
_____
_____
_____
_____
_____
_____

DEUXIÈME PARTIE

EXERCICES ÉCRITS

● **1** Pronom indéfini : **on**

Répondez aux questions.

1. En France, où va-t-on pour acheter de l'aspirine ?
   _____

2. De quels ustensiles a-t-on besoin pour manger ?[2]
   _____

3. Où vend-on du pain en France ?
   _____

4. Que fait-on dans le cours de français ? Citez au moins[3] trois choses.
   _____
   _____

*5. Qu'est-ce qu'on ne fait pas dans le cours de français ?
   _____

---

[1] Le vocabulaire de ces phrases est basé sur les **Expressions utiles**.
[2] Répétez la préposition **de** devant chaque nom.
[3] **au moins** *at least*

SEPTIÈME LEÇON   83

*6. De quoi a-t-on besoin pour faire les exercices écrits ?

___

● **2** Expressions de quantité : **beaucoup de, un kilo de,** etc.

Répondez aux questions en employant **trop, beaucoup, assez, peu, très peu** *ou* **pas.**

1. Avez-vous de l'imagination ?

___

2. Votre professeur a-t-il de l'énergie ?

___

3. Avez-vous du travail ce soir ?

___

4. Combien d'argent avez-vous ?

___

5. Est-ce que je pose des questions ?

___

*6. Avez-vous des amis au Canada ?

___

*7. Vos parents ont-ils de la patience ?

___

Complétez les expressions suivantes d'après le modèle.

    jus d'orange   **un verre de jus d'orange**

8. thé

___

9. pain

___

10. papier

___

11. pommes de terre

___

12. vin

___

*13. bière

___

*14. viande

___

84 SEPTIÈME LEÇON   Copyright © 1985, John Wiley & Sons, Inc.

NOM _____ COURS _____ SECTION _____

- **3** Pouvoir

    Répondez aux questions.

    1. Pouvez-vous aller au cinéma ce soir ?

        Oui, _____

    2. Vos parents peuvent-ils répondre aux questions du professeur ?

        Non, _____

    3. Est-ce que je peux regarder votre cahier d'exercices ?

        Non, _____

    4. Où est-ce qu'on ne peut pas fumer ?

        _____

    *5. Qu'est-ce qu'on peut acheter à la charcuterie ?

        _____

    *6. Quand peut-on faire du ski ?

        _____

- **4** Verbes du premier groupe : **-er** (2)

    Écrivez des phrases avec les éléments indiqués.

    1. Je / appeler / garçon / et / il / nettoyer / table.

        _____

    2. Il / envoyer / ce / lettres / à / son / amis.

        _____

    3. Tu / espérer / que / il / aller / neiger ?

        _____

    4. Je / employer / ce / mots / et / répéter / le / question.

        _____

    *5. Comment / on / épeler / ce / mot ?

        _____

    *6. Je / préférer / le / natation, / mais / vous / préférer / le / tennis.

        _____

- **5** Expressions avec **avoir**

    Écrivez des phrases avec les éléments indiqués.

    1. On / avoir / soif / quand / il / faire / très chaud.

        _____

    2. Ils / vouloir / manger / parce que / ils / avoir / faim.

        _____

    3. Il / avoir besoin de / sucre / et / de / crème / pour / son / café.

        _____

    4. Si / vous / avoir besoin de / agneau, / aller / à / boucherie.

        _____

SEPTIÈME LEÇON

5. Tu / pouvoir / rester¹ / dans / mon / chambre / si / tu / avoir / sommeil.

6. Quel / âge / il / avoir ? Il / avoir / 15 / an.

*7. Si / vous / avoir besoin de / thé, / aller / à / épicerie.

*8. Vous / avoir / froid ? Vous / vouloir / prendre / mon / blouson ?

*9. Elle / avoir besoin de / son / parapluie / parce que / il / pleuvoir.

APPLICATIONS : Travaux écrits

( ) **A** *Questions*
( ) **C** *Posez des questions sur les parties soulignées.*
( ) **D** *Complétez le passage suivant.*
( ) **E** *Renseignements et opinions*

(I) *Vous êtes professeur. Corrigez les fautes d'orthographe de vos étudiants.*

1. je préfere _____
2. tu reste _____
3. j'appele _____
4. elle espere _____
5. il répétes _____
6. vous essaiez _____
7. il déscends _____
8. vous apellez _____
9. nous commencons _____
10. il lève _____
11. vous achétéz _____
12. elle améne _____
13. tu préferes _____
14. ils jètent _____

(II) *Complétez la grille avec l'équivalent français des mots suivants.*

3 lettres : water, juice, egg, rice, salt
4 lettres : milk, bread, pork, veal, beef
5 lettres : cream, turkey, fruit, pear, apple, sugar
6 lettres : lamb, banana, butter, cherry, strawberry, French fries, cake, ham, orange, chicken, grape, roast beef, salami, tomato
7 lettres : asparagus, carrot, cheese, fish
8 lettres : omelette, sausage
9 lettres : cucumber

¹**rester** *to stay, to remain*

86 SEPTIÈME LEÇON

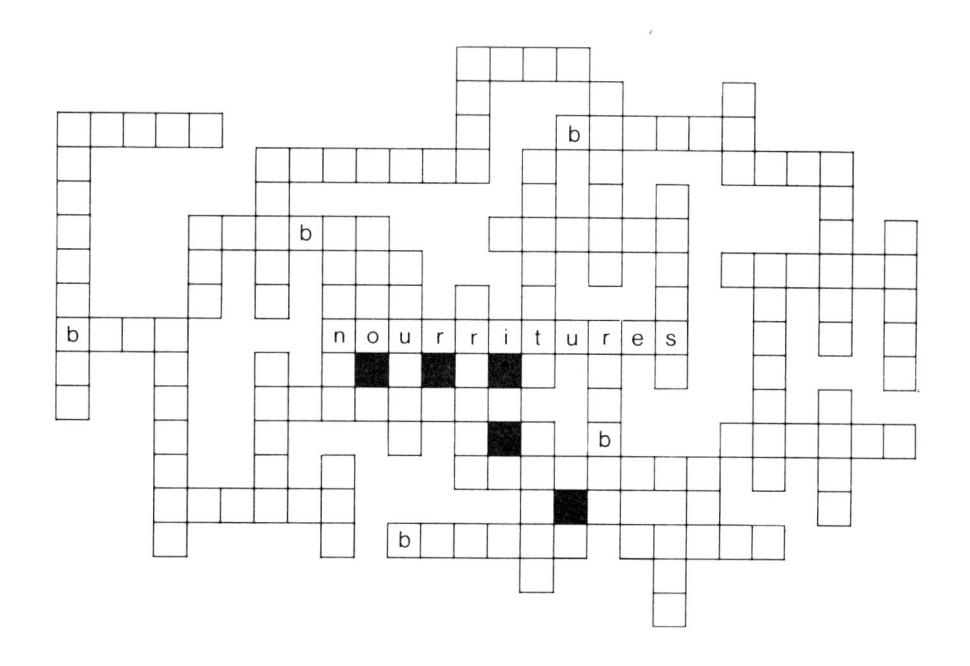

TROISIÈME PARTIE

CONVERSATIONS

A *In the supermarket*

CHERYL Excuse me, [ma'am]. Where are the cigarettes, [please]?
EMPLOYEE Cigarettes aren't sold [One does not sell cigarettes] in [the] supermarket[s].
CHERYL Where do they [does one] sell cigarettes, then?
EMPLOYEE In the tobacco shop.

B *We are going to do errands.*

BETTY I need [some] meat. Where can I [one] buy meat?
MRS. SAVIN What kind of meat would you like [do you want]?
BETTY One kilogram of veal.
MRS. SAVIN Go to the butcher shop near the tobacco shop.

C *There's a café.*

MONIQUE How hot it is!
JACQUES I'm tired and I'm thirsty.
MONIQUE Me, too. There's a café. Let's have [take] something cold.
JACQUES Why not?

SEPTIÈME LEÇON 87

APPLICATIONS

A Dialogue et questions: *Let's go do the errands.*

JEAN-PAUL	Where do we go?
MRS. WILSON	Usually, I go to the supermarket. But today, for meat, we'll go [one goes] to the butcher shop on [of the] 15th street.
JEAN-PAUL	Are there butcher shops in the U.S.?
MRS. WILSON	Not many. Meat costs a lot at the butcher's, but the quality is excellent.
JEAN-PAUL	And where do you buy vegetables?
MRS. WILSON	At the supermarket, too, usually, but we [one] can go to the "Farmer's Market." I need some asparagus.
JEAN-PAUL	What's that, the "Farmer's Market"?
MRS. WILSON	It's a little outdoor market where they sell [one sells] very fresh fruits and vegetables.
JEAN-PAUL	Really? You also have bakeries and pastry shops?
MRS. WILSON	Yes, there's a very good pastry shop near the post office. We are [One is] going to buy a cake.
JEAN-PAUL	It's interesting. There are still [some] small specialty stores in the U.S.
MRS. WILSON	Only in certain cities. It's not like in France.

B Expressions utiles

Stores

ONE GOES:	TO BUY:
to the bakery / to the baker's	bread, croissants, sweet rolls
to the butcher shop / to the butcher's	beef, veal, lamb, fowl (chickens, turkeys)
to the pork butcher shop / to the pork butcher's	pork, fowl, prepared food, ham, salami, sausages, pâté
to the confectionery / to the confectioner's	candy
to the dairy store / to the dairy merchant's	milk, cream, butter, eggs, cheese
to the grocery store / to the grocer's	tea, coffee, chocolate, wine, mineral water, salt, sugar, pepper, eggs, canned food [*two ways*]
to the pastry shop / to the pastry merchant's	cakes, pastries
to the fish store / to the fish merchant's	fish, shellfish
to the bookstore / to the bookseller's	books
to the stationery store / to the stationer's	school supplies, office supplies
to the pharmacy / to the pharmacist's	medicine, hygiene products
to the tobacco shop / to the tobacco merchant's	cigarettes, stamps, newspapers
to the magazine store	newspapers, magazines, weeklies, paperbacks [pocketbooks], comic books
to the wine merchant's	wine, before-dinner drinks, mineral water
to the fruit and vegetable merchant's [*two ways*]	fruits, vegetables

SEPTIÈME LEÇON

VOCABULAIRE

Masculine nouns

accent **accent**
age **âge**
lamb **agneau**
·air **air**
year **an**
(air)plane **avion**
bacon **bacon**
need **besoin**
beef **bœuf**
bowl **bol**
·butcher **boucher**

·tobacco shop **bureau de tabac**
·café **café**
Canada **Canada**
finger **doigt**
·fruit **fruit**
·cake **gâteau**
ham **jambon**
juice **jus**
·kilogram **kilo**
·store **magasin**
·market **marché**

egg **œuf**
ceiling **plafond**
pork **porc**
supermarket **supermarché**
taxi **taxi**
tea **thé**
toast **toast**
utensil **ustensile**
veal **veau**

Feminine nouns

butcher shop **boucherie**
bakery **boulangerie**
card **carte**
cereal **céréales** *pl*
pork butcher shop **charcuterie**
thing **chose**
cigarette **cigarette**
jam **confiture**
·errand **course**
cream **crème**

·employee **employée**
energy **énergie**
grocery store **épicerie**
expression **expression**
hunger **faim**
mistake **faute**
grammar **grammaire**
imagination **imagination**
hand **main**
orange **orange**

stationery store **papeterie**
patience **patience**
·pastry shop **pâtisserie**
·post office **poste**
·quality **qualité**
sausage **saucisse**
thirst **soif**
cup **tasse**

Verbs

to buy **acheter**
to bring **amener**
to call **appeler**
to correct **corriger**
·to cost **coûter**
to guess **deviner**
to frighten **effrayer**
to use **employer**

to send **envoyer**
to spell **épeler**
to wipe **essuyer**
to smoke **fumer**
to throw **jeter**
to raise **lever**
to clean **nettoyer**
to name **nommer**

·to spend (*time*) **passer**
can, to be able **pouvoir** *irrég*
to prefer **préférer**
·to introduce **présenter**
to repeat **répéter**
to stay **rester**
to touch **toucher**

Adjectives

acute (*accent*) **aigu (aiguë)**
·certain **certain(e)**
·expensive **cher (chère)**

·tired **fatigué(e)**
grave (*accent*) **grave**
·full **plein(e)**

several **plusieurs**
some **quelque(s)**
·specialized **spécialisé(e)**

Adverbs

enough **assez de**
a lot of **beaucoup de**

·for, as **comme**
little, few **peu de**

too much, too many **trop de**

Other expressions

to need **avoir besoin de**
to be (ten) years old **avoir (dix) ans**
to be hot (hungry, cold, thirsty) **avoir chaud (faim, froid, soif)**

·to cost a lot **coûter cher**
·usually **d'habitude**
·outdoor **en plein air**
·to do errands **faire des courses**
to play cards **jouer aux cartes**

to raise one's hand **lever la main**
in order to + *inf* **pour** + *inf*
How old are you? **Quel âge avez-vous ?**
·something **quelque chose**

SEPTIÈME LEÇON

ANSWER KEYS

COMPRÉHENSION AUDITIVE

Exercices oraux

7.2 (*Dictée*) 1. un kilo de viande 2. deux verres de lait 3. cinq tasses de thé 4. une bouteille de vin 5. un morceau de pain 6. une tasse de chocolat

7.3 s—s—?; p—s—p; s—p—p

7.4 (*Exercice supplémentaire*) 1. Je regarde un livre ; un livre. 2. Je vais à la cité ; à la cité. 3. J'appelle mon frère ; mon frère. 4. J'achète deux crayons ; deux. 5. Je paie l'addition au garçon ; au garçon. 6. Je parle de mes devoirs ; de mes devoirs. 7. Je fais des courses cet après-midi ; cet après-midi. 8. Ce livre est intéressant ; ce livre. 9. Le cours de chimie est difficile ; difficile. 10. Il est français ; français. 11. Ce garçon effraie les enfants ; ce garçon. 12. Je pense à mon déjeuner ; à mon déjeuner.

7.5 non—oui—oui; oui—non—non; non—non—oui

Applications

f—v; v—f; f—v

oui—non—non; oui—non—oui; oui—non—oui

(*Dictée*) Je suis au supermarché près de mon appartement. J'achète du jambon, une bouteille d'eau minérale et un kilo de pommes de terre. Je veux des steaks, mais ils coûtent trop cher. Il y a encore assez de légumes à la maison. Pour le gâteau, je vais chez le pâtissier.

EXERCICES ÉCRITS

7.1 1. En France, on va à la pharmacie pour acheter de l'aspirine. 2. On a besoin d'un couteau, d'une fourchette et d'une cuillère. 3. On vend du pain à la boulangerie en France. 4. Dans le cours de français, on fait des exercices oraux, on apprend des dialogues, on répond à des questions, etc.

7.2 1. J'ai (beaucoup) d'imagination. 2. Il a (assez) d'énergie. 3. J'ai (trop) de travail ce soir. 4. J'ai (très peu) d'argent. 5. Vous posez (trop) de questions. 8. une tasse de thé 9. un morceau de pain 10. un morceau (*or* une feuille) de papier 11. un kilo de pommes de terre 12. une bouteille (*or* un verre) de vin

7.3 1. je peux aller au cinéma ce soir. 2. ils ne peuvent pas répondre à ses questions. 3. vous ne pouvez pas regarder mon cahier d'exercices. 4. On ne peut pas fumer (dans la classe).

7.4 1. J'appelle le garçon et il nettoie la table. 2. Il envoie ces lettres à ses amis. 3. Espères-tu qu'il va neiger ? 4. J'emploie ces mots et répète la question.

7.5 1. On a soif quand il fait très chaud. 2. Ils veulent manger parce qu'ils ont faim. 3. Il a besoin de sucre et de crème pour son café. 4. Si vous avez besoin d'agneau, allez à la boucherie. 5. Tu peux rester dans ma chambre si tu as sommeil. 6. Quel âge a-t-il ? Il a quinze ans.

(I) 1. je préfère 2. tu restes 3. j'appelle 4. elle espère 5. il répète 6. vous essayez 7. il descend 8. vous appelez 9. nous commençons 10. il lève 11. vous achetez 12. elle amène 13. tu préfères 14. ils jettent

(II)

									p	o	r	c								
									a		r				s					
		c	r	è	m	e			i		b	a	n	a	n	e				
		o					p	o	i	s	s	o	n		c		l	a	i	t
		n					o				a		s		c				o	
		c		j	a	m	b	o	n		f	r	a	i	s	e		m		d
		o		u		m		p			o		n		r		s	a	l	a	m	i
		m		s		e		o			f		i		i		t		n	
b	œ	u	f			n	o	u	r	r	i	t	u	r	e	s		p		e
r		r		p		g		l		i		e			e			e		v
e		o		o	m	e	l	e	t	t	e				s		a	g	n	e	a	u
		m		i			t		e		s		b					r		a		
		a		r			œ		s	a	u	c	i	s	s	e		e			
				g	â	t	e	a	u			c		f		a				
				e			f		b	e	u	r	r	e		f	r	u	i	t
														e						
														z						

NOM _____ COURS _____ SECTION _____

HUITIÈME LEÇON

PREMIÈRE PARTIE

CONVERSATIONS

Bernard Chabrier (71 ans) Marie Chabrier (69 ans)

Pierre Chabrier (45 ans) Yvette Chabrier (42 ans) Jean-Claude Brunot (41 ans) Martine Brunot (41 ans)

Jean-Paul (22 ans) Monique (15 ans) Philippe (14 ans) Anne-Marie (12 ans) Cécile (9 ans)

DESSIN 9

( ) **A** *Regardez le Dessin 9. La famille Chabrier est à gauche et les Brunot sont à droite. Ils sont quatre dans la famille Chabrier. Ils sont cinq dans la famille Brunot. Regardez les Chabrier et dites après moi...*

Compréhension auditive : *Regardez le Dessin 9 et indiquez si chaque commentaire est vrai ou faux.*

1. v f
2. v f
3. v f
4. v f
5. v f
6. v f
7. v f
8. v f
9. v f

HUITIÈME LEÇON 91

EXERCICES ORAUX

- **1 Emploi de l'article défini**

    A *Répondez aux questions d'après ce modèle.*

    1   2   3   4

    Maintenant, répondez d'après ce modèle.

    5   6   7   8

- **2 Adjectifs attributs du sujet : singulier**

    A *On va parler d'un couple. C'est un mariage heureux. Le mari ressemble beaucoup à sa femme, et la femme ressemble beaucoup à son mari. Ajoutez des phrases d'après ce modèle.*

    1   2   3   4   5   6   7   8

    B *Répétez les antonymes suivants et donnez les formes féminines d'après ce modèle.*

    1   2   3   4   5   6   7   8   9   10   11   12   13   14   15

    C *Maintenant, ajoutez des phrases en employant des antonymes d'après ce modèle.*

    1   2   3   4   5   6   7   8

    Compréhension auditive : *On va parler de plusieurs personnes. Indiquez si on parle d'un garçon ou d'une jeune fille.*[1]

1.	garçon	j.f.	?	4.	garçon	j.f.	?	7.	garçon	j.f.	?
2.	garçon	j.f.	?	5.	garçon	j.f.	?	8.	garçon	j.f.	?
3.	garçon	j.f.	?	6.	garçon	j.f.	?	9.	garçon	j.f.	?

- **3 Connaître et savoir**

    A *Exercice de contrôle*

    1   2   3   4   5   6;   1   2   3   4   5   6

    C *Répétez les expressions suivantes en ajoutant* **Je sais**, **Je sais que** *ou* **Je connais** *devant chaque expression.*

    1   2   3   4   5   6   7   8   9   10   11   12   13   14

    Dictée : *Écrivez le sujet et le verbe de chaque phrase que vous entendez.*

    1. _____   5. _____

    2. _____   6. _____

    3. _____   7. _____

    4. _____   8. _____

---

[1]The abbreviation **j.f.** stands for **jeune fille**. Circle the question mark if the sentence as heard can refer to either a male or a female.

NOM _____ COURS _____ SECTION _____

- **4** Adjectifs attributs du sujet : pluriel ; le pluriel des noms : **-aux, -eaux**

    A *Mettez le sujet de chaque phrase au pluriel, d'après ce modèle.*

    1   2   3   4   5   6   7   8

    Exercice supplémentaire : *Répondez aux questions d'après ce modèle.*

    Est-il bête ?   **Mais non, il n'est pas bête, il est très intelligent !**

    1   2   3   4   5   6   7   8

    Compréhension auditive : *Indiquez si chaque phrase exprime une opinion favorable ou défavorable.*[1]

1.	favorable	défavorable	5.	favorable	défavorable
2.	favorable	défavorable	6.	favorable	défavorable
3.	favorable	défavorable	7.	favorable	défavorable
4.	favorable	défavorable	8.	favorable	défavorable

- **5 Dire**

    A *Exercice de contrôle*

    1   2   3   4   5   6;   1   2   3   4   5   6

APPLICATIONS

A Dialogue : *Voilà ma famille.* (   )

Questions :   1   2   3   4   5   6   7   8   9   10

Compréhension auditive : *Indiquez si chaque commentaire au sujet du dialogue de cette leçon est vrai ou faux.*

1.	v	f	3.	v	f	5.	v	f
2.	v	f	4.	v	f	6.	v	f

Compréhension auditive : *Indiquez le mot qui n'appartient pas à chaque série.*

a.	1	2	3	4	d.	1	2	3	4
b.	1	2	3	4	e.	1	2	3	4
c.	1	2	3	4	f.	1	2	3	4

---

[1] *Indicate whether each sentence expresses a favorable or unfavorable opinion.*

Dictée : *Voilà une photo de ma famille.*

_____

_____

_____

_____

_____

_____

_____

DEUXIÈME PARTIE

EXERCICES ÉCRITS

● **1** Emploi de l'article défini

Remplissez les tirets par l'article défini, indéfini ou partitif.[1]

1. _____ français n'est pas trop difficile ; j'apprends _____ français et maintenant je parle un peu _____ français.

2. Je ne mange pas _____ carottes parce que je déteste _____ carottes ; par contre,[2] j'aime beaucoup _____ petits pois et je mange souvent _____ petits pois.

3. Marie-Claire ne prend pas _____ bière ; elle n'aime pas _____ boissons alcoolisées[3].

4. Aimez-vous _____ lait ? Je vais acheter _____ lait parce qu'il est bon pour _____ santé.

5. Je vais étudier _____ biologie ; c'est _____ science très intéressante et utile.

6. Est-ce que _____ lions sont _____ animaux domestiques ? Non, ils ne sont pas _____ animaux domestiques.

*7. Je suis dans un cours de _____ chimie. Je trouve que _____ chimie n'est pas facile.

*8. _____ enfants adorent _____ bonbons ; ils aiment aussi regarder _____ télévision.

*9. J'ai soif. Je cherche _____ eau parce que j'ai besoin _____ eau. Non, je ne veux pas cela. Ce n'est pas _____ eau, c'est _____ vin !

[1] *Fill in the blanks with the definite, indefinite, or partitive article. Be careful, not all the blanks require an article!*
[2] *on the other hand*
[3] *alcoholic drinks*

94 HUITIÈME LEÇON

NOM _____ COURS _____ SECTION _____

● 2 Adjectifs attributs du sujet : singulier

Donnez l'antonyme de chaque adjectif.[1]

1. court

2. intelligent

3. grand

4. facile

5. content

6. vieux

7. laid

8. mauvais

Transformez les phrases suivantes d'après ce modèle.

Cet homme est généreux. (femme) **Cette femme est généreuse.**

9. Cet arbre est beau. (rue)

10. Cette viande est mauvaise. (fruit)

11. Votre livre est intéressant. (réponse)

12. Cette étudiante est jeune et travailleuse. (vendeur)

*13. Cet appartement est vieux et petit. (maison)

*14. Votre examen est long et difficile. (question)

*15. Ce chocolat est chaud et bon. (soupe)

● 3 **Connaître** et **savoir**

Répondez aux questions.

1. Connaissez-vous bien la ville de New York ?

   Non, _____

2. Votre professeur connaît-il vos parents ?

   Non, _____

3. Est-ce que je connais bien Paris ?

   Oui, _____

4. Quel restaurant connaissez-vous très bien ?

_____

[1] Give both the masculine and feminine forms when they are different.

HUITIÈME LEÇON 95

5. Vos parents connaissent-ils Paris ?

_____

Répondez aux questions.

6. Savez-vous quel âge j'ai ?

_____

7. Vos parents savent-ils que vous apprenez le français ?

_____

8. Votre père sait-il jouer au bridge ?

_____

9. Savons-nous toujours la vérité ?

_____

*Mettez la forme appropriée de **savoir**, **savoir que** ou **connaître** dans chaque tiret.*

*10. Nous _____ le président de l'université.

*11. Vous _____ Paul ne _____ pas nager.

*12. Ce petit enfant _____ compter jusqu'à cent.

*13. Elle _____ je suis très occupé.

*14. _____-vous ce journal ?

*15. Les étudiants _____ l'adresse du professeur.

● 4 Adjectifs attributs du sujet : pluriel ; le pluriel des noms : **-aux**, **-eaux**

Reliez les deux phrases¹ d'après le modèle.

    Paul est jeune. Marie est jeune.   **Paul et Marie sont jeunes.**

1. Paul est travailleur. Marie est travailleuse.

_____

2. Cet étudiant est intelligent. Cette étudiante est intelligente.

_____

3. Cet examen est oral. Cet examen est oral.

_____

4. Ce journal est français. Ce journal est français.

_____

5. Le problème est régional. La solution est régionale.

_____

*6. La maison est vieille. L'église est vieille.

_____

*7. Ce château est beau. Ce château est beau.

_____

¹*Combine the two sentences*

96 HUITIÈME LEÇON

NOM _____ COURS _____ SECTION _____

● 5 **Dire**

Répondez aux questions.

1. À qui dites-vous « tu » ?
   _____

2. Dites-vous « bonjour » ou « salut » quand vous rencontrez votre professeur ?
   _____

3. Vos amis disent-ils toujours la vérité ?
   _____

4. Est-ce que je dis « tu » ou « vous » quand je parle à un enfant ?
   _____

*5. Est-ce qu'on dit « tu » ou « vous » quand on parle à un chien ?
   _____

*6. Qu'est-ce que vous dites quand vous quittez vos copains ?
   _____

APPLICATIONS

( ) **A** *Questions*
( ) **C** *Posez des questions sur les parties soulignées.*
( ) **D** *Complétez le passage suivant.*
( ) **E** *Renseignements et opinions*

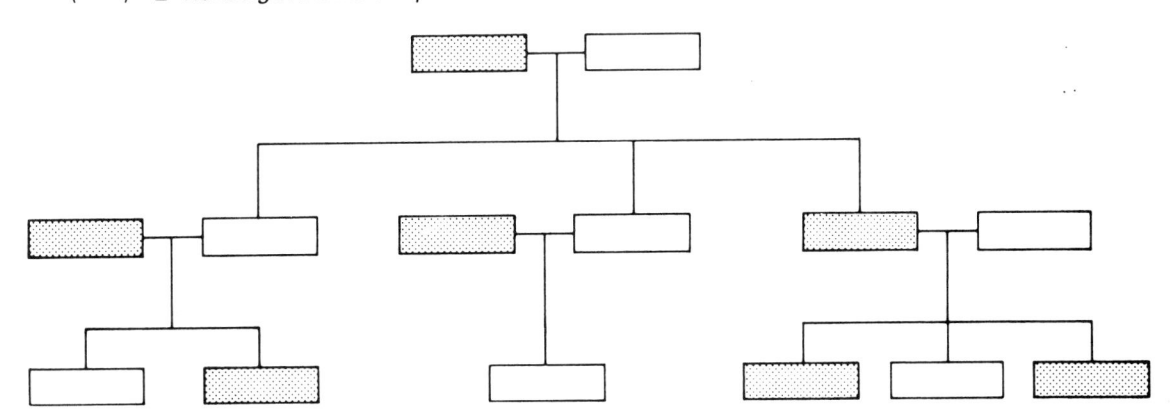

Complétez cet arbre généalogique d'après les renseignements suivants. Les cases grises représentent les mâles.

1. Marc est le frère de Sylvie.
2. Sylvie est la sœur de Jacques.
3. Jeanne est la grand-mère de Claude.
4. Jean est un oncle de Caroline.
5. Marie est la fille de Monique.
6. Caroline est une cousine de Claude.
7. Cécile est la belle-fille de Charles.
8. Monique est la belle-sœur de Cécile.
9. Monique est une tante de Caroline.
10. Robert est un oncle de Marie.
11. Jean est le père de Claude.
12. Marc est plus jeune que Claude.
13. Henri est le mari de Claire.
14. Claude est plus jeune que Jacques.

HUITIÈME LEÇON 97

TROISIÈME PARTIE

APPLICATIONS

A Dialogue et questions: *There's my family.*

JEAN-PAUL There's my family: my father, [my] mother, and [my] sister.
CHRISTINE Your mother looks young.
JEAN-PAUL She's forty-two years old. She's a chemist and works in a laboratory.
CHRISTINE And what does your father do?
JEAN-PAUL He's an engineer. He works for Renault.
CHRISTINE Really [Oh, yes]? My mother has a Renault. She really [well] likes her car. How old is your sister?
JEAN-PAUL Monique is fifteen. She's in *Seconde* in the lycée. She likes [is fond of] sports and is very smart [intelligent]... just like you.
CHRISTINE You live in Paris, don't you?
JEAN-PAUL Not exactly [quite]. We are in Sceaux. Do you know where Sceaux is?
CHRISTINE No. In the suburbs of Paris [Parisian suburbs]?
JEAN-PAUL Yes, very close to Paris.

B Expressions utiles

The family

parents { father (Dad) / mother (Mom) }   { husband / wife }

children { son / daughter }   { brother / sister }

relatives { uncle / aunt }   { nephew / niece }   { cousin [male] / cousin [female] }

grandparents { grandfather / grandmother }

grandchildren { grandson / granddaughter }

in-laws { father-in-law / mother-in-law }   { brother-in-law / sister-in-law }   { son-in-law / daughter-in-law }

to be { married/divorced / single / a widower/widow }

to look / not to look } (a lot) like someone

to look { friendly / intelligent }

Colors (1)

What color are your eyes?
—I have blue (brown/black/gray) eyes.
What color is your hair?
—I have brown (black/blond/light brown/red/gray) hair.

VOCABULAIRE

Masculine nouns

- hair **cheveux** *pl*
- chemist **chimiste**
- cousin **cousin**
- examination, test **examen**
- son **fils**
- grandparents **grands-parents** *pl*
- grandfather **grand-père**
- engineer **ingénieur**
- lycée [*French high school*] **lycée**
- husband **mari**
- uncle **oncle**
- shorts **short**

Feminine nouns

- banana **banane**
- suburb **banlieue**
- beer **bière**
- chemist **chimiste**
- cousin **cousine**
- lady **dame**
- school **école**
- wife **femme**
- daughter **fille**
- grandmother **grand-mère**
- story **histoire**
- mustache **moustache**
- pear **poire**
- answer **réponse**
- second grade [*French school*] **Seconde**
- aunt **tante**

Verbs

to know **connaître** *irrég*
to hate **détester**
to say, to tell **dire** *irrég*
to swim **nager**
to know **savoir** *irrég*

HUITIÈME LEÇON

Adjectives

active **actif(ive)**	generous **généreux(euse)**	oral **oral(e)**
beautiful, handsome **beau (bel, belle)**	happy **heureux(euse)**	lazy **paresseux(euse)**
stupid **bête**	indiscreet **indiscret(ète)**	Parisian **parisien(ne)**
blond **blond(e)**	intelligent **intelligent(e)**	patient **patient(e)**
satisfied **content(e)**	ugly **laid(e)**	poor **pauvre**
short **court(e)**	light **léger(ère)**	pessimistic **pessimiste**
discreet **discret(ète)**	long **long (longue)**	regional **régional(e)**
written **écrit(e)**	heavy **lourd(e)**	rich **riche**
energetic **énergique**	unhappy **malheureux(euse)**	red **rouge**
boring **ennuyeux(euse)**	dissatisfied **mécontent(e)**	hard-working **travailleur(euse)**
	optimistic **optimiste**	old **vieux (vieil, vieille)**

Other expressions

on the contrary **au contraire**	*Sleeping Beauty* **La Belle au bois dormant**	he, too **lui aussi**
to seem + *adj* **avoir l'air** + *adj*	*Little Red Riding Hood* **Le Petit chaperon rouge**	quite **tout à fait**
Cinderella **Cendrillon**		very (near) **tout (près)**
according to **d'après**		

ANSWER KEYS

COMPRÉHENSION AUDITIVE

Conversations

v—v—f; v—f—v; v—v—f

Exercices oraux

8.2 garçon—j.f.—?; j.f.—?—j.f.; garçon—j.f.—garçon

8.3 (*Dictée*) 1. Savent-ils 2. Elles prennent 3. Il connaît 4. Je ne peux pas 5. Nous apprenons 6. Vous ne connaissez pas 7. Il sait 8. Ne peuvent-ils pas

8.4 (*Exercice supplémentaire*) 1. Est-il mécontent ? 2. Est-il bête ? 3. Est-elle paresseuse ? 4. Est-elle indiscrète ? 5. Sont-ils laids ? 6. Sont-ils pessimistes ? 7. Sont-elles pauvres ? 8. Sont-elles ennuyeuses ?

défavorable—favorable—favorable—défavorable;
défavorable—défavorable—favorable—favorable

Applications

f—v; f—f; f—v

3—1—4; 2—4—1

(*Dictée*) Regardez cette photo. Mon père est ingénieur. Ma mère est journaliste. La jeune fille devant mes parents est ma sœur. Elle a seize ans. Nous habitons dans la banlieue parisienne. Nous connaissons bien Paris.

EXERCICES ÉCRITS

8.1 1. Le—le—(none) 2. de—les—les—des 3. de—les 4. le—du—la 5. la—une 6. les—des—des

8.2 1. long, longue 2. bête 3. petit, petite 4. difficile 5. mécontent, mécontente 6. jeune 7. beau, belle 8. bon, bonne 9. Cette rue est belle. 10. Ce fruit est mauvais. 11. Votre réponse est intéressante. 12. Ce vendeur est jeune et travailleur.

8.3 1. je ne connais pas bien la ville de New York. 2. il (*or* elle) ne connaît pas mes parents. 3. vous connaissez bien Paris. 4. Je connais très bien (Sloppy Joe's). 5. Oui (*or* Non), ils (ne) connaissent (pas) Paris. 6. Non, je ne sais pas quel âge vous avez. 7. Oui, ils savent que j'apprends le français. 8. Non, il ne sait pas jouer au bridge. 9. Non, nous ne savons pas toujours la vérité.

8.4 1. Paul et Marie sont travailleurs. 2. Ces étudiants sont intelligents. 3. Ces examens sont oraux. 4. Ces journaux sont français. 5. Le problème et la solution sont régionaux.

8.5 1. Je dis « tu » à (mes copains). 2. Je dis « bonjour » quand je rencontre mon professeur. 3. Non, ils ne disent pas toujours la vérité. 4. Vous dites « tu » quand vous parlez à un enfant.

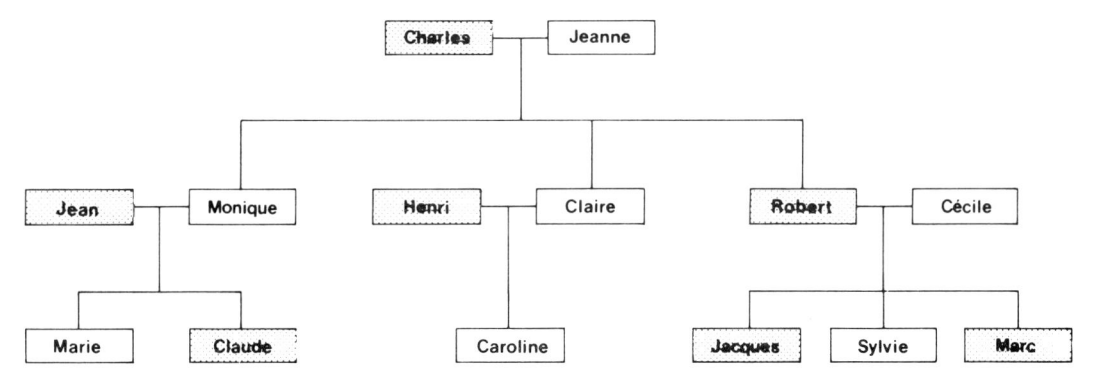

```
                    Charles ─── Jeanne
                        │
        ┌───────────────┼───────────────┐
    Jean ── Monique   Henri ── Claire   Robert ── Cécile
        │                  │                │
    ┌───┴───┐           Caroline      ┌─────┼─────┐
  Marie  Claude                    Jacques Sylvie Marc
```

HUITIÈME LEÇON

Copyright © 1985, John Wiley & Sons, Inc.

NOM _____ COURS _____ SECTION _____

NEUVIÈME LEÇON

PREMIÈRE PARTIE

DESSIN 10

CONVERSATIONS

( ) *Regardez le Dessin 10 et répétez après moi.*

Compréhension auditive : *Écrivez le nombre qui correspond à chaque mot que vous entendez.*[1]

a. _____   d. _____   g. _____   j. _____
b. _____   e. _____   h. _____   k. _____
c. _____   f. _____   i. _____   l. _____

[1] *Write the number that corresponds to each word you hear.* The numbers refer to Drawing 10.

NEUVIÈME LEÇON **101**

EXERCICES ORAUX

● 1 **Mettre**

    A *Exercice de contrôle*

        1   2   3   4   5   6;   1   2   3   4   5   6

    Compréhension auditive : *Écoutez ces conversations entre Barbara et Jean-Paul. Indiquez si les réponses de Jean-Paul sont logiques et appropriées.*

1.	oui	non	4.	oui	non	7.	oui	non
2.	oui	non	5.	oui	non	8.	oui	non
3.	oui	non	6.	oui	non	9.	oui	non

● 2 **Adjectifs postposés et préposés**

    A *Exercice de contrôle*

        1   2   3   4   5   6;   1   2   3   4   5   6

    C *Écoutez et ajoutez une phrase d'après ce modèle. Faites attention à la place et à la forme de chaque adjectif.*

        1   2   3   4   5   6   7   8   9   10   11   12   13   14

● 3 **Comparatif de l'adjectif**

    A *Regardez le Dessin 11 et dites après moi...*
       Maintenant, répondez à ces questions.

        1   2   3   4   5   6

    B *Maintenant, regardez les lettres et les valises, et répondez aux questions.*

        1   2   3   4   5   6

● 4 **Superlatif de l'adjectif**

    A *Regardez le Dessin 11. Répondez aux questions.*[1]

        1   2   3   4   5   6

    Compréhension auditive : *Regardez le Dessin 11. Indiquez si chaque commentaire est vrai ou faux.*

1.	v	f	4.	v	f	7.	v	f
2.	v	f	5.	v	f	8.	v	f
3.	v	f	6.	v	f	9.	v	f

    B *Regardez le Dessin 9 de la huitième leçon (p. 91). Répondez aux questions.*[2]

        1   2   3   4   5   6   7   8   9   10

---

[1] The questions have been renumbered consecutively.
[2] Items 1–3 are recorded, and all the questions have been renumbered consecutively.

NOM _____ COURS _____ SECTION _____

Jean-Paul   Monique   Philippe   Cécile

Cécile   Philippe   Jean-Paul   Monique

DESSIN 11

- **5** Emploi de **il est** et **c'est**

    B *Répondez aux questions d'après ce modèle.*

    1   2   3   4   5   6   7   8

    Exercice supplémentaire : *Faites deux phrases d'après ce modèle.*

    Robert est un vendeur bavard.   **Il est vendeur. Il est bavard.**

    1   2   3   4   5   6   7   8   9   10

APPLICATIONS

   A Dialogue : *C'est la meilleure solution !* (   )

   Questions :   1   2   3   4   5   6   7   8   9   10

Compréhension auditive : *Voici quelques commentaires au sujet du dialogue de cette leçon. Indiquez s'ils sont vrais ou faux.*

| 1. | v | f | 3. | v | f | 5. | v | f |
| 2. | v | f | 4. | v | f | 6. | v | f |

Compréhension auditive : *Indiquez le mot qui n'appartient pas à chaque série.*

a.	1	2	3	4		e.	1	2	3	4
b.	1	2	3	4		f.	1	2	3	4
c.	1	2	3	4		g.	1	2	3	4
d.	1	2	3	4		h.	1	2	3	4

NEUVIÈME LEÇON

Compréhension auditive : *Mettez un cercle autour du mot que vous entendez.*[1]

1. veut, vieux, vu, vous
2. sur, sourd, sort, sœur
3. bout, beau, bu, bœufs
4. feu, fou, faux, fut
5. deux, dieux, doux, du
6. mu, mou, meut, mieux
7. bain, bon, banc
8. mont, ment, main
9. sont, saint, sans
10. pain, pont, pan
11. frein, front, franc
12. rond, rein, rend

Dictée : *Monique*

DEUXIÈME PARTIE

EXERCICES ÉCRITS

● **1 Mettre**

Répondez aux questions.

1. Quand mettez-vous des vêtements chauds ?

2. Quand met-on un maillot de bain ?

3. Qu'est-ce que vous mettez dans une enveloppe ?

4. Demandez-moi où je mets mon argent.

*5. Quand mettez-vous une cravate (ou une jupe) ?

[1]Faites cet exercice après l'**Exercice de prononciation 9.**

NOM _____ COURS _____ SECTION _____

*6. Quand met-on des vêtements légers ?
_____

● 2 Adjectifs postposés et préposés

Récrivez les phrases suivantes¹ d'après ces modèles.

   Cet étudiant est jeune.   **C'est un jeune étudiant.**
   Cette maison est blanche.   **C'est une maison blanche.**

1. Cette montre est petite.
_____

2. Cet étudiant est travailleur.
_____

3. Cet arbre est vieux.
_____

4. Cette table est solide.
_____

5. Ces oranges sont mauvaises.
_____

6. Cet enfant est beau.
_____

7. Ces professeurs sont médiocres.
_____

*8. Cette maison est grande.
_____

*9. Cette voiture est grosse.
_____

*10. Ces exercices sont faciles.
_____

Mettez tous les éléments de chaque phrase au pluriel.²

11. Tu fais un exercice oral.
_____

12. C'est un bel arbre.
_____

13. Je choisis un autre journal.
_____

14. Elle a une voiture rouge.
_____

¹*Rewrite the following sentences*
²*Put all the elements of each sentence into the plural.*

NEUVIÈME LEÇON   105

*15. Tu vas acheter un petit cadeau.

*16. Il connaît une famille française.

*17. C'est une jeune fille.

● **3** Comparatif de l'adjectif

Regardez le Dessin 11 à la page 103. Faites des phrases d'après ce modèle.

Comparez Monique et Jean-Paul. (petit)   **Monique est plus petite que Jean-Paul.**

1. Comparez Monique et Philippe. (grand)

2. Comparez Cécile et Philippe. (petit)

3. Comparez la lettre de Monique et la lettre de son frère. (long)

4. Comparez la lettre de Cécile et la lettre de Philippe. (court)

*5. Comparez la valise de Jenny et la valise de Jean-Paul. (lourd)

*6. Comparez la valise de Cécile et la valise de Philippe. (léger)

Répondez aux questions.

7. Êtes-vous plus âgé(e) que votre professeur ?

8. Votre père est-il plus jeune que votre mère ?

*9. Est-ce qu'un crayon de 5 pouces est plus court qu'un stylo de 12 centimètres ?

106 NEUVIÈME LEÇON

NOM _____ COURS _____ SECTION _____

- **4** Superlatif de l'adjectif

    Regardez le Dessin 11 à la page 103 et répondez aux questions.

    1. Qui est le plus grand ?
    _____

    2. Qui est le plus petit ?
    _____

    3. Qui envoie la lettre la plus courte ?
    _____

    4. Qui a la valise la plus légère ?
    _____

    *5. Qui porte la valise la plus lourde ?
    _____

    Répondez aux questions d'après ce modèle.

    Y a-t-il de bons hôtels dans votre ville ?
    Oui, et « Mountain Inn » est le meilleur hôtel de notre ville.

    6. Y a-t-il de bons restaurants dans votre ville ?
    _____

    7. Y a-t-il des étudiants sympathiques dans votre cours ?
    _____

    *8. Y a-t-il des bâtiments modernes sur votre campus ?
    _____

    *9. Y a-t-il de mauvais restaurants dans votre ville ?
    _____

- **5** Emploi de **il est** et **c'est**

    Répondez aux questions suivantes.

    1. Qu'est-ce que c'est ? (montre)
    _____

    2. Où est mon stylo ? (sur la table)
    _____

    3. Qui est cette jeune fille ? (Marie, ma cousine)
    _____

    4. Quelle est la profession de ce monsieur ? (médecin)
    _____

    5. Est-ce que Jeanne est une étudiante travailleuse ? (oui)
    _____

    6. Est-ce que votre cousin est médecin ? (ingénieur)
    _____

NEUVIÈME LEÇON 107

*7. Est-ce que cette voiture est japonaise ? (oui)

*8. Est-ce que ce restaurant est bon ? (non)

*9. Est-ce que votre mère est américaine ? (oui)

- Révision

    Écrivez des phrases avec des éléments indiqués.

    1. On / dire / Paris / être / plus / beau / ville / monde.

    2. Mettre / vêtements / chaud / si / tu / avoir / froid.

    3. Vous / me / dire / vous / ne pas / connaître / ce / boutique ?

    4. Nous / manger / beaucoup / riz, car / nous / aimer / beaucoup / riz.

    5. Ils / avoir / soif ; / ils / vouloir / eau.

    6. Vous / savoir / bien / je / ne pas / pouvoir / vous / aider.

    7. Tu / savoir / ce / vieux / arbre / avoir / 80 / ans ?

    8. Mon / mère / être / moins / âgé / son / sœur.

    9. Si / vous / avoir / besoin / papier, / aller / à / papeterie.

    10. Elle / connaître / un / beau / hôtel / près / gare.

    11. Ils / prendre / peu / viande, / car / ils / préférer / légumes.

    12. Acheter / un / kilo / jambon / si / tu / aller / à / charcuterie.

    13. Ce / être / problèmes / régional / et / national.

    14. Vous / pouvoir / me / dire / pourquoi / il / me / appeler ?

NOM _____ COURS _____ SECTION _____

APPLICATIONS : Travaux écrits

( ) **A** *Questions*
( ) **C** *Posez des questions sur les parties soulignées.*
( ) **D** *Complétez le passage suivant.*
( ) **E** *Composition*
( ) **F** *Renseignements et opinions*

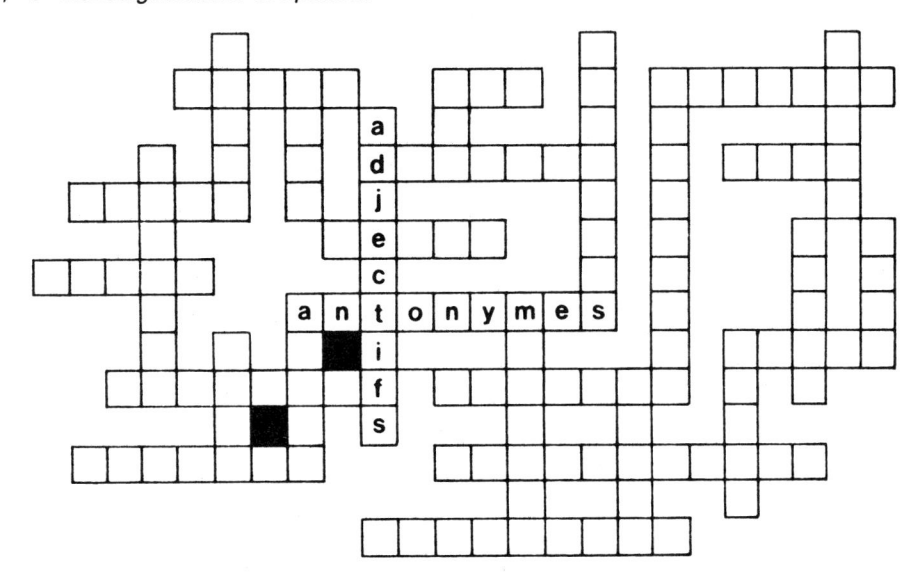

Complétez la grille avec l'antonyme des adjectifs suivants. Attention : il y a quelques adjectifs que vous n'avez pas encore appris.[1]

- 3 lettres : mauvais, haut
- 4 lettres : rapide, intelligent, blanc, irréel
- 5 lettres : petit, chaud, long, étroit, lourd, inactif, froid, grand, vieux, laide, inutile
- 7 lettres : dernier, impatient, bon, malheureux, indiscret, affirmatif
- 8 lettres : mécontents, inattentif
- 9 lettres : travailleur, discret
- 10 lettres : paresseux

TROISIÈME PARTIE

APPLICATIONS

A Dialogue et questions: *It's the best solution!*

CHRISTINE Something for her room? An engraving?
JEAN-PAUL No, she already has too many things on her walls.
CHRISTINE A bracelet or a gold chain?
JEAN-PAUL Er. . .I don't know. She already has enough pieces of jewelry.
CHRISTINE You are hard to please [difficult]. Does she like clothes? Today, according to the newspaper, there are some sales downtown.
JEAN-PAUL What kind of clothes?
CHRISTINE Blouses, skirts, pants, sweaters. . .

[1] *There are a few adjectives you have not learned yet.*

JEAN-PAUL Wait, a white sweater, for playing [in order to play] tennis... It's perhaps the best solution.
CHRISTINE It [That] doesn't weigh much [heavy], and you say [that] Monique likes tennis a lot. What is her size?
JEAN-PAUL Forty, I think.
CHRISTINE Forty! Oh yes, it's the French system. What is the American equivalent?
JEAN-PAUL I don't know... She is a little smaller than you.
CHRISTINE Fine, let's go downtown this afternoon.

B Expressions utiles

Clothes (Tableau 39 / Dessin 10)

1. a shirt	11. a skirt (10 + 11: a suit)	21. a blouse
2. a windbreaker	12. panty hose	22. a coat
3. a button	13. a purse	23. gloves
4. a pocket	14. a tie	24. sunglasses
5. blue jeans	15. a jacket	25. shorts
6. a belt	16. a handkerchief	26. a swimsuit
7. socks	17. pants [trousers] (15 + 17: a suit)	27. boots
8. shoes	18. a sweater	28. a T-shirt
9. a turtleneck sweater	19. a raincoat	
10. a jacket	20. an umbrella	

a ring   a brooch
earrings   a necklace
a bracelet

Colors (2)

beige	gray	pink
white	yellow	red
blue	black	green
brown	orange	violet

VOCABULAIRE

Masculine nouns

adjective **adjectif**	composer **compositeur**	meter **mètre**
·piece of jewelry **bijou**	·neck **cou**	·gold **or**
·blue jeans **blue-jean**	writer **écrivain**	·pants, trousers **pantalon**
·button **bouton**	·equivalent **équivalent**	painter **peintre**
·bracelet **bracelet**	glove **gant**	·inch **pouce**
gift **cadeau**	·raincoat **imperméable**	·sweater **pull(-over)**
centimeter **centimètre**	player **joueur**	·system **système**
·blouse **chemisier**	swimsuit **maillot de bain**	·jacket **veston**
·collar **col**	·coat **manteau**	trip **voyage**

Feminine nouns

·chain **chaîne**	·skirt **jupe**	·solution **solution**
·sock **chaussette**	bookstore **librairie**	soup **soupe**
·shoe **chaussure**	pound **livre**	·size **taille**
tie **cravate**	pizza **pizza**	·jacket **veste**
envelope **enveloppe**	·size **pointure**	
·engraving **gravure**	·sale **solde**	

Verbs

to compare **comparer**	to put (on) **mettre** *irrég*	to prepare **préparer**
·to decide **décider (de)**	·to think (of) **penser (à)**	·to mean **signifier**
to invite **inviter**	to weigh **peser**	to use **utiliser**
to measure **mesurer**	·to wear, to carry **porter**	

Adjectives

old **âgé(e)**	exceptional **exceptionnel(le)**	original **original(e)**
German **allemand(e)**	bright **génial(e)**	rolled **roulé(e)**
attentive **attentif(ive)**	big **gros (grosse)**	serious **sérieux(euse)**
white **blanc (blanche)**	imaginative **imaginatif(ive)**	solid **solide**
Chinese **chinois(e)**	Italian **italien(ne)**	friendly **sympathique**
comfortable **confortable**	pretty, nice **joli(e)**	useful **utile**
Spanish **espagnol(e)**	better, best **meilleur(e)**	

Adverbs

as...as **aussi...que**	less...than **moins...que**
already **déjà**	more...than **plus...que**

Other expressions

turtleneck **à col roulé**	around **autour de**	nor **ni de**
on the right **à droite**	downtown **en ville**	by air(mail) **par avion**
on the left **à gauche**	Er... **Euh...**	something **quelque chose (de)**

ANSWER KEYS

COMPRÉHENSION AUDITIVE

Conversations

24—1—14; 19—26—8; 16—6—21; 17—15—27

Exercices oraux

9.1 non—oui—non; oui—oui—oui; oui—non—non

9.3B 1. Comparez la lettre de Jean-Paul et la lettre de Cécile. (plus long) 2. Comparez la lettre de Cécile et la lettre de Monique. (plus court) 3. Comparez la lettre de Jean-Paul et la lettre de Monique. (moins long) 4. Comparez la valise de Monique et la valise de Jean-Paul. (plus lourd) 5. Comparez la valise de Jean-Paul et la valise de Philippe. (aussi lourd) 6. Comparez la valise de Cécile et la valise de Philippe. (plus léger)

9.4 f—v—f; v—f—v; v—v—v

9.5 (*Exercice supplémentaire*) 1. Janine est une étudiante intelligente. 2. Charles est un étudiant sérieux. 3. Paul et Michel sont des étudiants sympathiques. 4. Voici un livre. C'est un livre intéressant. 5. Voici une table. C'est une table solide. 6. Voici un professeur. C'est un professeur énergique. 7. Voici un étudiant. C'est un jeune étudiant. 8. Voici des chaises. Ce sont de petites chaises. 9. Voilà des chiens. Ce sont des chiens intelligents. 10. Voilà des journalistes. Ce sont des journalistes intelligents.

Applications

v—f; v—v; f—f

3—4—2—1; 3—1—4—3

vu—sourd—bœufs—faux—dieux—mou; bon—main—sans—pain—front—rein

(*Dictée*) Monique a quinze ans. Elle a les yeux bleus et les cheveux bruns. Elle est en Seconde au lycée. Son frère veut envoyer un cadeau pour son anniversaire. Il va acheter un pull. Elle est moins grande que Christine.

EXERCICES ÉCRITS

9.1 1. Je mets des vêtements chauds quand il fait (*or* j'ai) froid. 2. On met un maillot de bain quand on nage (*or* fait de la natation). 3. Je mets (une lettre) dans une enveloppe. 4. Où mettez-vous votre argent ?

9.2 1. C'est une petite montre. 2. C'est un étudiant travailleur. 3. C'est un vieil arbre. 4. C'est une table solide. 5. Ce sont de (*or* des) mauvaises oranges. 6. C'est un bel enfant. 7. Ce sont des professeurs médiocres. 11. Vous faites des exercices oraux. 12. Ce sont de (*or* des) beaux arbres. 13. Nous choisissons d'autres journaux. 14. Elles ont des voitures rouges.

9.3 1. Monique est aussi grande que Philippe. 2. Cécile est plus petite que Philippe. 3. La lettre de Monique est plus longue que la lettre de son frère. 4. La lettre de Cécile est plus courte que la lettre de Philippe. 7. Non, je suis moins âgé(e) que mon professeur. 8. (Non, il est moins jeune (*or* plus âgé) que ma mère.

9.4 1. Jean-Paul est le plus grand. 2. Cécile est la plus petite. 3. Cécile envoie la lettre la plus courte. 4. Cécile a la valise la plus légère. 6. Oui, et (« Roma ») est le meilleur restaurant de notre ville. 7. Oui, et (je suis l'étudiant(e) le / la plus sympathique) de mon cours.

9.5 1. C'est une montre. 2. Il est sur la table. 3. C'est Marie, ma cousine. 4. Il est médecin. 5. Oui, elle est (*or* c'est une étudiante) travailleuse. 6. Non, il est ingénieur.

NEUVIÈME LEÇON

NEUVIÈME LEÇON

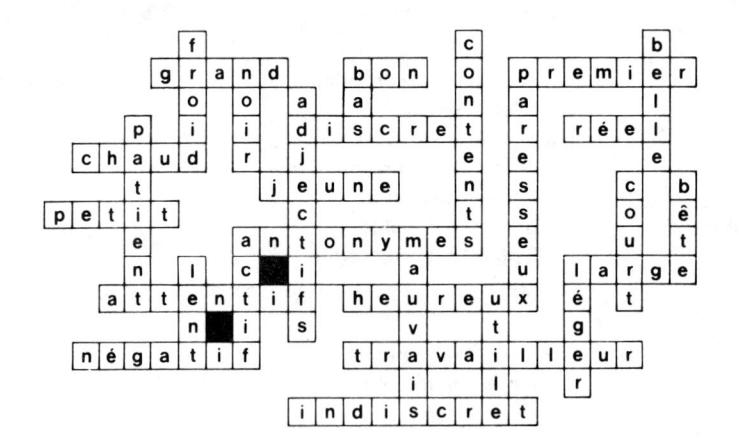

antonymes

- grand
- bon
- content
- premier
- foire
- soir
- adjacents
- bleue
- patient
- discret
- réel
- chaud
- jeune
- côté
- petit
- courte
- bête
- lca
- attentif
- heureux
- large
- négatif
- travailleur

NOM _____ COURS _____ SECTION _____

DIXIÈME LEÇON

PREMIÈRE PARTIE

CONVERSATIONS

Compréhension auditive : *Regardez le Dessin 12. Pour chaque phrase, tracez sur le dessin les rues que vous allez prendre.*[1]

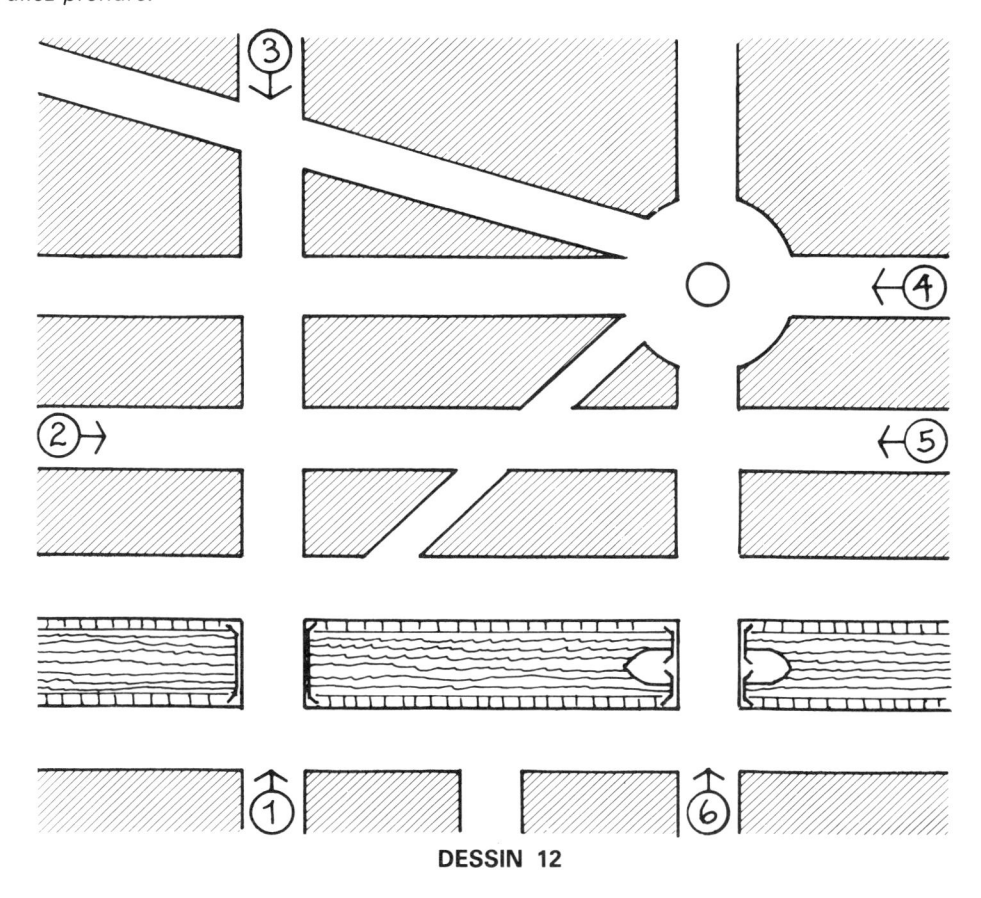

DESSIN 12

( ) **B** *Non, pas du tout !*

---

[1] *trace on the drawing the streets that you are going to take.* There are three expressions you will need to know aside from those occurring in **Conversation A: aller tout droit** *to go straight (on),* **la place** *the square,* **le pont** *the bridge.*

EXERCICES ORAUX

● **1 Suivre**

    A *Exercice de contrôle*

        1   2   3   4   5   6;   1   2   3   4   5   6

● **2 Venir et tenir**

    A *Exercice de contrôle*

        1   2   3   4   5   6;   1   2   3   4   5   6

    C *Répondez aux questions.*[1]

        1   2   3   4   5   6   7   8

● **3 Passé composé : avec l'auxiliaire avoir**

    A *Exercice de contrôle*

        1   2   3   4   5   6;   1   2   3   4   5   6

    B *Répondez aux questions d'après ce modèle.*

        1   2   3   4   5   6   7   8

    C *Bill Broussard achète une voiture. Il est avec Jean-Paul. Écoutez ces phrases, ensuite mettez chaque phrase au passé composé.*

        1   2   3   4   5   6   7   8   9   10   11   12   13   14

Exercice supplémentaire : *Mettez chaque phrase au négatif et au passé composé en même temps, d'après ce modèle.*[2]

    Je dis la vérité.   **Je n'ai pas dit la vérité.**

        1   2   3   4   5   6   7   8   9   10   11   12

Compréhension auditive : *Écoutez les questions et les réponses. Indiquez si les réponses sont logiques et appropriées.*

1.	oui non	4.	oui non	7.	oui non
2.	oui non	5.	oui non	8.	oui non
3.	oui non	6.	oui non	9.	oui non

● **4 Partir et sortir**

    A *Exercice de contrôle*

        1   2   3   4   5   6;   1   2   3   4   5   6

Compréhension auditive : *Est-ce que le sujet de chaque phrase est au singulier ou au pluriel ?*

1.	s p ?	4.	s p ?	7.	s p ?
2.	s p ?	5.	s p ?	8.	s p ?
3.	s p ?	6.	s p ?	9.	s p ?

---

[1] The questions have been renumbered consecutively.
[2] Remember that **un, une, des** become (**pas**) **de** in negative statements.

NOM _____ COURS _____ SECTION _____

- **5** Passé composé : avec l'auxiliaire **être**

    A *Exercice de contrôle*

    1 2 3 4 5 6; 1 2 3 4 5 6

    B *L'été dernier, Barbara, une étudiante américaine, a passé une semaine à Montréal. Voici comment elle a passé son premier jour dans la ville. Mettez chaque phrase au passé composé.*

    1 2 3 4 5 6 7 8 9 10 11 12 13 14 15 16

    C *Mettez chaque phrase au passé composé.*[1]

    1 2 3 4 5 6 7 8

    Maintenant, mettez ces phrases au passé composé.

    1 2 3 4 5 6 7 8 9 10 11 12

Compréhension auditive : *Mettez un cercle autour du mot que vous entendez dans chaque phrase.*

1. déjeuner / déjeunez / déjeuné
2. rencontrer / rencontrez / rencontré
3. regarder / regardez / regardé
4. aller / allez / allé
5. rentré / rentrés / rentrées
6. jouer / jouez / joué
7. arriver / arrivé / arrivée
8. acheter / achète / acheté

Compréhension auditive : *Mettez chaque verbe au passé composé.*[2]

1. _____
2. _____
3. _____
4. _____
5. _____
6. _____
7. _____
8. _____
9. _____
10. _____

APPLICATIONS

A Dialogue : *Quelle ville passionnante !* (   )

Questions : 1 2 3 4 5 6 7 8 9 10

Compréhension auditive : *Voici quelques commentaires au sujet du dialogue de cette leçon. Indiquez si chaque commentaire est vrai ou faux.*

1. v f
2. v f
3. v f
4. v f
5. v f
6. v f

---

[1] The sentences you hear are based on Tableaux 9 and 26; but some are in the negative or interrogative, or with different subject pronouns. The cues will not be in the Answer keys.
[2] Tous les verbes sont irréguliers.

DIXIÈME LEÇON

Dictée : *Une journée à Québec*

_____
_____
_____
_____
_____
_____
_____

Compréhension auditive : *Voici des commentaires au sujet de la lecture de cette leçon. Indiquez s'ils sont vrais ou faux.*

1. v f
2. v f
3. v f
4. v f
5. v f
6. v f
7. v f
8. v f
9. v f

DEUXIÈME PARTIE

EXERCICES ÉCRITS

● **1 Suivre**

Répondez aux questions.

1. Vos parents suivent-ils des cours à l'université ?
   _____

2. Suivez-vous toujours les conseils de vos professeurs ?
   _____

3. Combien de cours suivez-vous ce semestre [trimestre[1]] ?
   _____

4. Combien de cours les étudiants suivent-ils chaque semestre [trimestre] ?
   _____

*5. Quel cours est-ce que vous ne voulez pas suivre ?
   _____

*6. Suivez-vous le mouvement politique ?
   _____

[1] quarter

NOM _____ COURS _____ SECTION _____

● 2 Venir et tenir

Répondez aux questions.

1. De quelle ville venez-vous ?
   _____

2. Demandez-moi d'où je viens.
   _____

3. Tenez-vous toujours vos promesses ?
   Non, _____

4. En Europe, dans quelle main tient-on sa fourchette ?
   _____

5. Qu'est-ce que vous venez de faire ?
   _____

6. Dans quelle main tenez-vous votre fourchette ?
   _____

*7. Qu'est-ce que vous tenez dans la main en ce moment ?
   _____

*8. Comment est-ce que beaucoup d'étudiants viennent à l'université ?
   _____

● 3 Passé composé : avec l'auxiliaire avoir

Mettez les verbes suivants au passé composé.

1. je parle
   _____

2. nous attendons
   _____

3. finissez-vous ?
   _____

4. n'a-t-elle pas ?
   _____

5. tu mets
   _____

6. il ne pleut pas
   _____

7. comprenez-vous ?
   _____

8. ils sont
   _____

9. nous ne voulons pas
   _____

10. il ne peut pas
    _____

11. ne fait-il pas ?
    _____

12. dis-tu?
    _____

13. essaient-ils ?
    _____

14. préfèrent-elles ?
    _____

Parlons d'hier. Répondez aux questions.

15. À quelle heure avez-vous déjeuné ?
    _____

DIXIÈME LEÇON 117

16. Avez-vous parlé à vos parents ?

17. Où avez-vous fait vos devoirs ?

*18. Qu'est-ce que vous n'avez pas fait hier ?

*19. Qu'est-ce que vous avez mangé hier soir ?

*20. Qu'est-ce que vous avez fait après le dîner ?

● **4 Partir** et **sortir**

Répondez aux questions.

1. Sortez-vous demain soir ?

2. Quand est-ce qu'on sort de la classe ?

3. À quelle heure sortez-vous de votre dernière classe ?

4. Quand partez-vous en vacances ?

*5. À quelle heure partez-vous de la maison le lundi ?

*6. Quand est-ce que les clients sortent du restaurant ?

*7. Quand est-ce qu'on sort du cinéma ?

● **5 Passé composé : avec l'auxiliaire être**

Mettez les verbes suivants au passé composé.

1. je vais *m*

2. il monte

3. elle ne part pas

4. on vient

5. vous arrivez *m pl*

6. descendent-elles ?

7. il devient

8. je ne sors pas *f*

9. restez-vous ? *f s*

10. il ne rentre pas

NOM _____ COURS _____ SECTION _____

11. nous entrons *m*

12. revient-elle ?

13. je ne tombe pas *f*

14. ne ressort-il pas ?

Jacqueline est allée chez sa tante avec son ami Charles. Mettez les verbes soulignés au passé composé.

(15) Nous allons chez ma tante. (16) Nous partons à neuf heures. (17) Il pleut d'abord, puis (18) il neige. (19) Charles ne veut pas continuer. (20) Nous arrivons chez ma tante. (21) Elle sort de la maison quand (22) je stationne la voiture dans la rue. (23) Nous entrons dans la maison. (24) Nous dînons ensemble. (25) Nous finissons notre dîner. (26) Nous jouons aux cartes. (27) Je parle de mes parents. Bientôt (28) je monte dans ma chambre. (29) Je prends un bain chaud. (30) Nous regardons la télévision.

15. _____
16. _____
17. _____
18. _____
19. _____
20. _____
21. _____
22. _____
23. _____
24. _____
25. _____
26. _____
27. _____
28. _____
29. _____
30. _____

APPLICATIONS : Travaux écrits

( ) **A** *Questions*
( ) **C** *Posez des questions sur les parties soulignées.*
( ) **D** *Complétez le passage en employant le passé composé.*
( ) **E** *Renseignements et opinions*

(I) *Trouvez l'infinitif de quatorze verbes qui se conjuguent avec l'auxiliaire* **être.**[1]

```
a v o r s o r t i r e
v r e s t e r a v r ê
a r e n t r e r t r t
l r m o i n a î e p r
l a r o r r a b î a e
e n r i s n m p m r v
r n r i v o n a o t e
m o t m t e r r n i n
m o u r i r r t t r i
d e s c e n d r e s r
t n a i t r e e r r e
```

[1] In this game, as well as in all other similar ones, you go in the following directions to find the hidden words: →, ↓, ↗, ↘.

DIXIÈME LEÇON 119

(II) *Trouvez le participe passé des verbes indiqués.*

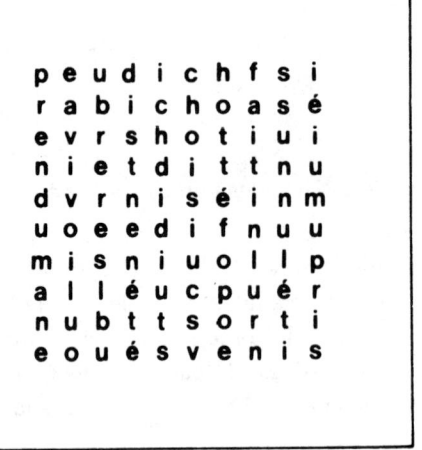

```
p e u d i c h f s i
r a b i c h o a s é
e v r s h o t i u i
n i e t d i t t n u
d v r n i s é i n m
u o e e d i f n u u
m i s n i u o l l p
a l l é u c p u é r
n u b t t s o r t i
e o u é s v e n i s
```

j'ai   je mets   je prends
je choisis   je meurs[1]   je sais
je connais   je nais[2]   je sors
je dis   j'obéis   je vais
je suis   je pars   je vends
je fais   il pleut   je viens
je finis   je peux   je veux

TROISIÈME PARTIE

CONVERSATIONS

B *No, not at all!*

LOUISE Did you go to the movies with Marie last night?
CHARLES No, not at all! I stayed home all evening.
LOUISE And what did you do, at home, all evening?
CHARLES I watched television with Ma…with my sister!

APPLICATIONS

A Dialogue et questions: *What an exciting city!*

BILL Ah, what a beautiful landscape! The Saint Lawrence [River] is magnificent!
BARBARA And look down below, at that colorful Old Town.
JEAN-PAUL It [That] looks like a small French village.
BARBARA And this magnificent building—is it really a château?
JEAN-PAUL No, it's a hotel. It dates from the end of the nineteenth century.
BARBARA Frontenac—is it someone's name?
JEAN-PAUL What [How], you don't know? It's one of the most famous governors of Quebec.
BILL What erudition! The gentleman probably consulted some guidebooks before his trip.
JEAN-PAUL Of course. Do you know that there are also guided tours on foot, by van, and even by horse and buggy?
BARBARA Tomorrow I want to visit the ramparts and the Citadel.
JEAN-PAUL Let's not forget, ladies and gentlemen, the discos and French restaurants.
BILL Let's look first for a good restaurant.
BARBARA You, Bill, you are always hungry!
BILL Let's go taste food typical of Quebec [Quebec specialties]. Do you agree?
JEAN-PAUL AND BARBARA Great!

[1] du verbe **mourir**
[2] du verbe **naître**

B Expressions utiles

The city

to consult { a guidebook / a city map

Offices, buildings, and monuments

a post office [*two ways*]	a skyscraper	a palace
a cathedral (a church)	a hospital	a park
the downtown area	a hotel	a square
a castle	City Hall (the town hall)	a statue
a movie theater	a garden	a tourist information office
the police headquarters	a(n outdoor) market	a tower
a fountain	a monument	the Old Town [*two ways*]
a (railroad) station	a museum	

The monument / The building } is { beautiful, splendid, extraordinary, magnificent. / ugly, grotesque, strange, colorful. / modern, ultramodern. / old, dilapidated, historical.

To ask for directions [one's way]

Excuse me, sir. How do I get to [In order to go to] place Maubert (rue des Moines), please?
—You are at place Maubert.

to take / to follow } a street/an avenue/a boulevard

to cross a bridge/a square/a street

to take the second street on / to turn to } { the left / the right

The office is { on this street. / on [*two ways*] this avenue. / on this boulevard.

to go / to continue } straight ahead

The museum is { in front of/behind the movie theater. / next to the movie theater.

VOCABULAIRE

Masculine nouns

accident **accident**	·van **mini-car**	person from Quebec **Québécois**
elevator **ascenseur**	·monument **monument**	·rampart **rempart**
post office **bureau de poste**	motor **moteur**	·Saint Lawrence River **Le Saint-Laurent**
·castle **château**	movement **mouvement**	semester **semestre**
advice **conseil**	·museum **musée**	·century **siècle**
·doubt **doute**	·parking lot/structure **parking**	·memory **souvenir**
event **événement**	·landscape **paysage**	·travel, tourism **tourisme**
·fort **fort**	foot **pied**	·village **village**
·cable car **funiculaire**	·map **plan**	steering wheel **volant**
·governor **gouverneur**	proverb **proverbe**	
·guidebook **guide**	·section of a city **quartier**	
hotel **hôtel**	Quebec (*province*) **Québec**	

Feminine nouns

bicycle **bicyclette**	·erudition **érudition**	·evening **soirée**
·horse and buggy **calèche**	Europe **Europe**	·special food, specialty **spécialité**
pavement **chaussée**	liberation **libération**	·terrace **terrasse**
·citadel **citadelle**	·square **place**	truth **vérité**
·disco **discothèque**	·walk **promenade**	·victory **victoire**
church **église**	promise **promesse**	·visit **visite**
·epoch, time **époque**	·siesta, nap **sieste**	

Verbs

to continue **continuer**	to promise **promettre** *irrég*	to park **stationner**
to date from **dater de**	to replace **remplacer**	to follow **suivre** *irrég*
to last **durer**	to leave again **repartir** *irrég*	to hold **tenir** *irrég*
to taste **goûter**	to look like **ressembler à**	to turn **tourner**
to lead **mener (à)**	to go out again **ressortir** *irrég*	to come **venir** *irrég*
to be born **naître** *irrég*	to go back **retourner**	to have just [done] **venir de** + *inf irrég*
to forget **oublier**	to come back **revenir** *irrég*	to visit **visiter**
to leave **partir** *irrég*	to go out **sortir** *irrég*	

Adjectives

guided **accompagné(e)**	colorful **pittoresque**	separatist **séparatiste**
famous **célèbre**	possible **possible**	tourist(ic) **touristique**
slippery **glissant(e)**	next **prochain(e)**	ultramodern **ultramoderne**
not expensive **pas cher (chère)**	of Quebec **québécois(e)**	

Adverbs

after **après**	even **même**
yesterday **hier**	really **vraiment**

Other expressions

on foot **à pied**	to take a walk **faire une promenade**	during, for **pendant**
at least **au moins**	to take a trip **faire un voyage**	without **sans**
as well as **aussi bien que**	until, up to **jusqu'à**	probably **sans doute**
of course **bien sûr**	ladies and gentlemen **messieurs-dames**	to take a course **suivre un cours**
what [that which] **ce que**	born **né(e)**	all evening **toute la soirée**
from...to **de...à**	to leave on vacation **partir en vacances**	
down below **en bas**	not at all **pas du tout**	
to agree **être d'accord**		
to take a nap **faire la sieste**		

ANSWER KEYS

COMPRÉHENSION AUDITIVE

Conversations

1. Traversez le pont et prenez la deuxième rue à droite. 2. Prenez la première rue à droite, puis la deuxième rue à gauche. 3. Allez tout droit et tournez à droite juste après le pont. 4. Traversez cette place, allez tout droit et tournez à gauche à la première rue. 5. Prenez la troisième rue à gauche et tournez à droite juste avant le pont. 6. Allez tout droit et prenez la rue à droite sur la place qui est là-bas.

Exercices oraux

10.3 (*Exercice supplémentaire*) 1. Je sais la vérité. 2. Je mets une cravate. 3. J'ai un accident. 4. Je suis ce cours. 5. Vous dites des choses bêtes. 6. Vous apprenez la leçon. 7. Vous connaissez des Québécois. 8. Vous pouvez aller à Toronto. 9. Il est à Montréal. 10. Il fait un voyage à Québec. 11. Il veut aller à Paris. 12. Il pleut à Chicago.

oui—oui—non; non—non—non; non—oui—non

10.4 p—s—p; p—s—s; p—p—s

10.5 déjeuné; rencontrer; regardez; allé; rentrés; jouer; arrivée; acheter

1. elle est venue 2. nous avons compris 3. il n'a pas plu 4. vous avez fait 5. ils sont sortis 6. nous avons dit 7. elle n'est pas allée 8. tu as été 9. ont-ils mis ? 10. tu n'as pas pu

Applications

v—f; f—v; v—f

(*Dictée*) Barbara, Bill et Jean-Paul sont sortis à neuf heures. Ils ont fait une promenade en calèche. Ils sont allés dans les vieux quartiers pittoresques. À midi, ils ont goûté des spécialités québécoises dans un bon restaurant. Après le déjeuner, ils ont visité la Citadelle. Ils sont rentrés à six heures.

v—f—v; f—f—v; v—f—v

EXERCICES ÉCRITS

10.1 1. Non, ils ne suivent pas de cours à l'université. 2. Non, je ne suis pas toujours leurs conseils. 3. Je suis (cinq) cours ce (semestre). 4. Ils suivent (quatre ou cinq) cours chaque (semestre).

10.2 1. Je viens de (Denver).   2. D'où venez-vous ?   3. je ne tiens pas toujours mes promesses.   4. En Europe, on tient sa fourchette dans la main gauche.   5. Je viens de (répondre à une question).   6. Je tiens ma fourchette dans la main (droite).

10.3 1. j'ai parlé   2. nous avons attendu   3. avez-vous fini ?   4. n'a-t-elle pas eu ?   5. tu as mis   6. il n'a pas plu   7. avez-vous compris ?   8. ils ont été   9. nous n'avons pas voulu   10. il n'a pas pu   11. n'a-t-il pas fait ?   12. as-tu dit ?   13. ont-ils essayé ?   14. ont-elles préféré ?   15. J'ai déjeuné à (une heure).   16. (Non, je n'ai pas) parlé à mes parents.   17. J'ai fait mes devoirs (à la bibliothèque).

10.4 1. (Non, je ne sors pas) demain soir.   2. On sort de la classe (quand le cours est terminé).   3. Je sors de ma dernière classe à (quatre heures).   4. Je pars en vacances (le vingt-deux novembre).

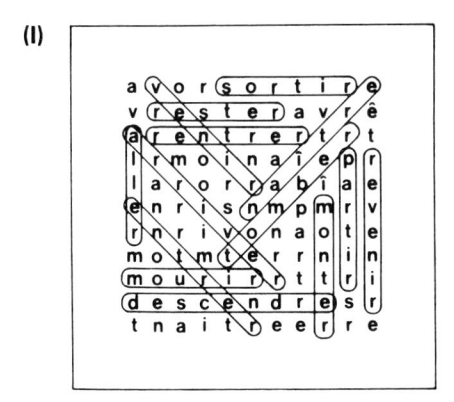

10.5 1. je suis allé   2. il est monté   3. elle n'est pas partie   4. on est venu   5. vous êtes arrivés   6. sont-elles descendues ?   7. il est devenu   8. je ne suis pas sortie   9. êtes-vous restée ?   10. il n'est pas rentré   11. nous sommes entrés   12. est-elle revenue ?   13. je ne suis pas tombée   14. n'est-il pas ressorti ?   15. Nous sommes allés   16. Nous sommes partis   17. Il a plu   18. il a neigé   19. Charles n'a pas voulu   20. Nous sommes arrivés   21. Elle est sortie   22. j'ai stationné   23. Nous sommes entrés   24. Nous avons dîné   25. Nous avons fini   26. Nous avons joué   27. J'ai parlé   28. je suis montée   29. J'ai pris   30. Nous avons regardé

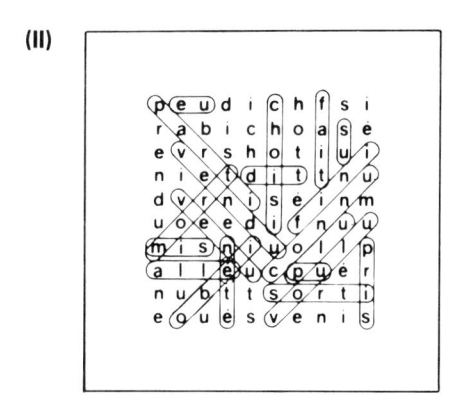

DIXIÈME LEÇON   123

Copyright © 1985, John Wiley & Sons, Inc.

NOM _____ COURS _____ SECTION _____

ONZIÈME LEÇON

PREMIÈRE PARTIE

CONVERSATIONS

    ( ) **B** *Ils viennent de déménager.*
    ( ) **C** *Ma calculatrice est chez Robert.*

EXERCICES ORAUX

- **1** Pronoms personnels : complément d'objet direct

  A *J'ai mon livre. Oui, je l'ai. Le voici. Mon cahier est à la maison. Je n'ai pas mon cahier. Je ne l'ai pas ici. Maintenant, répondez aux questions d'après ces modèles.*

  1 2 3 4 5 6 7 8 9 10

  B *Écoutez bien. Vous allez être d'accord avec ce que je vais dire. Ajoutez des phrases d'après ces modèles.*

  1 2 3 4 5 6 7 8 9 10 11 12

  Exercice supplémentaire : *Écoutez bien. Je vais dire des choses bêtes. Ajoutez des phrases négatives ou affirmatives d'après ces modèles.*

  Je prends mon déjeuner en classe.   **Mais non, vous ne le prenez pas en classe !**
  Je ne vous comprends pas.   **Mais si, vous me comprenez !**

  1 2 3 4 5 6 7 8

  Compréhension auditive : *Écoutez les questions et les réponses. Indiquez si les réponses sont logiques et appropriées.*

1.	oui	non	4.	oui	non	7.	oui	non
2.	oui	non	5.	oui	non	8.	oui	non
3.	oui	non	6.	oui	non	9.	oui	non

- **2** Accord du participe passé

  A *Remplacez les noms par les pronoms appropriés d'après ce modèle. Dites si le participe passé est au masculin ou au féminin, au singulier ou au pluriel.*

  1 2 3 4 5 6 7 8 9 10

B *Maintenant, répondez aux questions en employant des pronoms appropriés.*[1]

1 2 3 4 5 6 7 8 9 10 11 12 13 14

- **3 Voir** et **croire**

    A *Exercice de contrôle*

    1 2 3 4 5 6; 1 2 3 4 5 6

- **4 Imparfait de l'indicatif**

    A *Exercice de contrôle*

    1 2 3 4 5 6; 1 2 3 4 5 6

    B *Nous allons comparer cette année scolaire et l'année dernière. Ajoutez des phrases d'après ce modèle.*

    1 2 3 4 5 6

    Exercice supplémentaire : *Mettez chaque verbe d'abord au passé composé, ensuite à l'imparfait, d'après ce modèle.*

    Je vois Marie.   **J'ai vu Marie. Je voyais Marie.**

    1 2 3 4 5 6 7 8 9 10 11 12

    Compréhension auditive : *Mettez un cercle autour du mot que vous entendez.*

    1. parle / parlé / parlais
    2. mange / mangé / mangeais / manger
    3. cherche / cherché / cherchait / chercher
    4. connaissent / connaissait / connaissaient
    5. allé / allais / aller / allez
    6. étudier / étudié / étudiait
    7. poser / posé / posait / posez
    8. répéter / répète / répété / répétais

- **5 Le passé composé et l'imparfait**

    A *Exercice de contrôle*

    1 2 3 4 5 6; 1 2 3 4 5 6

    C *Écoutez cette histoire. Une étudiante raconte comment elle a passé une soirée. Mettez chaque phrase au passé.*[2]

    1 2 3 4 5 6 7 8 9 10 11 12 13 14 15 16 17
    18 19 20

    Exercice supplémentaire : *Avez-vous bonne mémoire ? Parlons de notre premier jour de classe. Répondez à ces questions.*[3]

    1 2 3 4 5 6 7 8

[1]Les questions ont été renumérotées consécutivement. Utilisez dans votre réponse l'expression que vous entendez après chaque question.
[2]The context is the only clue for the use of the two past tenses. Go over the exercise in the textbook before you do this exercise with the tape.
[3]Employez des pronoms appropriés dans vos réponses pour les questions 3 et 6.

NOM _____ COURS _____ SECTION _____

Compréhension auditive : *Écoutez ces conversations. Indiquez si les réponses sont logiques et appropriées.*

1. oui non	4. oui non	7. oui non
2. oui non	5. oui non	8. oui non
3. oui non	6. oui non	9. oui non

APPLICATIONS

A Dialogue : *En « Acadiana »* (   )

Questions : 1 2 3 4 5 6 7 8 9

Compréhension auditive : *Voici quelques commentaires au sujet du dialogue de cette leçon. Indiquez s'ils sont vrais ou faux.*

| 1. v f | 3. v f | 5. v f |
| 2. v f | 4. v f | 6. v f |

Compréhension auditive : *Parlons des maisons. Indiquez le mot qui n'appartient pas à chaque série.*

a. 1 2 3 4	d. 1 2 3 4
b. 1 2 3 4	e. 1 2 3 4
c. 1 2 3 4	f. 1 2 3 4

Dictée : *Un voyage pénible*

_____
_____
_____
_____
_____
_____
_____

DEUXIÈME PARTIE

EXERCICES ÉCRITS

● **1** Pronoms personnels : complément d'objet direct

Répondez aux questions en employant des pronoms appropriés.

1. Est-ce que vous connaissez Marie-Claire ?

   Non, _____

ONZIÈME LEÇON **127**

2. Quand allez-vous regarder la télé ?

3. Où prenez-vous vos repas ?

4. Est-ce que vous pouvez m'aider ?
   Non,

5. Comprenez-vous les questions de votre professeur ?
   Oui,

6. Est-ce que je vous comprends quand vous parlez français ?
   Oui,

*7. À qui montrez-vous votre devoir de français ?

*8. À quelle heure avez-vous fini votre déjeuner ?

*9. Vos parents me connaissent-ils ?
    Non,

● 2 Accord du participe passé

Répondez aux questions en employant des pronoms appropriés.

1. Avez-vous regardé la télé ce matin ?
   Non,

2. Avez-vous fait vos devoirs hier ?
   Oui,

3. Votre professeur a-t-il expliqué la grammaire hier ?
   Non,

4. En quel mois avez-vous acheté votre livre de français ?

5. Avez-vous pris ma montre ?
   Non,

6. Avez-vous compris ces questions ?
   Oui,

*7. Où avez-vous mis la lettre de vos parents ?

*8. A-t-on fait les exercices oraux hier ?
    Oui,

*9. Avez-vous corrigé vos réponses ?
    Oui,

NOM _____ COURS _____ SECTION _____

- **3 Voir et croire**

    Répondez aux questions.

    1. Croyez-vous à l'astrologie ?

        Non, _____

    2. Est-ce que vous me croyez toujours ?

        Non, _____

    3. Pouvez-vous voir votre mère maintenant ?

        Non, _____

    4. Qui voyez-vous souvent ?

        _____

    5. Qu'est-ce qu'on peut voir par la fenêtre de votre chambre ?

        _____

    *6. Qui n'avez-vous pas vu hier soir ?

        _____

    *7. Qui est-ce que vous ne croyez pas toujours ?

        _____

    *8. Est-ce que je vous vois ? Est-ce que je vous crois ?

        Oui, _____

- **4 Imparfait de l'indicatif**

    Répondez aux questions.

    1. Dans[1] quelle ville ou près de quelle ville habitiez-vous quand vous aviez dix ans ?

        _____

    2. Combien de cours suiviez-vous le semestre [trimestre] dernier ?

        _____

    3. Quelle heure était-il il y a cinq minutes ?

        _____

    4. Où étiez-vous hier soir à neuf heures ?

        _____

    5. Aviez-vous beaucoup de travail l'année dernière ?

        _____

    6. Compreniez-vous vos parents quand vous étiez petit(e) ?

        _____

    *7. Demandez-moi quelle langue je parlais quand j'étais petit.

        _____

    *8. Votre professeur vous connaissait-il l'année dernière ?

        _____

[1] Utilisez **à** dans votre réponse : **à Houston, à Denver**.

ONZIÈME LEÇON   129

*9. Combien de fois par mois alliez-vous au cinéma quand vous aviez quinze ans ?

_____

_____

● **5 Le passé composé et l'imparfait**

Barbara parle de son voyage à Montréal. Mettez les verbes soulignés au passé composé ou à l'imparfait selon le cas.

(1) Nous partons pour Montréal à sept heures. D'abord (2) nous allons au vieux Montréal. (3) Il fait froid et (4) nous avons faim. (5) Nous déjeunons dans un restaurant près de la place Jacques Cartier. Le restaurant (6) est bondé et (7) nous attendons notre tour presque dix minutes. Après le déjeuner (8) je montre à mon frère le parc Maisonneuve, site des Jeux Olympiques de 1976. Ensuite (9) nous visitons beaucoup de boutiques. (10) Il est presque six heures quand (11) nous décidons de rentrer. Le voyage (12) est pénible. (13) Il pleut, la route (14) est glissante et (15) il y a beaucoup de voitures. Ma mère nous (16) attend quand (17) nous rentrons à onze heures. (18) Nous ne sommes pas trop fatigués, et (19) nous regardons la télévision jusqu'à deux heures du matin.

1. _____   11. _____
2. _____   12. _____
3. _____   13. _____
4. _____   14. _____
5. _____   15. _____
6. _____   16. _____
7. _____   17. _____
8. _____   18. _____
9. _____   19. _____
10. _____

Répondez aux questions.

20. Quel temps faisait-il hier quand vous êtes rentré(e) ?

_____

21. Que faisait votre professeur quand vous êtes entré(e) dans la classe ?

_____

22. Quelle heure était-il quand vous êtes sorti(e) hier matin ?

_____

*23. A-t-on dit que j'étais en France il y a quatre ans ?

_____

*24. Étiez-vous à la maison quand j'ai téléphoné à Robert ?

Non,_____

NOM _____ COURS _____ SECTION _____

*25. Demandez-moi où j'étais quand mon frère m'a vu.

_____

APPLICATIONS : Travaux écrits

( ) **A** *Questions*

( ) **C** *Posez des questions sur les parties soulignées.*

( ) **D** *Complétez le passage.*

( ) **E** *Renseignements et opinions*

(I) *Trouvez la forme de l'imparfait des verbes suivants.*

```
v f l m p r e n a i s
v e é a a l a v a i s
o e n t v n a i s i s
f b n a a a g i a f s
a b é t i i a e s i a
s o t i s s s i a l d
a i a s s g a v v i i
i v s i n s u f a s s
s a n a i b a i i a a
a i m a i s a i s i i
f s f v o y a i s s s
```

j'ai aimé   j'ai lu
j'ai bu   j'ai mangé
j'ai dit   j'ai obéi
j'ai été   j'ai pris
j'ai eu   j'ai su
j'ai fait   je suis venu
j'ai fini   j'ai vu
j'ai lavé

(II) *Anagramme. Remettez les lettres de chaque mot, tiré des* **Expressions utiles,** *dans le bon ordre.*

ITTO   _ _ _ _   LESOUPE   _ _ _ _ _ _ _

PÈCIE   _ _ _ _ _   ERINGER   _ _ _ _ _ _ _

AGGEAR   _ _ _ _ _ _   AILESCRE   _ _ _ _ _ _ _ _

DRANJI   _ _ _ _ _ _   BATINCE   _ _ _ _ _ _ _

TROISIÈME PARTIE

CONVERSATIONS

B *They have just moved.*

MME LECHAT   Oh, what a disorder! Where did they put my dresser?
M. LECHAT   I think [believe] they put it in Josette's room.
MME LECHAT   My dresser, in Josette's room!
M. LECHAT   You said [were saying] that there wasn't enough space in our room.

ONZIÈME LEÇON   **131**

C *My calculator is at Robert's.*

JACQUES   Marie, where were you all afternoon? I looked for you all over [everywhere].
MARIE   I was at Robert's. Why were you looking for me?
JACQUES   I needed your calculator.
MARIE   My calculator? I lent it to Robert!

APPLICATIONS

A Dialogue et questions: *In "Acadiana"*

BARBARA   Look how small the living room is.
JEAN-PAUL   Did they [used to] prepare meals in this fireplace in olden days [formerly]?
BILL   No, I think [believe] the kitchen was in a separate cabin. That way [Like that] they avoided the smells and the heat of the kitchen.
BARBARA   While the men waited peacefully for their meal in the living room.
BILL   After a long day of work. There's the parents' bedroom and, beyond [farther], the girls' bedroom.
BARBARA   Did you notice, Bill? The girls crossed the parents' [bed]room [in order] to get to [enter] their [bed]room!
BILL   Yes, they were well watched and protected.
JEAN-PAUL   Where did the boys sleep?
BILL   Above, in the *garçonnière*.
BARBARA   But I don't see any stairway inside [in the interior of] the house.
BILL   It's outside, in a corner of the porch.
JEAN-PAUL   Let's go see the *garçonnière*.
BARBARA   So, you see, with this private entrance, the boys had much more freedom than the girls!
BILL   But what could they do, the poor souls [ones], above the parents' and the girls' rooms?

B Expressions utiles

The house (1)

The house has:
- a (red, blue-gray, etc.) roof.
- an attic.
- an upper floor.
- a ground floor.
- a basement [*two ways*].

There is a garage / a garden / a lawn   behind / in front of / next to   the house.

The rooms:
- a living room (a sitting room)
- a kitchen
- a dining room
- a bathroom
- a study/an office
- bedrooms [*two ways*]
- a guest room

The bedroom is:
- at the end / at the back / to the left / to the right   of the stairway. / of the hall.
- above / below   the living room.

Expressions of past and future time

yesterday: morning / afternoon / evening [last night]

tomorrow: morning / afternoon / evening [tomorrow night]

the day before yesterday

the day after tomorrow

last: last Monday / last week / last month / last summer / last year

next: next Monday / next week / next month / next summer / next year

a few days/weeks/months ago

VOCABULAIRE

Masculine nouns

- bayou **bayou**
- candy **bonbon**
- edge **bord**
- heart **cœur**
- beginning **début**
- disorder **désordre**
- dialogue **dialogue**
- problem **ennui**
- stairway **escalier**
- attic **grenier**
- (ticket) window **guichet**
- inside **intérieur**
- Japanese **japonais**
- past **passé**
- hobby **passe-temps**
- fate **sort**
- basement **sous-sol**

Feminine nouns

- Acadiana **Acadiana**
- astrology **astrologie**
- attitude **attitude**
- nightclub **boîte de nuit**
- cabin **cabane**
- calculator **calculatrice**
- heat **chaleur**
- bedroom **chambre à coucher**
- fireplace **cheminée**
- dresser **commode**
- kitchen **cuisine**
- garçonnière **garçonnière**
- hospitality **hospitalité**
- joy (of living) **joie (de vivre)**
- day **journée**
- freedom **liberté**
- (sun)glasses **lunettes (de soleil)** pl
- magic **magie**
- New Orleans **La Nouvelle-Orléans**
- smell **odeur**
- room **pièce**
- radio **radio**
- bathroom **salle de bains**
- living room **salle de séjour**
- porch **véranda**

Verbs

- to help **aider**
- to sleep **coucher**
- to believe, to think **croire** irrég
- to move **déménager**
- to avoid **éviter**
- to knock **frapper**
- to interest **intéresser**
- to preserve **préserver**
- to lend **prêter**
- to notice **remarquer**
- to see **voir** irrég

Adjectives

- French-speaking **francophone**
- historic(al) **historique**
- married **marié(e)**
- black **noir(e)**
- numerous **nombreux(euse)**
- private **privé(e)**
- protected **protégé(e)**
- watched (over) **surveillé(e)**

Adverbs

- formerly **autrefois**
- outside **dehors**
- everywhere **partout**
- peacefully **tranquillement**

Other expressions

- separate **à part**
- on (at) the edge of **au bord de**
- below **au-dessous de**
- above **au-dessus de**
- the day before yesterday **avant-hier**
- above **en haut**
- last night **hier soir**
- time + ago **il y a** + time
- while **pendant que**
- everything **tout** pron
- immediately **tout de suite**
- all afternoon **tout l'après-midi**
- in regard to **vis-à-vis de**
- here is, here are **voici**

ANSWER KEYS

COMPRÉHENSION AUDITIVE

Exercices oraux

11.1 (*Exercice supplémentaire*) 1. Je prends mon petit déjeuner en classe. 2. Je ne vous connais pas. 3. Je ne comprends pas mes étudiants. 4. Je sais à quelle heure vous allez dîner. 5. Vous savez que je suis millionnaire. 6. Vous me détestez. 7. Vous ne pouvez pas me comprendre. 8. Vous ne voulez pas apprendre le français.

oui—non—oui; oui—non—non; non—oui—oui

11.4 (*Exercice supplémentaire*) 1. Je parle de Marie. 2. J'attends le taxi. 3. Elle descend de l'autobus. 4. Tu finis le travail. 5. Je mets une chemise. 6. Il connaît Paris. 7. Je ne vois pas Jeanne. 8. Nous venons à Dijon. 9. Vous partez à midi. 10. Elle dit la vérité. 11. Ils sortent ensemble. 12. Suis-tu ce cours ?

1. parlé 2. mangeais 3. chercher 4. connaissaient 5. allais 6. étudié 7. posais 8. répété

ONZIÈME LEÇON 133

11.5 (*Exercice supplémentaire*) 1. Quelle était la date du premier jour de classe ? (le cinq septembre) 2. Est-ce que vous étiez en classe ? (bien sûr) 3. Aviez-vous votre livre de français ? (non) 4. Quel temps faisait-il ? (beau et chaud) 5. Saviez-vous que j'étais votre professeur ? (bien sûr) 6. Connaissiez-vous Bill ? (non) 7. Qu'est-ce que nous avons fait ? (étudier *les salutations*) 8. Où êtes-vous allé(e) après le cours ? (cours d'anglais)

oui—non—non; non—oui—non; oui—oui—non

Applications

f—v; v—f; f—f

2—1—4; 3—2—4

(*Dictée*) Il était tard quand nous sommes repartis. Il faisait froid. Il neigeait. Nous étions fatigués et nous avions faim. Je voulais manger quelque chose, mais je n'avais pas d'argent. Nous avons marché trois heures dans la neige. Nous sommes rentrés à minuit.

EXERCICES ÉCRITS

11.1 1. je ne la connais pas. 2. Je vais la regarder (ce soir). 3. Je les prends (au restaurant universitaire). 4. je ne peux pas vous aider. 5. je les comprends. 6. vous me comprenez quand je le parle.

(I)

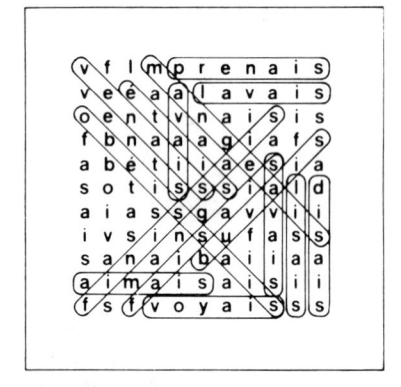

11.2 1. je ne l'ai pas regardée ce matin. 2. je les ai faits hier. 3. il ne l'a pas expliquée hier. 4. Je l'ai acheté en (septembre). 5. je ne l'ai pas prise. 6. je les ai comprises.

11.3 1. je ne crois pas à l'astrologie. 2. je ne vous crois pas toujours. 3. je ne peux pas la voir maintenant. 4. Je vois souvent (mon amie). 5. On peut voir (le campus) par la fenêtre [de ma chambre].

11.4 1. J'habitais à / près de (Boston) quand j'avais dix ans. 2. Je suivais (cinq) cours le (semestre) dernier. 3. Il était (quatre) heures (dix) il y a cinq minutes. 4. J'étais (dans ma chambre) hier soir à neuf heures. 5. (Non, mais j'avais assez) de travail l'année dernière. 6. (Oui, je les comprenais) quand j'étais petit(e).

11.5 1. Nous sommes partis 2. nous sommes allés 3. Il faisait 4. nous avions 5. Nous avons déjeuné 6. était bondé 7. nous avons attendu 8. j'ai montré 9. nous avons visité 10. Il était 11. nous avons décidé 12. était / a été 13. Il pleuvait 14. était 15. il y avait 16. attendait 17. nous sommes rentrés 18. Nous n'étions pas 19. nous avons regardé 20. Il (faisait froid) quand je suis rentré(e) hier. 21. Il (parlait à Carol) quand je suis entré(e) dans la classe. 22. Il était (neuf heures) quand je suis sorti(e) hier matin.

(II) TOIT, PIÈCE, GARAGE, JARDIN
PELOUSE, GRENIER, ESCALIER, CABINET

NOM _____ COURS _____ SECTION _____

DOUZIÈME LEÇON

PREMIÈRE PARTIE

CONVERSATIONS

DESSIN 13

( ) **A** *Regardez la carte de l'Europe et répétez après moi.*

Compréhension auditive : *Indiquez si chaque commentaire est vrai ou faux.*

1.	v	f	5.	v	f	9.	v	f
2.	v	f	6.	v	f	10.	v	f
3.	v	f	7.	v	f	11.	v	f
4.	v	f	8.	v	f	12.	v	f

DOUZIÈME LEÇON 135

( ) **B** *Loin des yeux, loin du cœur.*
( ) **C** *Je te donne cette carte postale.*

EXERCICES ORAUX

● **1** Noms géographiques et prépositions

   Exercice supplémentaire : *Faites des phrases d'après ce modèle.*

   France, Paris, Français   **La capitale de la France est Paris ; ses habitants s'appellent les Français.**

   1   2   3   4   5   6   7   8

   A *Ajoutez des phrases d'après ces modèles.*

   1   2   3   4   5   6   7   8   9   10

● **2** Formes négatives : **ne...plus** et **ne...jamais**

   A *Je vais parler de quelqu'un. Autrefois, il faisait certaines choses. Maintenant, il ne les fait plus. Ajoutez des phrases d'après ces modèles.*[1]

   1   2   3   4   5   6   7   8   9   10   11   12   13   14   15   16

● **3 Lire** et **écrire**

   A *Exercice de contrôle*

   1   2   3   4   5   6;   1   2   3   4   5   6

   Compréhension auditive : *Indiquez si le sujet de chaque phrase est au singulier ou au pluriel.*[2]

1.	s	p	?	6.	s	p	?	11.	s	p	?
2.	s	p	?	7.	s	p	?	12.	s	p	?
3.	s	p	?	8.	s	p	?	13.	s	p	?
4.	s	p	?	9.	s	p	?	14.	s	p	?
5.	s	p	?	10.	s	p	?	15.	s	p	?

● **4** Pronoms personnels : complément d'objet indirect

   A *Répondez aux questions.*[3]

   1   2   3   4   5   6   7   8   9   10

   B *Répondez aux questions en employant* **le, la, les, lui** *ou* **leur.**

   1   2   3   4   5   6   7   8   9   10

[1] Chaque question est utilisée deux fois ; toutes les questions ont été renumérotées consécutivement.
[2] Les verbes sont au présent, au passé composé ou à l'imparfait de l'indicatif.
[3] Les questions ont été renumérotées consécutivement. Les deux derniers groupes de questions (5 et 6) ne sont pas enregistrés.

NOM _____ COURS _____ SECTION _____

- **5** Pronoms personnels : complément d'objet direct et indirect

    A *Répondez aux questions.*

    1   2   3   4   5   6   7   8

    B *Je fais certaines choses, et vous ne comprenez pas pourquoi. Vous allez donc poser des questions d'après ces modèles.*

    1   2   3   4   5   6   7   8   9   10

Compréhension auditive : *Écoutez ces conversations. Indiquez si les réponses sont logiques et appropriées.*

1.	oui	non	4.	oui	non	7.	oui	non
2.	oui	non	5.	oui	non	8.	oui	non
3.	oui	non	6.	oui	non	9.	oui	non

Compréhension auditive : *Écrivez les réponses aux questions que vous entendez. Employez des pronoms appropriés dans vos réponses.*[1]

1. Oui, _____

2. Oui, _____

3. Si, _____

4. Non, _____

5. Oui, _____

6. Non, _____

APPLICATIONS

A Dialogue : *Allons en France !* (   )

Questions :   1   2   3   4   5   6   7   8   9   10

Compréhension auditive : *Indiquez si les commentaires suivants au sujet du dialogue de cette leçon sont vrais ou faux.*

1.	v	f	3.	v	f	5.	v	f
2.	v	f	4.	v	f	6.	v	f

Compréhension auditive : *Connaissez-vous bien la géographie ? Indiquez le mot qui n'appartient pas à chaque série.*

a.	1	2	3	4	e.	1	2	3	4
b.	1	2	3	4	f.	1	2	3	4
c.	1	2	3	4	g.	1	2	3	4
d.	1	2	3	4	h.	1	2	3	4

[1]Chaque question est répétée deux fois de suite.

DOUZIÈME LEÇON

Dictée : *Écrivez les noms des pays francophones de l'Afrique qui vous sont épelés.*

1. _____   5. _____

2. _____   6. _____

3. _____   7. _____

4. _____   8. _____

DEUXIÈME PARTIE

EXERCICES ÉCRITS

● 1 Noms géographiques et prépositions

Mettez les prépositions (et l'article défini, si c'est nécessaire) dans chaque tiret.

1. Cet enfant est né _____ États-Unis, mais son père est né _____ France, et sa mère _____ Suisse.

2. Je suis _____ Lisbonne en ce moment. Mais je partirai _____ Portugal lundi prochain pour aller _____ Angleterre.

3. La mère de Jacques est _____ Mexique ; elle vient _____ Canada et elle a habité deux ans _____ Italie, _____ Florence.

4. Mon cousin fait ses études _____ Floride, mais ses parents demeurent _____ Colorado.

5. Mon oncle Daniel voyage beaucoup. L'année dernière il est allé _____ Afrique, _____ Tokyo, _____ Mexico, _____ Californie, _____ Espagne et _____ Danemark. C'est beaucoup !

Répondez aux questions.

6. Citez deux pays d'Europe où la monarchie existe.
   _____

7. Quels sont les pays voisins de la Suisse ?
   _____
   _____

DOUZIÈME LEÇON

NOM _____ COURS _____ SECTION _____

8. Quels sont les états voisins de la Virginie ?

*9. Dans quels pays d'Europe parle-t-on français ?

*10. Quels sont les états voisins du Massachusetts ?

*11. Dans quel état est-ce que vos parents sont nés ?

*12. Quel est le plus grand état des États-Unis ?

● 2 Formes négatives : **ne...plus** et **ne...jamais**

*Répondez aux questions en employant **ne...plus** ou **ne...jamais**.*

1. Allez-vous encore à l'école secondaire ?

2. Avez-vous voyagé dans un avion supersonique ?
   Non,

3. Qu'est-ce qu'on ne fait jamais en classe ?

4. Qu'est-ce que vous n'avez jamais mangé ?

5. Qu'est-ce que vous ne voulez plus faire ?

6. Quel programme de télévision ne regardez-vous plus ?

*7. Et quel programme ne voulez-vous jamais regarder ?

*8. Avez-vous jamais été au Japon ?

*9. Avec qui ne sortez-vous plus ?

DOUZIÈME LEÇON

● **3 Lire** et **écrire**

Répondez aux questions.

1. Quel journal lisez-vous souvent ?
   _____

2. Écrivez-vous des lettres en classe ?
   _____

3. Qui vous écrit de temps en temps ?
   _____

4. Avez-vous jamais écrit au président des États-Unis ?
   _____

5. Qu'est-ce que vous avez lu hier soir ?
   _____

6. Demandez-moi si j'écris des articles.
   _____

*7. Qu'est-ce que vous allez lire ce week-end ?
   _____

*8. Qu'est-ce qu'on écrit dans ce cahier ?
   _____

*9. Demandez-moi si je lis des bandes illustrées.
   _____

● **4 Pronoms personnels : complément d'objet indirect**

Répondez aux questions en employant des pronoms appropriés.

1. Parlez-vous souvent à vos parents ?
   Oui, _____

2. Suivez-vous toujours leurs conseils ?
   Non, _____

3. Répondez-vous souvent à votre professeur ?
   Oui, _____

4. Votre professeur me pose-t-il des questions ?
   Non, _____

5. Pouvez-vous me téléphoner ce soir ?
   Non, _____

6. Ressemblez-vous à votre mère ?
   Oui, _____

*7. M'avez-vous téléphoné hier ?
   Non, _____

*8. Allez-vous écrire au président de l'université ?
   Non, _____

DOUZIÈME LEÇON

NOM _____ COURS _____ SECTION _____

*9. Voulez-vous voir le président ?

Non, _____

● 5 Pronoms personnels : complément d'objet direct et indirect

Répondez aux questions en employant des pronoms appropriés.

1. Est-ce que votre professeur vous explique la grammaire ?

   Oui, _____

2. Est-ce que je vous ai prêté ma voiture ?

   Non, _____

3. Voulez-vous montrer vos devoirs au professeur ?

   Oui, _____

4. Dites-vous toujours la vérité à vos camarades ?

   Non, _____

5. M'avez-vous montré vos réponses ?

   Non, _____

6. Pouvez-vous me donner votre adresse ?

   Oui, _____

*7. Avez-vous payé l'addition à la serveuse ?

   Oui, _____

*8. Demandez-moi si je vais vous donner les réponses.

   _____

*9. Pouvez-vous me donner votre numéro de téléphone ?

   Non, _____

● Révision

Répondez aux questions en employant le passé composé et des pronoms appropriés d'après ce modèle.

Allez-vous parler au professeur ?   **Non, je lui ai déjà parlé.**

1. Allez-vous voir ce film ?

   Non, _____

2. Allez-vous répondre à votre mère ?

   Non, _____

3. Allez-vous me donner votre adresse ?

   Non, _____

4. Allez-vous écrire la lettre à vos parents ?

   Non, _____

5. Allez-vous dire la vérité à vos camarades ?

   Non, _____

6. Allez-vous me montrer les photos ?

   Non, _____

DOUZIÈME LEÇON

7. Allez-vous me lire la réponse ?

   Non,_____

Deux étudiants ont fait des courses hier après-midi. Mettez les verbes soulignés au passé.

(1) Je lis un journal quand (2) Paul me téléphone. (3) Il me demande si (4) je suis libre cet après-midi. (5) Il va en ville parce qu' (6) il y a des soldes. (7) Il a besoin de vêtements chauds. (8) Je lui dis de m'attendre au café du coin. (9) Je mets mon blouson parce que (10) je crois qu' (11) il fait froid. (12) Nous prenons l'autobus et (13) nous descendons près du magasin. (14) Paul achète deux pulls et une paire de gants. (15) Le magasin est très bondé et (16) il fait horriblement chaud. (17) Je ne veux plus rester à l'intérieur. (18) Nous sortons du magasin et (19) nous allons dans un café prendre quelque chose de frais. (20) J'ai chaud parce que (21) je porte un blouson. Finalement, (22) l'autobus vient et (23) je rentre à la maison à cinq heures.

1. _____   13. _____
2. _____   14. _____
3. _____   15. _____
4. _____   16. _____
5. _____   17. _____
6. _____   18. _____
7. _____   19. _____
8. _____   20. _____
9. _____   21. _____
10. _____   22. _____
11. _____   23. _____
12. _____

APPLICATIONS : Travaux écrits

   (   ) **A** *Questions*
   (   ) **C** *Posez des questions sur les parties soulignées.*
   (   ) **D** *Complétez le passage suivant.*
   (   ) **E** *Composition*
   (   ) **F** *Renseignements et opinions*

NOM _____ COURS _____ SECTION _____

(I) *Mettez un cercle autour de la capitale de chaque pays.*

1.	L'ARGENTINE	Buenos Aires, Montevideo, Santiago
2.	L'AUSTRALIE	Canberra, Melbourne, Sydney
3.	L'AUTRICHE	Innsbruck, Salzbourg, Vienne
4.	LA BELGIQUE	Bruxelles, Copenhague, La Haye
5.	LA BULGARIE	Bucarest, Prague, Sofia
6.	LE CANADA	Montréal, Ottawa, Windsor
7.	LA COLOMBIE	Bogota, Rio de Janeiro, Santiago
8.	LA CORÉE DU SUD	Pékin, Séoul, Tokyo
9.	LE DANEMARK	Copenhague, Oslo, Rotterdam
10.	L'ESPAGNE	Barcelone, Lisbonne, Madrid
11.	LA FINLANDE	Gorki, Helsinki, Oslo
12.	L'INDE	Bombay, Calcutta, Delhi
13.	L'IRAK	Bagdad, Ispahan, Téhéran
14.	L'ISRAËL	Haïfa, Jérusalem, Tel-Aviv
15.	L'ITALIE	Florence, Naples, Rome
16.	LE MAROC	Casablanca, Tanger, Rabat
17.	LA NORVÈGE	Copenhague, Helsinki, Oslo
18.	LES PAYS-BAS	Amsterdam, La Haye, Rotterdam
19.	LE PORTUGAL	Barcelone, Bilbao, Lisbonne
20.	LA ROUMANIE	Bucarest, Budapest, Prague
21.	LE SÉNÉGAL	Abidjan, Dakar, Kartoum
22.	LA SUISSE	Berne, Genève, Zurich
23.	LA TURQUIE	Alexandrie, Ankara, Istanbul
24.	LA YOUGOSLAVIE	Belgrade, Bucarest, Sarajevo

(II) *Anagramme. Ces mots désignent des villes et des pays de l'Europe. Remettez les lettres dans le bon ordre.*

MORE _ _ _ _   SINNOBLE _ _ _ _ _ _ _ _

SPIRA _ _ _ _ _   PENSAGE _ _ _ _ _ _ _

ENBRE _ _ _ _ _   SONDREL _ _ _ _ _ _ _

ISSUES _ _ _ _ _ _   GEQUIBLE _ _ _ _ _ _ _ _

CANFER _ _ _ _ _ _   HUICATRE _ _ _ _ _ _ _ _

LADINER _ _ _ _ _ _ _   GRAUPLOT _ _ _ _ _ _ _ _

INVENE _ _ _ _ _ _   BLERSLEUX _ _ _ _ _ _ _ _ _

DOUZIÈME LEÇON 143

TROISIÈME PARTIE

CONVERSATIONS

B *Out of sight, out of mind.*

ROGER   I saw you with Marianne last night. Don't you go out with Isabelle any more?
JEAN-PIERRE   No, she moved to Marseilles.
ROGER   Really? But anyway, don't you write to her?
JEAN-PIERRE   No, she never gave me her address.

C *I ['ll] give you this postcard.*

LOUISE   Look at these postcards.
CHARLES   They're very beautiful.
LOUISE   Here, I ['ll] give you this card of [the] Niagara Falls.
CHARLES   You ['ll] give it to me? Thanks. You're nice.

APPLICATIONS

A Dialogue et questions: *Let's go to France!*

CHRISTINE   Hello, Jean-Paul. What's new?
JEAN-PAUL   Did you see today's newspaper? The touring club is organizing several flights to [for] Europe.
CHRISTINE   Really? They say [that] these charters are always cheap.
JEAN-PAUL   Yes, four hundred [and] fifty dollars, round trip, from New York to Paris. It's a bargain [given]!
CHRISTINE   It's true. I haven't read the newspaper. Do you want to show it to me tomorrow?
JEAN-PAUL   Of course. I think [believe] I'm going to return to France before my summer courses.
CHRISTINE   You're lucky!
JEAN-PAUL   It's only for four weeks, unfortunately. Listen, do you want to come with me?
CHRISTINE   Hmm. . .it's tempting. I've never been to Europe, you know.
JEAN-PAUL   Come with me. You can stay [lodge] with us.
CHRISTINE   Really? It's nice [of you]. I'm going to write to my parents tonight.
JEAN-PAUL   Don't you want to phone them? Imagine Paris, the great monuments, the small provincial towns, the châteaux, my friends. . .
CHRISTINE   Easy [Gently]! Easy! It hasn't been [isn't] decided yet!

B *Expressions utiles*

Countries, capitals, inhabitants

Feminine countries

1. France, Paris, French
2. East Germany, Berlin, Germans
3. West Germany, Bonn, Germans
4. England (Great Britain), London, English
5. Austria, Vienna, Austrians

6. Belgium, Brussels, Belgians
7. Spain, Madrid, Spaniards (Spanish)
8. Ireland, Dublin, Irish
9. Italy, Rome, Italians
10. Switzerland, Bern, Swiss

Masculine countries

11. Denmark, Copenhagen, Danes (Danish)
12. Luxembourg, Luxembourg, Luxemburgers

13. Holland, The Hague, Dutch
14. Portugal, Lisbon, Portuguese

Other feminine countries

China, Peking (Beijing), Chinese
Egypt, Cairo, Egyptians
Greece, Athens, Greeks
Norway, Oslo, Norwegians

Poland, Warsaw, Poles
Sweden, Stockholm, Swedes (Swedish)
The Soviet Union (The USSR, Russia), Moscow, Russians
Yugoslavia, Belgrade, Yugoslavs

Other masculine countries

Brazil, Brasilia, Brazilians
Canada, Ottawa, Canadians
The United States, Washington, Americans

Israel, Jerusalem, Israelis
Japan, Tokyo, Japanese
Mexico, Mexico City, Mexicans

Continents

(North/Central/South) Africa
(North/Central/South) America
Asia

(Western/Central/Eastern) Europe
Australia

VOCABULAIRE

Masculine nouns

·German **allemand**	·Spanish **espagnol**	·Portuguese **portugais**
·round trip **aller-retour**	state **état**	Portugal **Portugal**
Belgian **Belge**	Flemish **flamand**	novel **roman**
·charter **charter**	Italian **italien**	subject **sujet**
·cigar **cigare**	·Italian **Italien**	vice president **vice-président**
·club **club**	Japan **Japon**	·face **visage**
croissant **croissant**	Liechtenstein **Liechtenstein**	·flight **vol**
·dollar **dollar**	Mexico **Mexique**	·eyes **yeux** *pl*
·schedule **emploi du temps**	Monaco **Monaco**	
snail **escargot**	country **pays**	

Feminine nouns

·Germany **Allemagne**	·postcard **carte postale**	Ireland **Irlande**
Andorra **Andorre**	·fall **chute**	Italy **Italie**
·England **Angleterre**	composition **composition**	monarchy **monarchie**
·advertisement **annonce**	·term paper **dissertation**	·research **recherche**
·Austria **Autriche**	Spain **Espagne**	Switzerland **Suisse**
Belgium **Belgique**	geography **géographie**	

Verbs

·to announce **annoncer**	to explain **expliquer**	·to stay, to lodge **loger**
·to suit **convenir à** *irrég*	·to imagine **imaginer**	·to organize **organiser**
to write **écrire** *irrég*	to indicate **indiquer**	
to exist **exister**	to read **lire** *irrég*	

Adjectives

·nice, kind **gentil(le)**	·tempting **tentant(e)**	neighboring **voisin(e)**

Adverbs

again **de nouveau**	never **jamais**
·gently **doucement**	·unfortunately **malheureusement**

Other expressions

·to be lucky **avoir de la veine**	never **ne...jamais**	·suddenly **tout d'un coup**
·cheap **bon marché**	no longer, not any more **ne...plus**	
·It's a bargain! **C'est donné !**	·to light up **s'éclairer**	

ANSWER KEYS

COMPRÉHENSION AUDITIVE

Conversations

v—f—v—f; v—v—f—v; f—f—f—v

Exercices oraux

12.1 (*Exercice supplémentaire*) 1. Espagne, Madrid, Espagnols 2. Italie, Rome, Italiens 3. Portugal, Lisbonne, Portugais 4. Belgique, Bruxelles, Belges 5. Irlande, Dublin, Irlandais 6. Suisse, Berne, Suisses 7. Angleterre, Londres, Anglais 8. Pays-Bas, La Haye, Hollandais

12.3 s—p—p—s—?; s—p—s—p—?; ?—p—s—s—s

12.5 oui—non—non; oui—non—oui; oui—non—non

1. je vous le donne. 2. je la leur ai écrite. 3. je vous l'ai envoyée. 4. je ne lui ai pas téléphoné. 5. je les lui ai montrés. 6. je ne vais pas vous l'expliquer.

Applications

v—v; v—f; f—f

3—4—2—3; 2—4—2—1

(*Dictée*) 1. Maroc 2. Zaïre 3. Algérie 4. Togo 5. Cameroun 6. Sénégal 7. Mauritanie 8. Côte-d'Ivoire

(I) 1. Buenos Aires 2. Canberra 3. Vienne 4. Bruxelles 5. Sofia 6. Ottawa 7. Bogota 8. Séoul 9. Copenhague 10. Madrid 11. Helsinki 12. Delhi 13. Bagdad 14. Jérusalem 15. Rome 16. Rabat 17. Oslo 18. La Haye 19. Lisbonne 20. Bucarest 21. Dakar 22. Berne 23. Ankara 24. Belgrade

(II) ROME, PARIS, BERNE, SUISSE, FRANCE, IRLANDE, VIENNE; LISBONNE, ESPAGNE, LONDRES, BELGIQUE, AUTRICHE, PORTUGAL, BRUXELLES

EXERCICES ÉCRITS

12.1 1. aux, en, en 2. à, du, en 3. au, du, en, à 4. en, dans le 5. en, à, à, en, en, au 6. La monarchie existe au Danemark et en Belgique (*or* en Angleterre, aux Pays-Bas, etc.). 7. Les pays voisins de la Suisse sont la France, l'Italie, l'Autriche et l'Allemagne. 8. Les états voisins de la Virginie sont le Maryland, la Virginie de l'Ouest, le Kentucky, le Tennessee et la Caroline du Nord.

12.2 1. Non, je ne vais plus à l'école secondaire. 2. Non, je n'ai jamais voyagé dans un avion supersonique. 3. On ne (mange) jamais en classe. 4. Je n'ai jamais mangé (d'escargots). 5. Je ne veux plus (répondre aux questions). 6. Je ne regarde plus (*Lost in Space*).

12.3 Je lis souvent (le *New York Times*). 2. Non, je n'écris (jamais) de lettres en classe. 3. (Ma cousine Jane) m'écrit de temps en temps. 4. Non, je n'ai jamais écrit au président [des États-Unis]. 5. J'ai lu (un livre de chimie) hier soir. 6. Écrivez-vous des articles ?

12.4 1. je leur parle souvent. 2. je ne les suis pas toujours. 3. je lui réponds souvent. 4. il ne vous pose pas de questions. 5. je ne peux pas vous téléphoner ce soir. 6. je lui ressemble (beaucoup).

12.5 1. il me (*or* nous) l'explique. 2. vous ne me l'avez pas prêtée. 3. je veux les lui montrer. 4. je ne la leur dis pas toujours. 5. je ne vous les ai pas montrées. 6. je peux vous la donner.

NOM _____ COURS _____ SECTION _____

TREIZIÈME LEÇON

PREMIÈRE PARTIE

CONVERSATIONS

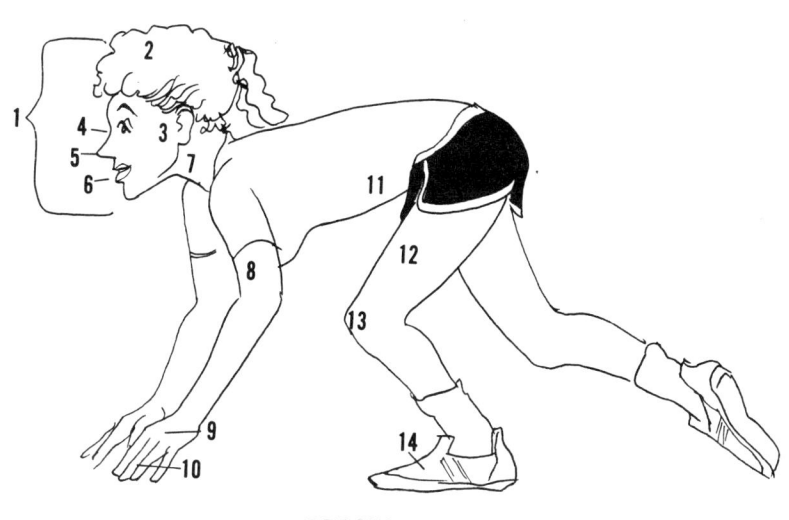

DESSIN 14

( ) **A** *Le corps humain*

Compréhension auditive : *Regardez le Dessin 14 et indiquez si chaque phrase est vraie ou fausse.*

a. v f   d. v f   g. v f
b. v f   e. v f   h. v f
c. v f   f. v f   i. v f

( ) **B** *Achille joue avec une balle.*
( ) **C** *J'ai mal au ventre.*

EXERCICES ORAUX

● **1** Verbes réfléchis : aux temps simples

A *Exercice de contrôle*

   1   2   3   4   5   6;   1   2   3   4   5   6

B *Voici la description d'une journée de Cécile. Ajoutez des phrases d'après ce modèle.*[1]

   1   2   3   4   5   6

[1]Items 1–6 require the "A" answers, and 7–12 require the "B" answers.

TREIZIÈME LEÇON   **147**

Maintenant, ajoutez des phrases d'après ce modèle.

7 8 9 10 11 12

C *Écoutez bien et ajoutez des phrases affirmatives ou négatives d'après ces modèles.*[1]

1 2 3 4 5 6 7 8

Exercice supplémentaire : *Répondez aux questions d'après ce modèle.*

Vous habillez-vous dans la rue ? (dans ma chambre)
Non, je ne m'habille pas dans la rue ; je m'habille dans ma chambre !

1 2 3 4 5 6

Compréhension auditive : *Indiquez si chaque phrase est logique.*

1.	oui	non	4.	oui	non	7.	oui	non
2.	oui	non	5.	oui	non	8.	oui	non
3.	oui	non	6.	oui	non	9.	oui	non

● **2** Adjectif **tout** ; expressions avec **monde**

A *Répondez aux questions en employant* **tout** *ou* **toute** *d'après ce modèle.*

1 2 3 4 5

B *Répondez aux questions d'après ce modèle.*

1 2 3 4 5

● **3** Formes négatives : **ne...rien** et **ne...personne**

A *Vous allez être en contradiction avec moi. Ajoutez des phrases négatives d'après ces modèles.*

1 2 3 4 5 6 7 8 9 10

Maintenant, ajoutez des phrases d'après ces modèles.

2 4 6 8 10

B *Répondez négativement d'après ce modèle.*

1 2 3 4 5 6 7 8

● **4** Verbes réfléchis : aux temps composés

A *Exercice de contrôle*

1 2 3 4 5 6; 1 2 3 4 5 6

B *Mettez les phrases suivantes aux passé composé. C'est Cécile qui parle.*

1 2 3 4 5 6 7 8 9 10 11 12

Exercice supplémentaire : *Mettez chaque verbe au passé composé.*[2]

1 2 3 4 5 6 7 8 9 10 11 12 13 14 15 16

---

[1] Give an affirmative rejoinder to a negative statement you hear, and a negative rejoinder to an affirmative one.
[2] Ces phrases courtes ont des verbes qui se conjuguent avec l'auxiliaire **avoir** ou **être** (des « verbes de mouvement » et des verbes réfléchis).

NOM _____ COURS _____ SECTION _____

Compréhension auditive : *Monsieur Dubois parle à Marie. Indiquez si les réponses de Marie sont logiques et appropriées.*

1. oui non   4. oui non   7. oui non
2. oui non   5. oui non   8. oui non
3. oui non   6. oui non   9. oui non

● **5 Dormir, servir, sentir**

A *Exercice de contrôle*

1 2 3 4 5 6;   1 2 3 4 5 6;   1 2 3 4 5 6

APPLICATIONS

A Dialogue : *J'ai la grippe !* (   )

Questions :   1 2 3 4 5 6 7 8 9 10

Compréhension auditive : *Voici quelques commentaires au sujet du dialogue de cette leçon. Indiquez s'ils sont vrais ou faux.*

1. v f   3. v f   5. v f
2. v f   4. v f   6. v f

Compréhension auditive : *Indiquez le mot qui n'appartient pas à chaque série.*

a. 1 2 3 4   e. 1 2 3 4
b. 1 2 3 4   f. 1 2 3 4
c. 1 2 3 4   g. 1 2 3 4
d. 1 2 3 4   h. 1 2 3 4

Dictée : *Jeanne est malade.*

_____
_____
_____
_____
_____
_____

TREIZIÈME LEÇON

DEUXIÈME PARTIE

EXERCICES ÉCRITS

● 1 Verbes réfléchis : aux temps simples

Donnez le présent de l'indicatif des verbes suivants.

1. s'appeler

   vous _____

2. se dépêcher

   ils _____

3. s'habiller

   tu _____

4. se lever

   elle _____

5. se reposer

   nous _____

6. ne pas s'ennuyer

   je _____

7. ne pas se coucher

   il _____

8. ne pas se promener

   vous _____

Répondez aux questions.

9. Comment vous appelez-vous ?

   _____

10. À quelle heure vous levez-vous ?

    _____

11. À quelle heure vous couchez-vous ?

    _____

12. Demandez-moi où je m'habille.

    _____

*13. Quand est-ce qu'on se dépêche ?

    _____

*14. Vous ennuyez-vous dans le cours de français ?

    _____

*15. Demandez-moi à quelle heure je me réveille.

    _____

*16. Combien de fois par mois vous coupez-vous les ongles ?

    _____

● 2 Adjectif **tout** ; expressions avec **monde**

Répondez aux questions.

1. Y a-t-il beaucoup de monde dans le cours de français ?

   _____

2. Connaissez-vous tout le monde dans le cours ?

   _____

NOM _____ COURS _____ SECTION _____

3. Y a-t-il assez de monde au laboratoire chaque jour ?
_____

Répondez en employant **tout, toute** *ou* **toutes**.

4. Avez-vous compris la leçon ?
_____

5. Pouvez-vous répondre aux questions du professeur ?
_____

6. Avez-vous fait l'exercice écrit de la Leçon 12.1 ?
_____

*7. Votre famille habite-t-elle aux États-Unis ?
_____

*8. Faites-vous les exercices écrits ?
_____

*9. Cet exercice est-il facile ?
_____

● 3 Formes négatives : **ne...rien** et **ne...personne**

Répondez aux questions en employant **rien** *ou* **personne**.

1. Y a-t-il quelqu'un sous votre lit ?
_____

2. Avez-vous acheté quelque chose ce matin ?
_____

3. Est-ce que quelqu'un est devant votre porte ?
_____

4. Est-ce que quelque chose vous intéresse ?
_____

5. Avez-vous besoin de quelque chose en ce moment ?
_____

6. Est-ce que quelqu'un m'a téléphoné hier soir ?
_____

*7. Avez-vous trouvé quelque chose d'intéressant dans le journal ?
_____

*8. M'avez-vous dit quelque chose ?
_____

*9. Est-ce que quelque chose est arrivé à votre ami(e) ?
_____

*10. Est-ce que quelqu'un est venu me voir ?
_____

TREIZIÈME LEÇON

● **4 Verbes réfléchis : aux temps composés**

Donnez le passé composé des verbes suivants.[1]

1. se dépêcher

    ils _____

2. se reposer

    je _____

3. s'habiller

    vous _____

4. se coucher

    tu _____

5. s'amuser

    elle _____

6. se laver

    nous _____

7. ne pas se promener

    nous _____

8. ne pas s'ennuyer

    vous _____

9. ne pas se brosser les cheveux

    elles _____

Répondez aux questions.

10. À quelle heure vous êtes-vous couché(e) hier soir ?

    _____

11. Et à quelle heure vous êtes-vous levé(e) ce matin ?

    _____

12. Quand est-ce que vous vous êtes coupé les ongles ?

    _____

13. Demandez-moi si je me suis reposé dans ma chambre.

    _____

*14. Où est-ce que vous vous êtes lavé la figure ?

    _____

*15. À quelle heure vous êtes-vous réveillé(e) hier matin ?

    _____

*16. Vous êtes-vous jamais foulé le doigt ?

    _____

*17. Demandez à votre copain où il s'est promené hier.

    _____

● **5 Dormir, servir, sentir**

1. Combien de temps dormez-vous chaque jour ?

    _____

---

[1] Indiquez la terminaison de chaque verbe d'après ce modèle quand c'est nécessaire : **Je me suis promené(e), nous nous sommes levé(e)s.**

152 TREIZIÈME LEÇON

NOM _____ COURS _____ SECTION _____

2. À quelle heure vous êtes-vous couché(e) hier soir ? À quelle heure vous êtes-vous réveillé(e) ce matin ? Combien de temps avez-vous dormi ?

_____

_____

_____

3. Qu'est-ce qu'on sert comme boisson au restaurant universitaire ?

_____

4. Quand vous donnez une soirée, que servez-vous comme boisson ?

_____

5. Comment vous sentez-vous aujourd'hui ?

_____

6. Qu'est-ce que je fais quand je me sens fatigué ?

_____

*7. Qu'est-ce qu'on a servi comme légumes hier au restaurant universitaire ?

_____

*8. Citez deux choses qui sentent bon.

_____

*9. Combien de temps dormiez-vous quand vous aviez dix ans ?

_____

APPLICATIONS : Travaux écrits

    (   ) **A** *Questions*
    (   ) **C** *Posez des questions sur les parties soulignées.*
    (   ) **D** *Complétez le passage suivant.*
    (   ) **E** *Composition*
    (   ) **F** *Renseignements et opinions*
   (I) *Changez deux lettres dans chaque mot pour obtenir un autre mot qui désigne une partie du corps humain.*

| A B E I L L E | G R O S | L A M P E |
| O R E I L L E | _ _ _ _ | _ _ _ _ _ |

| F I N | F A I M | R È G L E |
| _ _ _ | _ _ _ _ | _ _ _ _ _ |

| M O T | R I E N | G A U C H E |
| _ _ _ | _ _ _ _ | _ _ _ _ _ _ |

| M E T | V E U T | T E N D R E |
| _ _ _ | _ _ _ _ | _ _ _ _ _ _ |

| S I T E | P O I N T | F U T U R E |
| _ _ _ _ | _ _ _ _ _ | _ _ _ _ _ _ |

TREIZIÈME LEÇON   153

(II) *Remettez les mots de chaque phrase dans le bon ordre.*

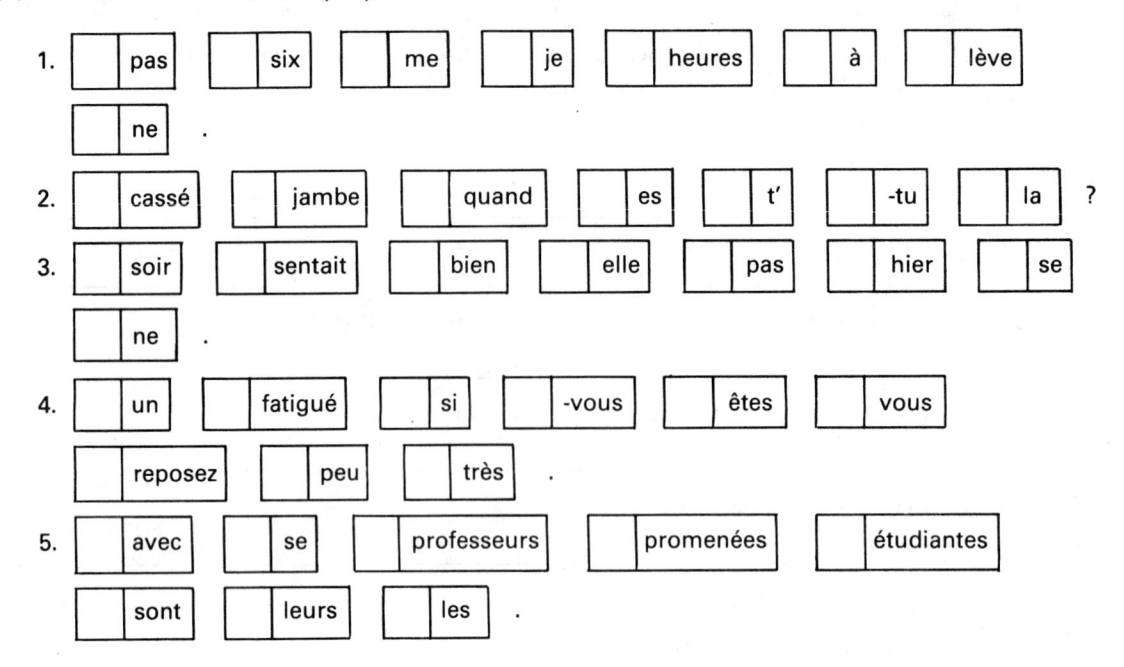

1. | pas | six | me | je | heures | à | lève | ne | .

2. | cassé | jambe | quand | es | t' | -tu | la | ?

3. | soir | sentait | bien | elle | pas | hier | se | ne | .

4. | un | fatigué | si | -vous | êtes | vous | reposez | peu | très | .

5. | avec | se | professeurs | promenées | étudiantes | sont | leurs | les | .

TROISIÈME PARTIE

CONVERSATIONS

B *Achille is playing with a ball.*

MRS. GEORGET   Jean, wake up. I hear noise in the kitchen.
MR. GEORGET   Huh?...I don't hear anything.
MRS. GEORGET   Yes. Go see what's going on.
MR. GEORGET   ...Well, there's no one in the kitchen. It's Achille playing [that is playing] with a ball.

C *I have a stomachache.*

ANNE   I'm going [to go] home. I don't feel well.
MRS. PAILLARD   Indeed, you don't look well. What's wrong?
ANNE   I have a stomachache.
MRS. PAILLARD   It isn't serious, I hope.

APPLICATIONS

A Dialogue et questions: *I have the flu!*

JEAN-PAUL   Hello...Christine?
CHRISTINE   Oh, it's you, Jean-Paul. Hello. I didn't see you at noon. I waited a quarter of an hour for you.
JEAN-PAUL   Yes, excuse me, I was at the doctor's.
CHRISTINE   Really? What's wrong?
JEAN-PAUL   I have the flu. Last night I wasn't feeling well. I was shivering [had shivers] and [I] had a headache.
CHRISTINE   How awful! What did you do, then?
JEAN-PAUL   I ate nothing and went to bed early. This morning, when I got up, I had a fever.
CHRISTINE   What [a] story! Did the doctor give you medicine?
JEAN-PAUL   He told me to rest and take aspirin.
CHRISTINE   I hope [that] you're going to be better soon.
JEAN-PAUL   I already feel a little better. But I'm going to stay home and rest [for] the whole weekend.
CHRISTINE   Do you need anything?
JEAN-PAUL   Yes, bring me some newspapers and fruit tomorrow, please.

B Expressions utiles

The human body (Tableau 53/Dessin 14)

1. head
2. hair
3. (left/right) ear
4. eye (eyes)
5. nose
6. mouth
7. neck
8. (left/right) arm
9. (left/right) hand
10. finger
11. stomach
12. (left/right) leg
13. knee (knees)
14. (left/right) foot

Other expressions

teeth	stomach [belly]	tongue
back	liver	lips
shoulder	throat	lungs

Health

to be / to get } sick; { to be / to feel } { well, better / bad, worse } ; to go { see a doctor / to the hospital/to the clinic }

the doctor / the nurse } : { to examine / to take care of / to cure } the sick person   to give / to need } a prescription

to take medicine

to have a { headache, toothache, backache, sore throat, stomachache, etc. }   to break / to sprain } { one's arm / one's leg } : to have { one's arm / one's leg } in a cast

to have { a fever, the flu / a cold, laryngitis }   to be wounded { in the knee / in the foot } : to apply a dressing [bandage]

VOCABULAIRE

Masculine nouns

·arm **bras**	gas **gaz**	fingernail **ongle**
·noise **bruit**	·knee **genou**	papa **papa**
·body **corps**	·medicine **médicament**	·appointment **rendez-vous**
example **exemple**	world; people **monde**	alarm clock **réveil**
·shiver **frisson**	·nose **nez**	·stomach **ventre**
cold **froid**	·eye (eyes) **œil** (*pl* **yeux**)	

Feminine nouns

Africa **Afrique**	·fever **fièvre**	mama **maman**
·aspirin **aspirine**	face **figure**	·look **mine**
·ball **balle**	·flu **grippe**	·head **tête**
·mouth **bouche**	high school **high school**	
tooth **dent**	·leg **jambe**	

Verbs

to have fun **s'amuser**	to cut oneself **se couper**	to mention **mentionner**
to be called, one's name is **s'appeler**	to hurry **se dépêcher**	to take a walk **se promener**
	to get undressed **se déshabiller**	to meet [*by chance*] **rencontrer**
to happen **arriver**	to sleep **dormir** *irrég*	to rest **se reposer**
to chat **bavarder**	to be bored **s'ennuyer**	to wake up **se réveiller**
to brush (off) **se brosser**	to get dressed **s'habiller**	to feel, to smell **sentir** *irrég*
to cite, to name **citer**	to wash oneself **se laver**	to feel **se sentir** *irrég*
to go to bed **se coucher**	to get up **se lever**	to serve **servir**

Adjectives

odd, bizarre **bizarre**	left **gauche**	·alone **seul(e)**
right **droit(e)**	·human **humain(e)**	all, entire **tout (toute, tous, toutes)**

Adverbs

slowly **lentement**	fast, rapidly **rapidement**	
·better **mieux**	quickly **vite**	

TREIZIÈME LEÇON

Other expressions

- to be better **aller mieux**
- to have fever **avoir de la fièvre**
- to have pain in + *noun* (to have *noun* + ache) **avoir mal à + *noun***
- not to look well **avoir mauvaise mine**
- to have a date **avoir rendez-vous**
- indeed **en effet**
- Huh? **Hein ?**
- no one **ne...personne**
- nothing **ne...rien**
- How awful! **Quelle barbe !**
- please **s'il te plaît**
- a quarter of an hour **un quart d'heure**

ANSWER KEYS

COMPRÉHENSION AUDITIVE

Conversations

v—f—v; v—v—f; f—v—f

Exercices oraux

13.1 (*Exercice supplémentaire*) 1. Vous levez-vous à midi ? (huit heures) 2. Vous appelez-vous Jean-Paul ? (Michel) 3. Vous coupez-vous les doigts ? (ongles) 4. Vous déshabillez-vous dans la classe ? (dans ma chambre) 5. Vous promenez-vous dans la classe ? (dans le jardin) 6. Vous brossez-vous les dents dans cette classe ? (salle de bains)

non—oui—oui; oui—non—non; oui—non—non

13.4 (*Exercice supplémentaire*) 1. Nous parlons. 2. Vous vous levez. 3. Je sors. 4. Tu te dépêches. 5. Rentre-t-elle ? 6. Je me promène. 7. Je ne comprends rien. 8. Neige-t-il ? 9. Nous nous reposons. 10. Il n'arrive pas. 11. Vous ne vous amusez pas. 12. Vous n'entrez pas. 13. Apprenez-vous ? 14. Je ne me couche pas. 15. Ne vient-elle pas ? 16. Nous ne faisons rien.

oui—oui—non; non—oui—oui; non—oui—non

Applications

v—f; f—v; f—v

3—2—1—4; 1—3—4—2

(*Dictée*) Jeanne ne se sentait pas bien quand elle s'est levée ce matin. Elle avait de la fièvre et mal au ventre. Elle a pris de l'aspirine et s'est recouchée. Elle croyait qu'elle avait la grippe. Elle veut aller à l'hôpital avant midi.

EXERCICES ÉCRITS

13.1 1. vous appelez 2. se dépêchent 3. t'habilles 4. se lève 5. nous reposons 6. ne m'ennuie pas 7. ne se couche pas 8. ne vous promenez pas 9. Je m'appelle (Carol Shook). 10. Je me lève à (sept heures). 11. Je me couche à (minuit). 12. Où est-ce que vous vous habillez [Où vous habillez-vous] ?

13.2 1. (Non, il n'y a pas) beaucoup de monde dans le cours. 2. (Oui, je connais) tout le monde dans le cours. 3. (Au contraire, il y a peu) de monde au laboratoire. 4. (Oui, j'ai compris) toute la leçon. 5. (Non, je ne peux pas répondre) à toutes ses questions. 6. (Oui, j'ai fait) tout l'exercice [écrit...].

13.3 1. Il n'y a personne sous mon lit. 2. Je n'ai rien acheté ce matin. 3. Personne n'est devant ma porte. 4. Rien ne m'intéresse. 5. Je n'ai besoin de rien en ce moment. 6. Personne ne vous a téléphoné hier soir.

13.4 1. se sont dépêchés 2. me suis reposé(e) 3. vous êtes habillé(e)(s) 4. t'es couché(e) 5. s'est amusée 6. nous sommes lavé(e)s 7. nous ne nous sommes pas promené(e)s 8. vous ne vous êtes pas ennuyé(e)(s) 9. ne se sont pas brossé les cheveux 10. Je me suis couché(e) à (onze heures) hier soir. 11. Je me suis levé(e) à (sept heures) ce matin. 12. Je me suis coupé les ongles (*or* Je me les suis coupés) (il y a deux jours). 13. Est-ce que vous vous êtes reposé (*or* Vous êtes-vous reposé) dans votre chambre ?

13.5 1. Je dors (huit) heures chaque jour. 2. Je me suis couché(e) à (minuit) hier soir. Je me suis levé(e) à (sept heures) ce matin. J'ai dormi (sept heures). 3. On sert (du lait, du café, du thé, etc.) au restaurant universitaire. 4. Je sers (du Coca-Cola, de la bière, etc.) [quand je donne une soirée]. 5. Je me sens (très bien) aujourd'hui. 6. (Vous vous reposez) [quand vous vous sentez fatigué].

(I) ŒIL, DOS / COU, NEZ, TÊTE
BRAS, MAIN, PIED, DENT, DOIGT
JAMBE, ONGLE, BOUCHE, VENTRE, FIGURE

(II) 1. Je ne me lève pas à six heures. 2. Quand t'es-tu cassé la jambe ? 3. Elle ne se sentait pas bien hier soir. 4. Reposez-vous un peu si vous êtes très fatigué. 5. Les étudiantes se sont promenées avec leurs professeurs.

NOM _____ COURS _____ SECTION _____

QUATORZIÈME LEÇON

PREMIÈRE PARTIE

CONVERSATIONS[1]

( ) **A** *La cuisine*
( ) **B** *La chambre (à coucher)*
( ) **C** *La salle de bains*
( ) **D** *À la douane*

EXERCICES ORAUX

- **1** Pronoms personnels toniques : **moi**, **toi**, etc.

    A *Exercice de contrôle*

    1   2   3   4   5   6   7   8

    B *Répondez aux questions en employant des pronoms toniques.*[2]

    1   2   3   4   5   6   7   8   9

    Exercice supplémentaire : *Exercice de contrôle*[3]

    Paul et moi, nous sommes allés en Europe.

    1   2   3   4

    Paul et moi, nous n'avons rien vu.

    5   6   7   8

- **2 Ouvrir** et **offrir**

    A *Exercice de contrôle*

    1   2   3   4   5   6;   1   2   3   4   5   6

- **3** Emploi de **y**

    B *Remplacez chaque nom par le pronom approprié d'après ces modèles.*

    1   2   3   4   5   6   7   8   9   10

[1] Utilisez les Tableaux 58–60 (pp. 275–276) de votre livre de français pour les **Conversations A, B** et **C**.
[2] Les questions ont été renumérotées consécutivement. Les questions 4–7 dans le livre ne sont pas sur la bande magnétique.
[3] Les pronoms facultatifs **ils** et **elles** ne sont pas enregistrés dans les réponses : par exemple, **Jacques et elle(, ils) parlent français** est enregistré comme **Jacques et elle parlent français** (sans **ils**).

QUATORZIÈME LEÇON

Exercice supplémentaire : *Répondez aux questions en employant des pronoms appropriés.*

1 2 3 4 5 6 7 8

• 4 **Recevoir** et **devoir**

A *Exercice de contrôle*

1 2 3 4 5 6; 1 2 3 4 5 6

Exercice supplémentaire : *Répondez aux questions.*

1 2 3 4 5 6

Dictée : *Écrivez le sujet et le verbe de chaque phrase.*

1. _____   5. _____

2. _____   6. _____

3. _____   7. _____

4. _____   8. _____

• 5 Adverbes de quantité

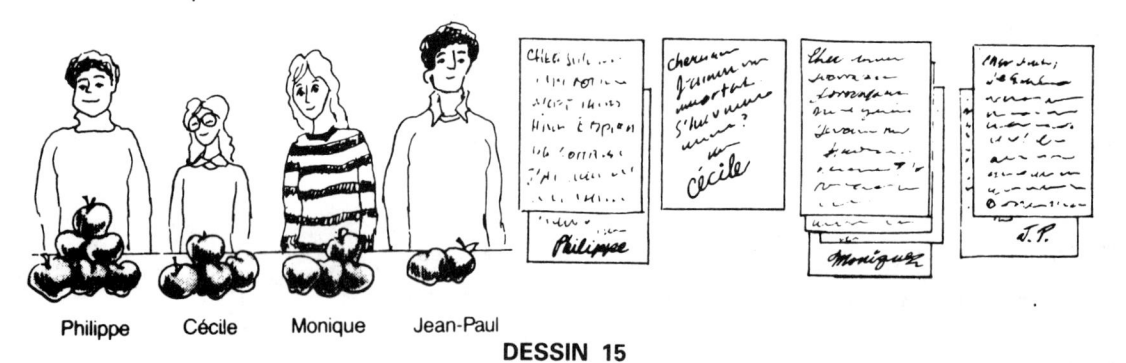

DESSIN 15

A *Regardez le Dessin 15 et répondez aux questions.*[1]

1 2 3 4 5 6 7 8 9 10

DESSIN 16

---

[1]Les questions ont été renumérotées consécutivement.

NOM _____ COURS _____ SECTION _____

Exercice supplémentaire : *Regardez le Dessin 16. Répondez aux questions.*

1   2   3   4   5   6

Compréhension auditive : *Continuez à regarder le Dessin 16 et indiquez si chaque commentaire que vous entendez est vrai ou faux.*

| 1. v f | 3. v f | 5. v f |
| 2. v f | 4. v f | 6. v f |

APPLICATIONS

A Dialogue : *Dans un hôtel*

Compréhension auditive : *Voici quelques commentaires au sujet du dialogue de cette leçon. Écoutez d'abord le dialogue, puis indiquez si chaque commentaire est vrai ou faux.*

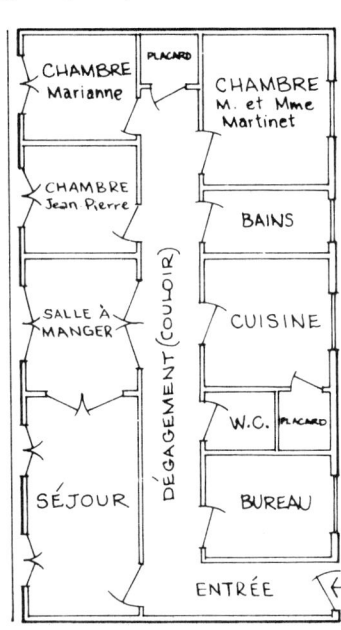

1. v f	5. v f	9. v f
2. v f	6. v f	10. v f
3. v f	7. v f	11. v f
4. v f	8. v f	12. v f

DESSIN 17

Compréhension auditive : *Regardez le Dessin 17. C'est le plan d'un appartement. Mettez-vous à l'entrée. Indiquez maintenant si chaque commentaire est vrai ou faux.*

1. v f	4. v f	7. v f
2. v f	5. v f	8. v f
3. v f	6. v f	9. v f

Compréhension auditive : *Voici quelques commentaires au sujet de la lecture de cette leçon. Indiquez s'ils sont vrais ou faux.*

1. v f	4. v f	7. v f
2. v f	5. v f	8. v f
3. v f	6. v f	9. v f

QUATORZIÈME LEÇON

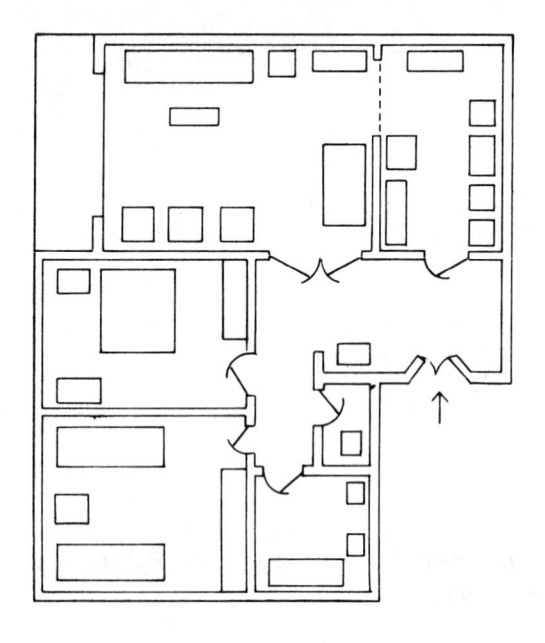

1. le vestibule	16. le balcon
2. le téléphone	17. le couloir
3. la cuisine	18. les chambres
4. la cuisinière	19. le grand lit
5. le lave-vaisselle	20. le placard
6. l'évier	21. les w.-c.
7. la machine à laver	22. la salle de bains
8. l'étagère	23. la baignoire
9. le frigo	24. le lavabo
10. la salle de séjour	25. le chauffe-eau
11. le buffet	
12. le canapé	
13. la grande table	
14. les fauteuils	
15. le poste de télévision	

DESSIN 18

Compréhension auditive : *Regardez le Dessin 18. C'est le plan d'un autre appartement. Étudiez la liste de mots. Indiquez où se trouve chaque pièce ou chaque objet en employant le nombre approprié.*[1]

DEUXIÈME PARTIE

EXERCICES ÉCRITS

● **1** Pronoms personnels toniques : **moi**, **toi**, etc.

Répondez aux questions en employant des pronoms personnels toniques.

1. Avez-vous de l'argent sur vous ?

   Non, _____

2. Êtes-vous plus grand(e) que votre père ?

   Non, _____

3. Avez-vous besoin de vos copains ?

   Oui, _____

4. Pouvez-vous allez chez Jean-Paul ce soir ?

   Non, _____

5. Vous écrivez vos réponses dans ce cahier. À qui est le cahier ? Est-il à votre camarade ?

   _____

6. Quelles langues est-ce que nous parlons, vous et moi ?

   _____

[1] La description est enregistrée deux fois de suite : la première fois sans pauses, et la deuxième fois avec des pauses. Étudiez la liste de vocabulaire avant d'écouter la bande.

160 QUATORZIÈME LEÇON

NOM _____ COURS _____ SECTION _____

*7. Pensez-vous très souvent à vos parents ?

Non,_____

*8. Moi, je ne fume pas. Et vous ?

_____

*9. Moi, je parle trois langues étrangères. Et vos parents ?

_____

● 2 **Ouvrir** et **offrir**

Répondez aux questions.

1. Votre livre de français est-il ouvert ou fermé ?

_____

2. À quelle heure est-ce que la bibliothèque universitaire est ouverte ?

_____

3. Quand offrez-vous des cadeaux à vos parents ?

_____

4. Avez-vous offert quelque chose à votre professeur ?

Non,_____

5. Qui a découvert l'Amérique ? En quelle année ?

_____

6. Vous avez mauvaise mine. Souffrez-vous de quelque chose ?

Non,_____

*7. La porte de votre chambre est-elle ouverte ou fermée ? Qui l'a ouverte [fermée] ?

_____

*8. Quand est-ce qu'on ouvre les fenêtres ?

_____

*9. Quand est-ce qu'on ouvre la porte d'une chambre ?

_____

● 3 Emploi de **y**

Répondez aux questions en employant des pronoms appropriés.

1. Pensez-vous souvent à votre avenir ?

Oui,_____

2. Écrivez-vous à votre professeur ?

Non,_____

3. Ressemblez-vous à votre mère ?

Oui,_____

4. Obéissiez-vous toujours à vos parents quand vous étiez petit(e) ?

Non,_____

5. Pensez-vous à vos parents en ce moment ?

Non,_____

QUATORZIÈME LEÇON 161

6. Avez-vous jamais téléphoné à votre professeur ?

   Oui,_____

*7. Combien de fois par semaine allez-vous au cours de français ?

   _____

*8. Avez-vous répondu à la question précédente ?

   _____

*9. Pensez-vous souvent à votre ami(e) ?

   _____

● 4 **Recevoir** et **devoir**

Répondez aux questions.

1. Qu'est-ce que vous recevez à Noël ?

   _____

2. Recevez-vous des professeurs chez vous ?

   Non,_____

3. Avez-vous jamais reçu des lettres anonymes ?

   Non,_____

4. Est-ce que je vous dois de l'argent ?

   Non,_____

5. Qu'est-ce que nous ne devons pas faire en classe ?

   _____

6. Qu'est-ce que vous avez dû faire ce matin ?

   _____

*7. Qu'est-ce que vous deviez faire hier soir ?

   _____

*8. Quelle sorte de notes recevez-vous dans le cours de français ?

   _____

*9. Qu'est-ce que vous devez faire demain matin ?

   _____

● 5 Adverbes de quantité

Répondez aux questions.

1. Regardez le Dessin 15 à la page 158. Qui écrit plus que Philippe ?

   _____

2. (Dessin 15) Qui écrit autant que Philippe ?

   _____

3. (Dessin 15) Qui écrit le plus ? Qui écrit le moins ?

   _____

4. Qui a le plus de pommes ?

   _____

NOM _____ COURS _____ SECTION _____

5. Qui a moins de pommes que Philippe ?

6. Regardez le Dessin 16. Qui a autant d'argent que Philippe ?

7. (Dessin 16) Qui a le moins d'argent ?

8. J'ai vingt-deux dollars sur moi. Avez-vous autant d'argent sur vous ?

9. Les Français consomment-ils autant d'électricité que les Américains ?

*10. Est-ce que les Américains mangent autant de poisson que les Japonais ?

*11. Hier soir j'ai travaillé quatre heures après le dîner. Avez-vous travaillé autant que moi ?

*12. Avez-vous plus d'argent aujourd'hui qu'hier ?

APPLICATIONS : Travaux écrits

( ) **A** *Questions*
( ) **C** *Complétez le passage.*
( ) **D** *Renseignements et opinions*

(I) *Complétez la grille à l'aide des définitions données.*

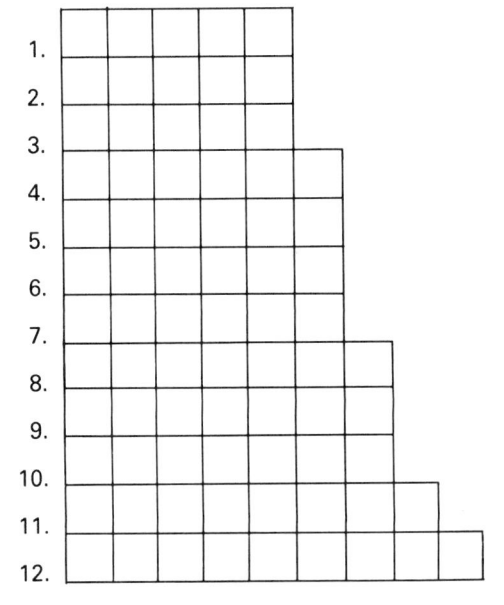

1. On l'utilise la nuit.
2. On l'utilise quand on se lave.
3. On y met de la viande.
4. On y plante des fleurs.
5. On y met des voitures.
6. On s'y lave la figure.
7. On les ferme la nuit.
8. On y prépare les repas.
9. On y met des vêtements et des chaussures.
10. On l'ouvre quand il fait chaud.
11. On le met sous la tête quand on dort.
12. On y prend un bain.

QUATORZIÈME LEÇON 163

(II) Anagramme. Remettez les lettres dans le bon ordre. Tous ces mots désignent des objets qui se trouvent dans une maison. Indiquez aussi le genre de chaque mot.

1. un / une TIL ___ ___ ___
2. un / une RUOF ___ ___ ___ ___
3. un / une VIRÉE ___ ___ ___ ___ ___
4. un / une TROPE ___ ___ ___ ___ ___
5. un / une BALTE ___ ___ ___ ___ ___
6. un / une HEISAC ___ ___ ___ ___ ___ ___
7. un / une FUBEFT ___ ___ ___ ___ ___ ___
8. un / une AUBEUR ___ ___ ___ ___ ___ ___
9. un / une TÉROSÉ ___ ___ ___ ___ ___ ___
10. un / une OVABLA ___ ___ ___ ___ ___ ___
11. un / une DEMOMOC ___ ___ ___ ___ ___ ___ ___
12. un / une NERFÊTE ___ ___ ___ ___ ___ ___ ___
13. un / une RETIBON ___ ___ ___ ___ ___ ___ ___
14. un / une OMARIER ___ ___ ___ ___ ___ ___ ___
15. un / une ICINUES ___ ___ ___ ___ ___ ___ ___
16. un / une ÉGARÈTE ___ ___ ___ ___ ___ ___ ___
17. un / une MABCHER ___ ___ ___ ___ ___ ___ ___
18. un / une LIFUTEAU ___ ___ ___ ___ ___ ___ ___ ___
19. un / une ESFOUFICE ___ ___ ___ ___ ___ ___ ___ ___ ___
20. un / une ABRINOGIE ___ ___ ___ ___ ___ ___ ___ ___ ___

TROISIÈME PARTIE

CONVERSATIONS

D *At customs*

CUSTOMS OFFICER	Do you [Don't you] have anything to declare?
TRAVELER	No, sir.
CUSTOMS OFFICER	Will you open this suitcase, please.
TRAVELER	Of course... Oh, shucks!
CUSTOMS OFFICER	What's the matter, sir?
TRAVELER	I don't have the key. I must have left it at home!

APPLICATIONS

A Dialogue et questions: *In a hotel*

FOREIGNER	They told us that the room was on the third [fourth] floor, but I don't find Number 314.
HER HUSBAND	We [One] have to [must] go up one more [still one] floor, my dear. We're on the second [floor]. In France, the first [second] floor is above the ground [first] floor.

•

FOREIGNER	I would like to rest a little, but the curtains are too thin [transparent] and the light bothers me. Can I have another room?
RECEPTIONIST[1]	But, sir, all our windows have shutters.

•

---

[1]Here, in the sense of *front desk clerk*.

FOREIGNER	Oh, what noise in the street! I'm going to spend a sleepless night! Why didn't you see [inspect] the room before taking it?
HER HUSBAND	I didn't know it was possible.

•

FOREIGNER	That's odd. I wanted to turn off the light and I pushed the button. But nothing happened. Well, now it's turned off. It's a haunted hotel!
HIS WIFE	Oh, no, my dear. Haven't you heard of a [the] timed switch?

•

FOREIGNER	Come, now! Why must I pay for the breakfast? I didn't have it this morning. I wasn't hungry and I was in a hurry.
RECEPTIONIST	Breakfast is included in the price of the room, ma'am.

•

RECEPTIONIST	Here's your bill, sir.
FOREIGNER	I don't understand. . .twelve francs for the garage? Why must I pay?
RECEPTIONIST	I'm sorry, sir, but the garage isn't free.

B Expressions utiles

The house (2)

The kitchen (Tableau 58)

1. a pot
2. a range
3. a shelving unit[1]
4. a sink
5. an iron
6. an oven
7. a dishwasher
8. a pan
9. a radio [set]
10. a refrigerator (a "fridge")
11. a faucet

The (bed)room (Tableau 59)

1. a poster [*two ways*]
2. a wardrobe
3. knickknacks
4. a chair
5. a dressing table (with mirror)
6. a dresser (with drawers)
7. a bookcase
8. an armchair
9. a (French) door
10. a lamp
11. a bed
    a blanket
    a sheet
    a pillow
12. an alarm clock [*two ways*]
13. a curtain
14. a night stand
15. a stereo
16. records

The bathroom (Tableau 60)

1. a bathtub
2. a bidet
3. a shower
4. a mirror (a medicine cabinet with a mirror)
5. a bathroom sink
6. a (hot water, cold water) faucet
7. soap
8. a bath towel

VOCABULAIRE

Masculine nouns

American	**Américain**	·flask	**flacon**	fish	**poisson**
future	**avenir**	·"fridge"	**frigo**	·price	**prix**
·bidet	**bidet**	·garage	**garage**	·receptionist	**réceptionniste**
bouquet	**bouquet**	Japanese	**Japonais**	·alarm clock	**réveille-matin**
·dear	**chéri**	·bathroom sink	**lavabo**	·curtain	**rideau**
phone call	**coup de téléphone**	·dishwasher	**lave-vaisselle**	·faucet	**robinet**
·customs officer	**douanier**	·misunderstanding	**malentendu**	·drawer	**tiroir**
·place, spot	**endroit**	·level	**niveau**	·shutter	**volet**
·foreigner	**étranger**	·object	**objet**	·traveler	**voyageur**
·kitchen sink	**évier**	·perfume	**parfum**	·toilet	**w.-c.** *pl*

[1] Like a cupboard, with or without doors.

QUATORZIÈME LEÇON

Feminine nouns

- poster **affiche**
- America **Amérique**
- bathtub **baignoire**
- pot **casserole**
- cause **cause**
- dear **chérie**
- stove **cuisinière**
- difference **différence**
- customs **douane**
- gasoline **essence**
- foreigner **étrangère**
- bill **facture**
- flower **fleur**
- function **fonction**
- lamp **lampe**
- light **lumière**
- illness **maladie**
- timed switch **minuterie**
- grade **note**
- (sleepless) night **nuit (blanche)**
- occasion **occasion**
- omelette **omelette**
- penicillin **pénicilline**
- receptionist **réceptionniste**
- rule **règle**
- bath towel **serviette de bain**
- stereo **stéréo**
- night stand **table de nuit**
- suitcase **valise**

Verbs

- to push, to press **appuyer (sur)**
- to consume **consommer**
- to cover **couvrir** *irrég*
- to declare **déclarer**
- to discover **découvrir** *irrég*
- to owe; to have to, must **devoir** *irrég*
- to bother **gêner**
- to inspect **inspecter**
- to leave **laisser**
- to wash **laver**
- to neglect **négliger (de)**
- to offer **offrir** *irrég*
- to open **ouvrir** *irrég*
- to receive **recevoir** *irrég*
- to be sorry **regretter**
- to suffer (from) **souffrir (de)**
- to verify **vérifier**

Adjectives

- anonymous **anonyme**
- turned off **éteint(e)**
- foreign **étranger(ère)**
- haunted **hanté(e)**
- busy **occupé(e)**
- not (for) free **payant(e)**
- in a hurry **pressé(e)**
- thin **transparent(e)**

Adverbs

- as much/many as **autant que**
- the least/fewest **le moins**
- the most **le plus**
- a long time **longtemps**
- less than **moins que**
- a lot of **pas mal de**
- more than **plus que**

Other expressions

- next to **à côté de**
- instead of **à la place de**
- on the [same] level of [as] **au niveau de**
- before (doing) **avant de** + *inf*
- to have heard of **entendre parler de**
- between, among **entre**
- to turn off **éteindre**
- to belong to (someone) **être à (quelqu'un)**
- to lock **fermer à clé**
- Me, neither. **(Ni) moi non plus.**
- What's the matter? **Qu'est-ce qu'il y a ?**
- there **y**
- Shucks! **Zut !**

ANSWER KEYS

COMPRÉHENSION AUDITIVE

Exercices oraux

14.1 (*Exercice supplémentaire*) 1. Toi et moi 2. Paul et toi 3. Vous et Marie 4. Paul et elle 5. Lui et moi 6. Anne et elle 7. Vous et moi 8. Marie et lui

14.3 (*Exercice supplémentaire*) 1. Est-ce que je vous ai montré cette photo ? (oui) 2. Est-ce que j'ai mis la photo dans mon livre ? (oui) 3. Je vois un stylo. À qui est ce stylo ? (lui) 4. Combien de fois êtes-vous allé au laboratoire la semaine dernière ? (deux) 5. Voulez-vous aller en Europe avec moi? (oui) 6. Voyez-vous souvent vos camarades à la cité ? (oui) 7. Avez-vous répondu à la question suivante ? (mais non, pas encore) 8. Avez-vous mis votre livre sous la table ? (non)

14.4 (*Exercice supplémentaire*) 1. Est-ce que vous me devez de l'argent ? (non) 2. Qu'est-ce que nous devons faire dans ce cours ? (apprendre le français) 3. À quelle heure devez-vous venir à mon cours ? (à dix heures) 4. Qu'est-ce que vous avez dû faire hier soir ? (faire mes devoirs) 5. Je devais jouer au tennis hier, mais j'étais trop occupé. Et vous, qu'est-ce que vous deviez faire ? (déjeuner avec mon ami) 6. Qu'est-ce que nous devrons faire en classe demain ? (réciter le dialogue)

(*Dictée*) 1. Ils doivent 2. Elle a reçu 3. Je recevais 4. Nous avons dû [marcher] 5. Vous ne deviez pas 6. Elle s'est levée 7. Je souffrais 8. On a offert

14.5 (*Exercice supplémentaire*) 1. Qui a plus d'argent que Philippe ? 2. Qui a moins d'argent que Jean-Paul ? 3. Qui a autant d'argent que Jean-Paul ? 4. Qui a plus d'argent que Monique ? 5. Qui a moins d'argent que Cécile ?   6. Toutes ces quatre personnes avaient cinq cents francs hier. Qui a dépensé le moins d'argent ?

v—f;   v—v;   v—f

Applications

v—v—f—f;   v—f—v—v;   v—v—v—f

v—f—f;   v—f—f;   f—v—f

v—f—v;   f—f—f;   v—f—f

Ouvrez la porte et entrez dans l'appartement. Il y a un vestibule juste après l'entrée. Dans le vestibule, il y a une petite table et, au-dessus, un téléphone. De l'autre côté du vestibule il y a deux portes, une grande et une petite. La petite porte mène à la cuisine. Entrez dans la cuisine. À droite, on voit d'abord une cuisinière, un lave-vaisselle, un évier et une machine à laver. À gauche il y a une étagère et puis un frigo. Au fond de la cuisine se trouve une petite table. La cuisine communique avec la salle de séjour. Dans la salle de séjour, on voit à droite un buffet et un canapé. À gauche, contre le mur qui sépare la cuisine et la salle de séjour, se trouve une grande table. On voit aussi la grande porte et deux fauteuils. Entre les fauteuils se trouve un poste de télévision. Au fond de la salle il y a un petit balcon. Sortez du séjour et mettez-vous dans le couloir. Il y a deux chambres à droite. Dans une des chambres il y a un grand lit, et dans l'autre, deux lits. Il y a un placard dans chaque chambre. À gauche du couloir se trouvent les w.-c. La salle de bains est au bout du couloir. Dans la salle de bains il y a une baignoire au fond. Le lavabo est près de la baignoire et le chauffe-eau est dans un coin.

EXERCICES ÉCRITS

14.1   1. je n'ai pas d'argent sur moi.   2. je suis plus petit(e) (or je suis moins grand(e)) que lui.   3. Oui, j'ai besoin d'eux.   4. je ne peux pas aller chez lui ce soir.   5. Il est à moi. Il n'est pas à lui (or elle).   6. Vous et moi, nous parlons français et anglais.

14.2   1. Il est (ouvert).   2. Elle est ouverte à (sept) heures.   3. Je leur offre des cadeaux (le jour de leur anniversaire, à Noël, etc.).   4. je n'ai rien offert à mon professeur (or je ne lui ai...).   5. Christophe Colomb a découvert l'Amérique (or l'a découverte), en 1492.   6. je ne souffre de rien.

14.3   1. j'y pense [assez] souvent.   2. je ne lui écris pas.   3. je lui ressemble [beaucoup].   4. je ne leur obéissais pas toujours [quand j'étais petit(e)].   5. je ne pense pas à eux en ce moment.   6. je lui ai téléphoné (une fois).

14.4   1. Je reçois (des cadeaux) à Noël.   2. je ne reçois pas de professeurs chez moi.   3. je n'ai jamais reçu de lettres anonymes.   4. vous ne me devez pas d'argent.   5. Nous ne devons pas (dormir) en classe.   6. J'ai dû (aller au bureau de poste) ce matin.

14.5   1. Monique écrit plus que Philippe.   2. Jean-Paul écrit autant que lui.   3. Monique écrit le plus. Cécile écrit le moins.   4. Philippe a le plus de pommes.   5. Cécile, Monique et Jean-Paul ont moins de pommes que lui.   6. Jean-Paul a autant d'argent que lui.   7. Cécile a le moins d'argent.   8. (Non, j'ai plus (or moins) d'argent que vous.)   9. Non, ils consomment moins d'électricité que les Américains.

(I)   1. lampe   2. savon   3. frigo   4. jardin   5. garage   6. lavabo   7. volets   8. cuisine   9. armoire   10. fenêtre   11. oreiller   12. baignoire

(II)   1. un LIT   2. un FOUR   3. un ÉVIER   4. une PORTE   5. une TABLE   6. une CHAISE   7. un BUFFET   8. un BUREAU   9. une STÉRÉO   10. un LAVABO   11. une COMMODE   12. une FENÊTRE   13. un ROBINET   14. une ARMOIRE   15. une CUISINE   16. une ÉTAGÈRE   17. une CHAMBRE   18. un FAUTEUIL   19. une COIFFEUSE   20. une BAIGNOIRE

Copyright © 1985, John Wiley & Sons, Inc.

NOM _____ COURS _____ SECTION _____

QUINZIÈME LEÇON

PREMIÈRE PARTIE

CONVERSATIONS

    (   ) **A** *Viens à la surprise-party.*
    (   ) **B** *Je n'ai pas de voiture.*

EXERCICES ORAUX

● **1** Emploi de **en**

    A *Répondez aux questions en employant le pronom* **en**.

        1   2   3   4   5   6   7   8

    B *Cette fois, répondez en employant* **trop**, **beaucoup**, **assez**, **peu**, *etc. et le pronom* **en**, *d'après ce modèle.*

        1   2   3   4   5   6   7   8

    Exercice supplémentaire : *Répondez aux questions en employant le pronom* **en**.

        1   2   3   4   5   6   7   8

● **2 Boire**

    A *Exercice de contrôle*

        1   2   3   4   5   6;   1   2   3   4   5   6

● **3** Futur de l'indicatif (1)

    A *Exercice de contrôle*

        1   2   3   4   5   6;   1   2   3   4   5   6

    B *Mieux vaut tard que jamais. Répondez aux questions d'après ce modèle.*

        1   2   3   4   5   6   7   8

● **4** Futur (2) et futur antérieur

    A *Mettez chaque verbe au futur.*

        1 2 3 4 5 6 7 8 9 10 11 12 13 14 15 16 17 18

B *Nous allons parler d'une étudiante américaine. Elle ira en Europe cet été. Elle voudra faire beaucoup de choses. Mettez chaque phrase au futur.*

1 2 3 4 5 6 7 8 9 10 11 12 13 14 15 16 17 18 19 20

Compréhension auditive : *Mettez le verbe de chaque phrase au futur.*[1]

1. _____   6. _____
2. _____   7. _____
3. _____   8. _____
4. _____   9. _____
5. _____   10. _____

Compréhension auditive : *Voici une conversation entre Jean-Paul et Bill. Indiquez si les réponses de Bill sont logiques et appropriées.*

1. oui non   4. oui non   7. oui non
2. oui non   5. oui non   8. oui non
3. oui non   6. oui non   9. oui non

● **5 Pronoms personnels compléments : révision**

A *Faisons une révision des pronoms compléments. Regardez le Tableau 9 à la page 37 de votre livre de français. Répondez aux questions d'après ce modèle.*

1 2 3 4 5 6 7 8

B *Regardez maintenant le Dessin 7 à la page 60 de votre cahier d'exercices. Répondez aux questions d'après ce modèle.*[2]

Traverse-t-il la rue ?   **Oui, mais moi, je ne la traverserai pas.**

1 2 3 4 5 6 7 8 9 10 11 12

C *Vous allez en ville. Vous entrerez dans un magasin et vous achèterez une montre. Répondez affirmativement en employant le futur et les pronoms appropriés, d'après ce modèle.*

1 2 3 4 5 6 7 8 9 10 11 12 13 14

D *Voici l'histoire d'une soirée sympathique. M. Dubois, le professeur de français, a invité ses étudiants chez lui. Votre camarade de chambre y est allé, et maintenant il vous en parle. Ajoutez une question après chaque phrase en employant les pronoms appropriés, d'après ce modèle.*

1 2 3 4 5 6 7 8 9 10 11 12

Compréhension auditive : *Voici une conversation entre Monique et son cousin Philippe. Indiquez si les réponses de Philippe sont logiques et appropriées.*

1. oui non   4. oui non   7. oui non
2. oui non   5. oui non   8. oui non
3. oui non   6. oui non   9. oui non

[1] Écrivez aussi le sujet de chaque phrase.
[2] Le modèle indique la modification de cet exercice.

NOM _____ COURS _____ SECTION _____

Compréhension auditive : *Répondez aux questions en employant des pronoms appropriés.*[1]

1. Oui, _____

2. Non, _____

3. Non, _____

4. Oui, _____

5. Mais si, _____

6. Non, _____

APPLICATIONS

A Dialogue : *Un cocktail chez les Chabrier* (   )

Compréhension auditive : *Voici des conversations basées sur le dialogue de cette leçon. Indiquez si chaque réponse est logique et appropriée.*

1. oui non	3. oui non	5. oui non
2. oui non	4. oui non	6. oui non

Compréhension auditive : *Indiquez le mot qui n'appartient pas à chaque série.*

a. 1 2 3 4	d. 1 2 3 4
b. 1 2 3 4	e. 1 2 3 4
c. 1 2 3 4	f. 1 2 3 4

Compréhension auditive : *Voici la description d'une soirée sympathique.*[2] *C'est Carole Taillefer qui vous parle. Écoutez la description, ensuite indiquez si les commentaires au sujet de la soirée sont vrais ou faux.*

1. v f	3. v f	5. v f
2. v f	4. v f	6. v f

DEUXIÈME PARTIE

EXERCICES ÉCRITS

● **1 Emploi de en**

Répondez aux questions en employant des pronoms appropriés.

1. Buvez-vous de la bière de temps en temps ?

    Oui, _____

---

[1] Chaque question sera répétée deux fois de suite.
[2] La description est basée sur la première partie de la lecture de cette leçon.

QUINZIÈME LEÇON 171

2. Combien de cours avez-vous demain ?

_____

3. Y a-t-il des chats dans votre chambre ?
   Non,_____

4. À qui parlez-vous de vos parents ?

_____

5. Avez-vous assez d'argent pour aller en France ?
   Non,_____

6. Voulez-vous parler de vos ennuis ?
   Non,_____

*7. Avez-vous beaucoup d'argent sur vous ?

_____

*8. Combien d'étudiants y a-t-il dans le cours de français ?

_____

*9. Avez-vous besoin de votre professeur ?

_____

● 2 Boire

Répondez aux questions.

1. Qu'est-ce que vous buvez au petit déjeuner ?

_____

2. Qu'est-ce que vous avez bu hier soir ?

_____

3. Demandez-moi si je bois du vin au dîner.

_____

4. Qu'est-ce que vous buviez souvent quand vous étiez petit(e) ?

_____

*5. Quand buvons-nous de l'eau ?

_____

*6. Qu'est-ce qu'on peut boire au restaurant universitaire ?

_____

● 3 Futur de l'indicatif (1)

Deux étudiants vont inviter quelques copains chez eux. Mettez tous les verbes soulignés au futur.

(1) Nous invitons des copains. (2) Je nettoie la salle de séjour. (3) Nous préparons un bon dîner. (4) J'achète des steaks et des légumes. (5) Michel apporte le dessert. (6) Il arrive vers six heures. (7) Nous mangeons à sept heures. (8) Tu sers de la bière. (9) Michel offre son dessert. Après le dîner, (10) nous jouons aux cartes. Toi et Michel, (11) vous gagnez comme d'habitude. (12) Les invités partent vers minuit.

NOM _____ COURS _____ SECTION _____

1. _____ 7. _____
2. _____ 8. _____
3. _____ 9. _____
4. _____ 10. _____
5. _____ 11. _____
6. _____ 12. _____

Répondez aux questions en employant le futur. Employez des pronoms appropriés quand c'est possible.

13. Quand allez-vous écrire à vos parents ?

   _____

14. À quelle heure rentrez-vous demain ?

   _____

15. À qui offrez-vous un cadeau ?

   _____

16. À quelle heure prenez-vous votre petit déjeuner demain ?

   _____

17. À quelle heure vous levez-vous demain ?

   _____

*18. Demandez-moi quelle boisson je sers ce soir.

   _____

*19. Les étudiants finissent-ils leurs devoirs ?

   _____

*20. Demandez-moi si je répète la question.

   _____

● **4 Futur (2) et futur antérieur**

Christine parle à M. Dubois. Mettez les verbes soulignés au futur ou au futur antérieur selon le cas.

(1) J'ai un mois de vacances après les examens et (2) je peux aller en France. D'abord, (3) je rentre chez moi avec Jean-Paul aussitôt que les cours (4) sont terminés. Ensuite (5) nous allons à New York, d'où (6) nous partons pour Paris. (7) Je loge chez les Chabrier, et (8) ils veulent me montrer Paris. (9) Je vous envoie une lettre dès que (10) je suis arrivée à Paris. (11) Vous me répondez, n'est-ce pas ? (12) Je prends beaucoup de photos et (13) je connais bien Paris. (14) Je fais beaucoup de progrès en français, car (15) je ne parle pas anglais quand (16) je suis en France.

1. _____ 5. _____
2. _____ 6. _____
3. _____ 7. _____
4. _____ 8. _____

QUINZIÈME LEÇON 173

9. _____ 13. _____

10. _____ 14. _____

11. _____ 15. _____

12. _____ 16. _____

Maintenant, répondez aux questions en employant le futur.

17. Va-t-il pleuvoir demain ?

    Non, _____

18. Est-ce que je vais vous voir en classe demain ?

    Oui, _____

19. Où allez-vous ce week-end ?

    _____

20. Demandez-moi si j'envoie des cartes quand je suis en France.

    _____

*21. Demandez-moi si je reçois des amis ce soir.

    _____

*22. Allez-vous savoir la vérité si je vous la dis ?

    _____

*23. Allez-vous voir la Tour Eiffel quand vous allez à Paris ?

    _____

● **5 Pronoms personnels compléments : révision**

Ajoutez des phrases d'après ce modèle.

   J'ai parlé à Marianne.   **Ah oui ? tu lui as parlé ?**

1. J'ai téléphoné à Marianne.

   Ah oui ? _____

2. Nous sommes allés au cinéma.

   Ah oui ? _____

3. J'ai rencontré Paul au cinéma.

   Ah oui ? _____

4. J'ai présenté Paul à Marianne.

   Ah oui ? _____

5. Il nous a parlé de son voyage en France.

   Ah oui ? _____

6. Il a deux oncles qui habitent à Paris.

   Ah oui ? _____

*7. Il nous a parlé de ses oncles.

   Ah oui ? _____

NOM _____ COURS _____ SECTION _____

*8. Il a montré leurs photos à Marianne.

   Ah oui ? _____

*9. Il a mis les photos dans sa serviette.

   Ah oui ? _____

● Révision

Répondez aux questions en employant les pronoms appropriés.

1. Est-ce que quelqu'un est venu me voir ?

   Non, _____

2. Avez-vous plus de patience que moi ?

   Oui, _____

3. Servez-vous de l'eau minérale à vos invités ?

   Non, _____

4. Avez-vous vu quelque chose dans la chambre ?

   Non, _____

5. Recevez-vous plus de cartes à Noël que vos parents ?

   Non, _____

6. Vous promenez-vous souvent dans ce parc ?

   Oui, _____

7. Devez-vous aller à la bibliothèque demain ?

   Oui, _____

8. M'avez-vous parlé de vos vacances ?

   Oui, _____

9. À quelle heure vous êtes-vous levé(e) ce matin ?

   _____

10. Où est-ce que vous vous lavez les mains ?

    _____

Répondez aux questions en employant le futur. Employez aussi des pronoms appropriés.

1. Combien de verres de lait allez-vous boire demain ?

   _____

2. À quelle heure allez-vous vous coucher ?

   _____

3. Vos parents vont-ils vous envoyer de l'argent ?

   _____

4. Allez-vous savoir la réponse si je vous la montre ?

   _____

5. Quand est-ce que les vacances d'été vont commencer ?

   _____

6. Marie va-t-elle vous écrire quand elle est à Rome ?

   Oui,_____

7. Pouvez-vous tenir vos promesses ?

   Non,_____

8. Allez-vous voir vos camarades demain en classe ?

   Oui,_____

9. Allez-vous me dire la vérité ?

   Non,_____

10. Vos camarades ont-ils assez d'argent pour aller en France ?

    Non,_____

APPLICATIONS : Travaux écrits

( ) **A** *Questions*
( ) **C** *Posez des questions sur les parties soulignées.*
( ) **D** *Composition*
( ) **E** *Renseignements et opinions*

(I) *Pour chaque question, choisissez une réponse appropriée.*

1. Vous a-t-il servi du vin ? ( )
2. A-t-il servi ce gâteau à Marie ? ( )
3. M'a-t-il servi votre café ? ( )
4. A-t-il servi les escargots aux invités ? ( )
5. A-t-il servi du thé dans le jardin ? ( )
6. A-t-il servi de la bière aux étudiants ? ( )
7. Vous a-t-il servi mon gâteau ? ( )
8. M'a-t-il servi du jus de carotte ? ( )

a. Il le lui a servi.
b. Il les y a servis.
c. Il me les a servis.
d. Il m'en a servi.
e. Il t'en a servi.
f. Il l'y a servi.
g. Il y en a servi.
h. Il vous l'a servi.
i. Il leur en a servi.
j. Il me l'a servi.
k. Il les leur a servis.
l. Il lui en a servi.

(II) *Recomposez ces deux phrases. Chaque phrase commence par les lettres de la case numéro 1 et se termine par la case numéro 2.*

1.

IL[1]	RA	SE	CHEZ
NE	PO	RE	SE
PAS	EUX.[2]		

2.

JE[1]	CHAI	LA	NE
SE	SOI	LA	NE
MAI	DON	RÉE	NE
PRO	PAS	RAI	NE.[2]

_____   _____

_____   _____

176 QUINZIÈME LEÇON

NOM _____ COURS _____ SECTION _____

(III) *Trouvez la forme du futur des verbes suivants.*

```
p c d o r m i r a i e
l o d i p i r a i d v
s i u e n o i v r i o
o s r v v a u r a r u
r a a a r r g r g a d
t v f u i a a e r i r
i r a g r v i i r a a
r c o n n a î t r a i
a s s e r a i a v r i
i î é e m e t t r a i
l a f v e r r a i f î
```

j'ai   je dors   je nage   je suis
je connais   je fais   je peux   je vais
je dis   je lis   je sais   je veux
je dois   je mets   je sors   je vois

TROISIÈME PARTIE

CONVERSATIONS

A *Come to the party.*

MONIQUE   Do you want to come to my place Saturday? I'm giving a party.
CHANTAL   Gladly. Do I know the people [that] you are going to invite?
MONIQUE   Of course. You know almost everyone.
CHANTAL   It's [for] what time, your party?
MONIQUE   Around five o'clock. Then, you're coming?
CHANTAL   Yes, fine [OK]. And thanks for your invitation.

B *I don't have a [any] car.*

MICHEL   We are invited to Jack's place tomorrow evening.
RENÉE   Yes, but he lives too far from my place.
MICHEL   I can [will be able to] take you there, if you like [want].
RENÉE   Gladly, if it [that] doesn't bother you.
MICHEL   Not at all. I'll come for you at six.
RENÉE   OK. I'll be waiting for you in front of the door.

APPLICATIONS

A Dialogue et questions: *A cocktail party at the Chabriers'*

Introductions

JEAN-PAUL   Doctor Bloch, may I [allow me to] introduce you to Christine Johnson [introduce Christine Johnson to you]?
DR. BLOCH   Very happy to meet you [make your acquaintance], Miss.
CHRISTINE   Glad [to meet you], sir.

MONIQUE   Mireille, this is [I introduce to you] Christine.
MIREILLE   Hello, Christine. Monique has often spoken to me about you.
CHRISTINE   Hello.

QUINZIÈME LEÇON   177

Will you accept or decline?

MR. CHABRIER	A little Dubonnet?
CHRISTINE	Yes, gladly. I have never tasted it [drunk any]. (*or else*: No thank you[, sir]. I don't drink alcohol.)
MR. CHABRIER	To your happy [good] stay in France.
CHRISTINE	Thank you, and to your health.
MONIQUE	Do you want some?
BERNARD	Yes, please. They're very good.
MRS. CHABRIER	Would you like [Do you want] some, Christine?
CHRISTINE	Gladly. Only a little bit, please. (*or else*: Thank you very much, but I've eaten enough. Everything was delicious.)

The guests are beginning to leave.

DR. BLOCH	Good-bye, dear friend. I thank you for this excellent evening.
MRS. CHABRIER	Must you leave so soon? What a pity!
DR. BLOCH	Yes, alas! But I hope to see you again soon.
BERNARD	It was a real success, your party.
JEAN-PAUL	Are you leaving already? Don't you want to stay just a little while more [still a moment]?
BERNARD	I'd like to, but I still have homework to do.
JEAN-PAUL	Too bad [pity]! See you soon, then.
BERNARD	Yes, see you soon. And thanks, it was very nice.

B Expressions utiles

The party

The host and hostess

to give { a [formal] party / a cocktail party / an evening party / a party } : to serve refreshments

The guests

There are { a lot of / too many } people.

One { knocks at the door. / introduces his friends to the others. / drinks, eats, sings, dances, chats. / takes off his jacket and his tie.

The conversations

to meet [make the acquaintance of] / to recognize/to see / to meet [by chance] } { someone / most / some } of the guests

to find someone { charming, nice [friendly], very knowledgeable / talkative [chatty], arrogant, shy, boring

to break { the ice / the silence

to look (desperately) for a topic [subject] of conversation

to talk [speak] about / to discuss } { anything/anybody / an economic/social/regional problem

The buffet and refreshments

canapés	punch
cookies	a punch bowl
snacks	glasses
peanuts	

VOCABULAIRE

Masculine nouns

- alcohol **alcool**
- before-dinner drink **apéritif**
- champagne **champagne**
- cocktail party **cocktail**
- dessert **dessert**
- doctor **docteur**
- guest **invité**
- piece **morceau**
- cookies **petits gâteaux** *pl*
- stay **séjour**

Feminine nouns

- peanut **cacahouète**
- acquaintance **connaissance**
- crepe **crêpe**
- slide **diapositive**
- invitation **invitation**
- fear **peur**
- introduction **présentation**
- quiche **quiche**
- reason **raison**
- party **surprise-party**

Verbs

- to accept **accepter**
- to drink **boire** *irrég*
- to bother **déranger**
- to take **emmener**
- to teach **enseigner**
- to allow **permettre** *irrég*
- to decline [refuse] **refuser**
- to thank **remercier**
- to see again **revoir** *irrég*
- to end **terminer**

Adjectives

- pleasant **agréable**
- delicious **délicieux(euse)**
- glad **enchanté(e)**
- successful **réussi(e)**
- nice, friendly **sympa**

Other expressions

- to be afraid of **avoir peur de**
- To your health! **À votre santé !**
- first **d'abord**
- to meet [make the acquaintance of] **faire la connaissance de**
- Alas! **Hélas !**
- or else **ou bien**
- to take pictures **prendre des photos**
- What a pity! **Quel dommage !**
- some **quelques-uns**
- just a little bit **un tout petit peu**
- gladly **volontiers**

ANSWER KEYS

COMPRÉHENSION AUDITIVE

Exercices oraux

15.1 (*Exercice supplémentaire*) 1. Avez-vous des sœurs ? (non) 2. Avez-vous des frères ? (oui, un) 3. Faites-vous autant de travail que moi ? (non) 4. Combien de cours suivez-vous ? (cinq) 5. Allez-vous manger des frites ce soir ? (non) 6. Combien de disques avez-vous ? (à peu près trente) 7. Voulez-vous parler des examens ? (non) 8. Avez-vous besoin d'argent ? (oui)

15.4 1. Elles sortiront 2. Irez-vous 3. Tu ne feras pas 4. Viendrez-vous 5. Je ne pourrai pas 6. Il enverra 7. Ils recevront 8. Nous emploierons 9. Il ne saura jamais 10. Il pleuvra

non—oui—oui; oui—non—non; oui—non—non

15.5 oui—non—oui; non—non—oui; oui—oui—oui

1. je les y fais. 2. je n'en écris pas maintenant. 3. je ne vous l'ai pas montrée. 4. j'y pense souvent. 5. j'en aurai besoin. 6. il ne m'en a pas parlé.

Applications

non—oui; oui—oui; non—non

4—2; 3—1; 3—1

v—v; f—f; f—v

EXERCICES ÉCRITS

15.1 1. j'en bois de temps en temps. 2. J'en ai (quatre) demain. 3. il n'y en a pas [dans ma chambre]. 4. Je parle d'eux (à mon ami). 5. je n'en ai pas assez pour y aller. 6. je ne veux pas en parler.

15.2 1. Je bois (du jus d'orange et du lait) [au petit déjeuner]. 2. J'ai bu (du café) [hier soir]. 3. Buvez-vous du vin au dîner ? 4. Je buvais souvent du lait [quand j'étais petit(e)].

15.3 1. Nous inviterons 2. Je nettoierai 3. Nous préparerons 4. J'achèterai 5. Michel apportera 6. Il arrivera 7. Nous mangerons 8. Tu serviras 9. Michel offrira 10. nous jouerons 11. vous gagnerez 12. Les invités partiront 13. Je leur écrirai (ce week-end). 14. Je rentrerai (vers cinq heures) [demain]. 15. J'en offrirai un (à mon cousin). 16. Je le prendrai (à huit heures). 17. Je me lèverai (à sept heures).

QUINZIÈME LEÇON

15.4 1. J'aurai 2. je pourrai 3. je rentrerai 4. seront terminés 5. nous irons 6. nous partirons 7. Je logerai 8. ils voudront 9. Je vous enverrai 10. je serai arrivée 11. Vous me répondrez 12. Je prendrai 13. je connaîtrai 14. Je ferai 15. je ne parlerai pas 16. je serai 17. il ne va pas pleuvoir demain. 18. vous me verrez en classe demain. 19. J'irai (à New York) [ce week-end]. 20. Enverrez-vous des cartes quand vous serez en France ?

15.5 1. tu lui as téléphoné ? 2. vous y êtes allés ? 3. tu l'y as rencontré ? 4. tu le lui as présenté ? 5. il vous en a parlé ? 6. il en a deux qui y habitent ?

(I) 1. d 2. a 3. h 4. k 5. g 6. i 7. j 8. e

(II) 1. Il ne se reposera pas chez eux. 2. Je ne donnerai pas la soirée la semaine prochaine.

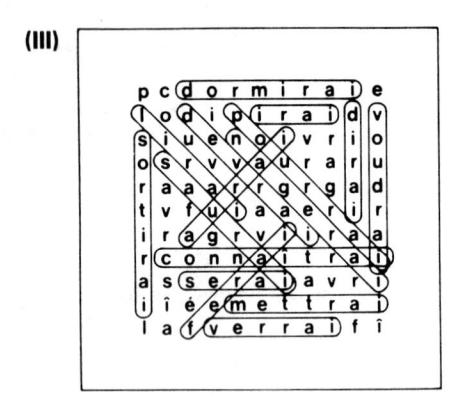

(III)

```
p c d o r m i r a i e
l o d i p i r a i d v
s i u e n o i v r i o
o s r v v a u r a r u
r a a a r r g g a d
t v f u i a a e r i r
i r a g r v i i r a a
r c o n n a î t r a i
a s s e r a a v r i
i î é m e t t r a i
l a f v e r r a i f î
```

NOM _____ COURS _____ SECTION _____

SEIZIÈME LEÇON

PREMIÈRE PARTIE

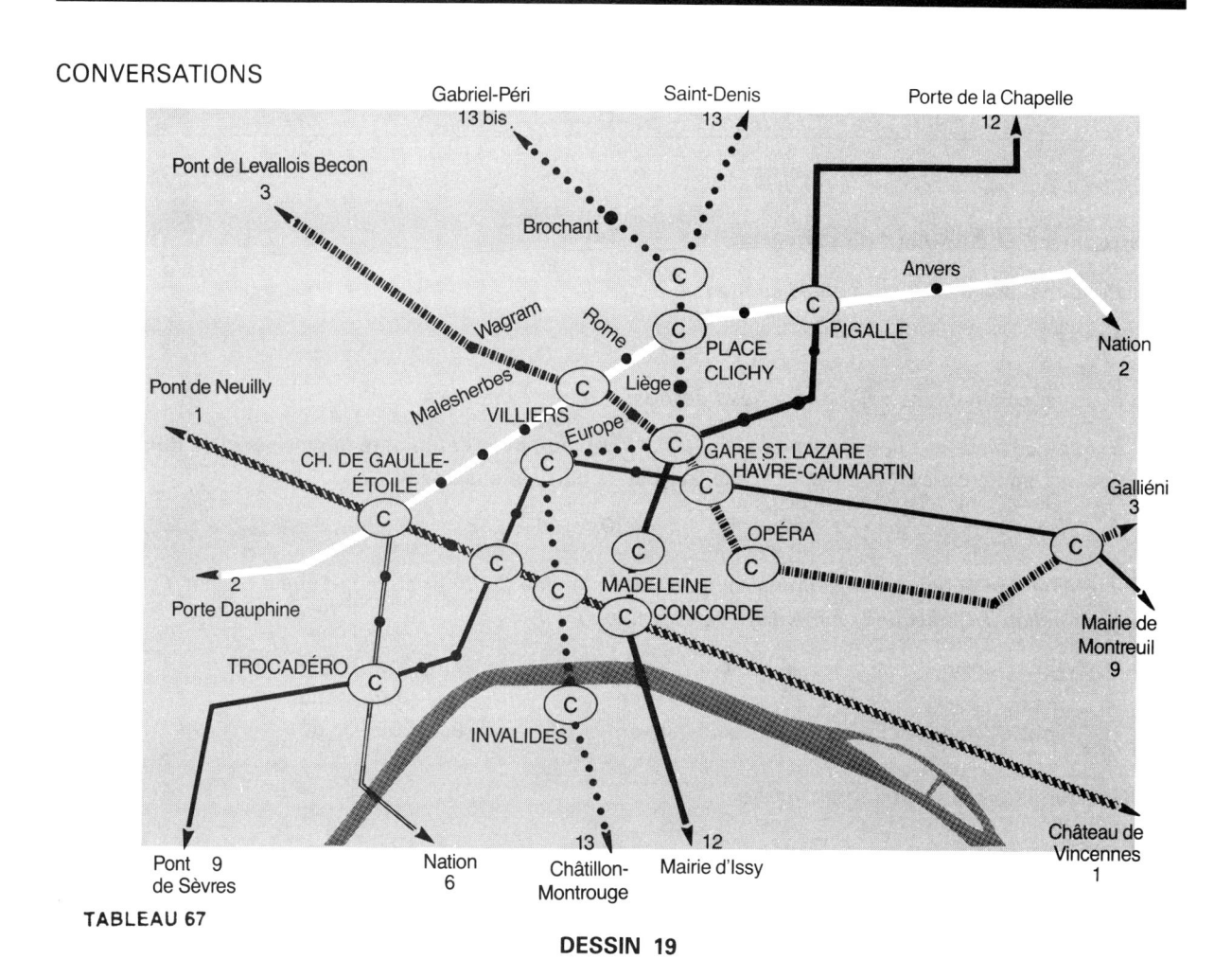

CONVERSATIONS

TABLEAU 67

DESSIN 19

Compréhension auditive : *Regardez le Dessin 19. C'est une très petite partie du plan du métro de Paris. Écoutez chaque commentaire et dites s'il est vrai ou faux.*

1.	v	f	4.	v	f	7.	v	f
2.	v	f	5.	v	f	8.	v	f
3.	v	f	6.	v	f	9.	v	f

( ) **B** *Le métro ou l'autobus ?*

SEIZIÈME LEÇON 181

EXERCICES ORAUX

● **1** Formation des adverbes

A *Donnez l'adverbe qui correspond à chaque adjectif.*

1   2   3   4   5   6   7   8   9   10   11   12

B *Répondez aux questions d'après ce modèle.*

1   2   3   4   5   6   7   8   9   10

Compréhension auditive : *Donnez l'adverbe qui correspond à l'adjectif que vous entendez. (Exemple : Si vous entendez « heureux, heureuse », vous écrirez « heureusement ».)*

1. _____   5. _____

2. _____   6. _____

3. _____   7. _____

4. _____   8. _____

● **2** Comparatif et superlatif de l'adverbe

A *Répondez aux questions d'après ce modèle.*

1   2   3   4   5   6

Exercice supplémentaire : *Répondez aux questions d'après ce modèle.*

Est-ce que Marie est une étudiante sérieuse ?   **Ah oui, c'est l'étudiante la plus sérieuse du monde !**
Alors, comment travaille-t-elle ?   **Elle travaille le plus sérieusement.**[1]

1   2   3   4   5   6   7   8   9   10   11   12

Compréhension auditive : *Voici une description de la famille Chabrier et de la famille Brunot. Écoutez bien et indiquez si chaque commentaire est logique ou non.*

1. oui non		4. oui non		7. oui non
2. oui non		5. oui non		8. oui non
3. oui non		6. oui non		9. oui non

● **3** Place de l'adverbe dans une phrase

A *Exercice de contrôle*

1   2   3   4   5   6;   1   2   3   4   5   6

B *Quelqu'un voyage dans le métro. Mettez le verbe de chaque phrase au passé composé d'après ce modèle. Faites attention à la place de chaque adverbe.*

1   2   3   4   5   6   7   8

---

[1]Remarquez que **le** reste invariable au superlatif de l'adverbe.

NOM _____ COURS _____ SECTION _____

- **4** Impératif et pronoms compléments

    A *Répondez aux questions d'après ce modèle.*

    Nous allons faire nos devoirs ?
    Ne les faisons pas aujourd'hui ; faisons-les demain.

    1   2   3   4   5   6   7   8

    B *Regardez le Dessin 7 à la page 60. Ajoutez des phrases d'après ce modèle.*

    Je vais traverser la rue.
    Ne la traversez pas maintenant ; traversez-la plus tard.

    1   2   3   4   5   6   7   8   9   10   11   12

    Exercice supplémentaire : *Ajoutez des phrases d'après ce modèle.*

    Je ne suis pas heureux.   **Mais soyez heureux !**

    1   2   3   4   5   6   7   8

    Compréhension auditive : *Christine parle à Monique. Indiquez si les réponses de Monique sont logiques et appropriées.*

1.	oui	non	4.	oui	non	7.	oui	non
2.	oui	non	5.	oui	non	8.	oui	non
3.	oui	non	6.	oui	non	9.	oui	non

- **5** Forme interrogative : inversion avec le nom sujet

    A *Nous voyons un client dans un café. Que fait-il ? Modifiez chaque question en employant* **est-ce que...** *? d'après ce modèle.*

    1   2   3   4   5   6   7   8

    B *Maintenant, faites le contraire d'après ce modèle.*

    1   2   3   4   5   6   7   8   9   10

APPLICATIONS

A Dialogue : *Les mésaventures de Jean-Jacques* (   )

Compréhension auditive : *Où se passent les dialogues suivants ?*

1. a. On passe la douane.
   b. On parle à un agent de police.
   c. On attend l'autobus.

2. a. On offre un fruit.
   b. On boit du vin.
   c. On prend un dessert.

3. a. On présente Marie-Laure à un copain.
   b. On présente Marie-Laure à une amie.
   c. On présente Marie-Laure à un étranger.

4. a. On est dans un avion.
   b. On est dans un autobus.
   c. On est dans un taxi.

5. a. On est dans un avion.
   b. On est dans un restaurant.
   c. On est dans un train.

6. a. On est dans un café.
   b. L'invité est chez l'hôte.
   c. Le touriste parle à un agent.

SEIZIÈME LEÇON   **183**

Compréhension auditive : *Écoutez ces commentaires basés sur les deuxième et troisième paragraphes de la lecture de cette leçon. Indiquez s'ils sont vrais ou faux.*

1. v f
2. v f
3. v f
4. v f
5. v f
6. v f
7. v f
8. v f
9. v f

Compréhension auditive : *Vous allez entendre les noms de quelques stations de métro. Écrivez chaque nom.*

1. _____
2. _____
3. _____
4. _____
5. _____
6. _____

DEUXIÈME PARTIE

EXERCICES ÉCRITS

● **1 Formation des adverbes**

Donnez l'adverbe qui correspond à chaque adjectif.

1. (élégant) _____
2. (excessif) _____
3. (naturel) _____
4. (seul) _____
5. (absolu) _____
6. (oral) _____

Répondez aux questions d'après ce modèle.

Étudiez-vous le français ? (sérieux)   **Je l'étudie sérieusement.**

7. Apprenez-vous le français ? (constant)
_____

8. Comment avez-vous répondu à la question précédente ? (affirmatif)
_____

9. Écrivez-vous vos réponses ? (lisible)
_____

*10. Comment parlez-vous à votre ami(e) ? (franc)
_____

*11. Racontez-vous vos ennuis à vos parents ? (rare)
_____

*12. Allez-vous au laboratoire de langues ? (assez fréquent)
_____

184 SEIZIÈME LEÇON

NOM _____ COURS _____ SECTION _____

● **2** Comparatif et superlatif de l'adverbe

Répondez aux questions.

1. À qui pensez-vous le plus souvent ?

2. Qui écrit des lettres le moins souvent, vous, votre père ou votre mère ?

3. Que savez-vous faire beaucoup mieux que votre mère ?

4. Qui parle français plus vite que vous ?

5. Parlez-vous aussi intelligemment que le président des États-Unis ?

6. Qui travaille plus patiemment que vous ?

*7. Je me lève à huit heures. Est-ce que vous vous levez plus tard que moi ?

*8. Dans quel restaurant mange-t-on le mieux ?

*9. Mon frère est un meilleur nageur que moi. Comment nage-t-il ?

● **3** Place de l'adverbe dans une phrase

Mettez chaque verbe au passé composé et remplacez chaque nom par un pronom d'après ce modèle.

Elle boit du lait ce matin.   **Elle en a bu ce matin.**

1. Je commande du café aujourd'hui.

2. Je préfère toujours le thé.

3. Il paie déjà son Coca-Cola.

4. Nous allons directement au café.

5. Je rencontre souvent ces garçons.

6. Vous n'aimez pas beaucoup leur cuisine.

*7. Ils parlent longuement de leurs ennuis.

SEIZIÈME LEÇON   **185**

*8. Je ne comprends pas très bien cette histoire.

*9. Il ne voyage pas encore en Europe.

● 4 Impératif et pronoms compléments

Répondez aux questions d'après ce modèle.

Je peux mettre la valise dans la voiture ?   **Non, ne l'y mettez pas. Oui, mettez-l'y.**

1. Je peux mettre mes chaussures dans l'armoire ?
   Non,

2. Je peux vous parler de mes projets ?
   Non,

3. Je peux vous lire cette lettre ?
   Non,

4. Je peux vous donner cet argent ?
   Non,

5. Je peux montrer ces photos à vos amis ?
   Non,

6. Je peux répondre à ces lettres ?
   Non,

*7. Je peux vous montrer cette lettre ?
   Non,

*8. Je peux envoyer de l'argent à Christine ?
   Non,

*9. Je peux manger des fruits ?
   Non,

● 5 Forme interrogative : inversion avec le nom sujet

Posez une question sur la partie soulignée de chaque phrase en employant l'inversion avec le nom sujet. Si l'inversion n'est pas possible, utilisez la locution **est-ce que**.

1. Cet avion va à Chicago.

2. L'avion vient de Paris.

3. Les hôtesses sont très sympa.

4. Le pilote se dépêche parce qu'il est en retard.

5. La famille arrive à trois heures.

NOM _____ COURS _____ SECTION _____

6. Le touriste attend l'hôtesse.
_____

*7. Le touriste cherche un taxi.
_____

*8. Les passagers parlent au pilote.
_____

*9. Le pilote connaît le passager.
_____

APPLICATIONS : Travaux écrits

( ) **A** Questions
( ) **C** Posez des questions sur les parties soulignées.
( ) **D** Complétez le passage.
( ) **E** Renseignements et opinions

(I) Complétez la grille avec les adverbes qui correspondent aux adjectifs suivants.

absolu
affirmatif
constant
discret
évident
excessif
franc
gentil
heureux
indiscret
indiscutable
intelligent
malheureux
naturel
rare
récent
vrai

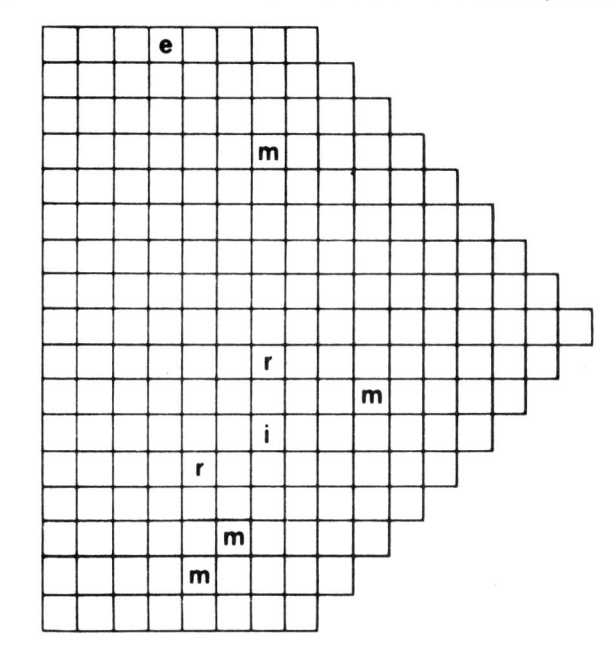

(II) La plupart des stations de métro portent le nom de l'endroit où se trouvent leurs sorties (Concorde, Invalides, Gare du Nord, Place d'Italie, Pont de Neuilly). Il y en a d'autres qui représentent les noms de certains personnages. Pouvez-vous classer les noms suivants selon ces quatre catégories ? : (a) Hommes politiques, Roi ; (b) Écrivains ; (c) Artistes ; (d) Savants.

CLÉMENCEAU ( )   PASTEUR ( )
PIERRE CURIE ( )   PHILIPPE-AUGUSTE ( )
CHARLES DE GAULLE ( )   PIGALLE ( )
FALGUIÈRE ( )   RÉAUMUR ( )
ANATOLE FRANCE ( )   RICHELIEU ( )
GEORGE V ( )   ROBESPIERRE ( )
VICTOR HUGO ( )   FRANKLIN D. ROOSEVELT ( )
LAMARCK ( )   VOLTAIRE ( )
MICHEL-ANGE ( )   ÉMILE ZOLA ( )

SEIZIÈME LEÇON

TROISIÈME PARTIE

CONVERSATIONS

B *The subway or the bus?*

CHRISTINE Do we really have to take the subway?
MONIQUE No, not necessarily. But we'll go much faster in the subway.
CHRISTINE I would like to see the streets of Paris.
MONIQUE We'll take the bus, then. We aren't in a hurry.

APPLICATIONS

A *Dialogue et questions: Jean-Jacques's misadventures*

JEAN-JACQUES Excuse me, please. Excuse me, ma'am. Let me by [pass], please.
AN OLD LADY Ouch! You stepped on my foot.
JEAN-JACQUES I'm sorry, ma'am. I didn't do it intentionally.
A [GENTLE]MAN Don't push me, young man.
JEAN-JACQUES Excuse me. Are you getting off at the next [station]?
A [GENTLE]MAN No.
JEAN-JACQUES Then, let me by.

JEAN-JACQUES Oh, I'm really sorry.
THE GIRL It's OK [It doesn't matter]. It's not serious.
JEAN-JACQUES Let me pick up your books...

JEAN-JACQUES Excuse me for coming [arriving] late.
MRS. REYNAUD Don't worry. Come in.
JEAN-JACQUES The subway was really [absolutely] crowded and I missed my station.
MRS. REYNAUD What a pity! Jacqueline is waiting for you in the living [sitting] room.

B Expressions utiles

A subway station

Before getting on the train

to consult / to look at } a map [*two ways*] of the subway

to take { the stairs / the escalator

to buy { a first-class / a second-class } { ticket / book of tickets } at the window

to go through [pass] the gate/the automatic ticket puncher

to arrive on / to go down to } the platform

In the train

to go / to travel } { first / second } class

to take { the direction / the line } going to Gallieni

to arrive at { the end of the line / the (transfer) station

to make a transfer / to change trains/lines } at Madeleine

188 SEIZIÈME LEÇON

A bus stop

to look for ⎱ line 25
to take   ⎰

to punch the ticket/to put the ticket in the puncher

to use   ⎱ ⎰ a ticket for each section
to punch ⎰ ⎱ two tickets for the trip

The bus is ⎰ (half) empty.
           ⎨ (really) crowded.
           ⎱ full.

VOCABULAIRE

Masculine nouns

- arch **arc**
- back, rear **arrière**
- boulevard **boulevard**
- center **centre**
- driver **chauffeur**
- fiancé **fiancé**
- toy **jouet**

- subway **métro**
- means **moyen**
- opera **opéra**
- package **paquet**
- tip **pourboire**
- platform **quai**
- sitting room **salon**

- carpet **tapis**
- ticket **ticket**
- tomb **tombeau**
- transportation **transport**
- triumph **triomphe**
- car [*of a train*] **wagon**

Feminine nouns

- anger **colère**
- crisis **crise**
- direction **direction**
- writing **écriture**

- fiancée **fiancée**
- line **ligne**
- misadventure, mishap **mésaventure**
- situation **situation**

- station **station**
- tower **tour**

Verbs

- to bump **bousculer**
- to dance **danser**
- to move (around) **se déplacer**
- to excuse **excuser**
- to bump into **se heurter à**

- to worry **s'inquiéter**
- to miss **manquer**
- to skate **patiner**
- to lose **perdre**
- to pick up **ramasser**

- to return **rendre**
- to go **se rendre**
- to knock over **renverser**

Adjectives

- absolute **absolu(e)**
- affirmative **affirmatif(ive)**
- upset **bouleversé(e)**
- brief **bref (brève)**
- cardiac **cardiaque**
- pinched **coincé(e)**
- constant **constant(e)**

- diligent **diligent(e)**
- elegant **élégant(e)**
- bored **ennuyé(e)**
- frank **franc (franche)**
- frequent **fréquent(e)**
- frugal **frugal(e)**
- graceful **gracieux(euse)**

- legible **lisible**
- sorry **navré(e)**
- negative **négatif(ive)**
- private **particulier(ère)**
- nearby **proche**

Adverbs

- absolutely **absolument**
- affirmatively **affirmativement**
- briefly **brièvement**
- constantly **constamment**
- diligently **diligemment**
- directly **directement**
- discreetly **discrètement**
- elegantly **élégamment**
- energetically **énergiquement**
- finally **enfin**

- intentionally **exprès**
- finally **finalement**
- (not) necessarily **(pas) forcément**
- frankly **franchement**
- frequently **fréquemment**
- frugally **frugalement**
- gracefully **gracieusement**
- intelligently **intelligemment**
- legibly **lisiblement**
- at length **longuement**

- badly, poorly **mal**
- the best **le mieux**
- negatively **négativement**
- patiently **patiemment**
- politely **poliment**
- probably **probablement**
- prudently **prudemment**
- seriously **sérieusement**
- suddenly **subitement**

Other expressions

- Ouch! **Aïe !**
- in the back of **à l'arrière de**
- in the center of **au centre de**
- It doesn't matter., It's OK. **Ça ne fait rien.**
- above **ci-dessus**

- once more **encore un fois**
- to be angry **être en colère**
- let me by **laissez-moi passer**
- to drop **laisser tomber**
- on the ground/floor **par terre**
- to take a test **passer un examen**

- to have tea **prendre le thé**
- to study for a test **préparer un examen**
- to pass a test **réussir à un examen**

SEIZIÈME LEÇON 189

ANSWER KEYS

COMPRÉHENSION AUDITIVE

Conversations

v—f—f; f—v—v; v—f—v

Exercices oraux

16.1 1. sérieusement   2. patiemment
3. précisément   4. vraiment   5. franchement
6. longuement   7. lentement   8. constamment

16.2 (*Exercice supplémentaire*)   1. Est-ce que Marie est une étudiante intelligente ?   2. Alors, comment travaille-t-elle ?   3. Est-ce que Marie est une jeune fille gracieuse ?   4. Alors, comment danse-t-elle ?
5. Est-ce que Mme Chabrier est une dame élégante ?
6. Alors, comment s'habille-t-elle ?   7. Est-ce que Philippe est un étudiant sérieux ?   8. Alors, comment travaille-t-il ?   9. Est-ce que M. Dubois est un professeur patient ?   10. Alors, comment enseigne-t-il ?
11. Est-ce que Nicole est une bonne étudiante ?
12. Alors, comment travaille-t-elle ?

oui—non—oui; oui—non—oui; non—oui—non

16.4 (*Exercice supplémentaire*)   1. Je ne suis pas content.   2. Je suis trop timide.   3. J'ai peur de vous.
4. Je suis en retard.   5. Je n'ai pas confiance en vous.
6. Je ne sais pas la réponse.   7. Je n'ai pas de patience.   8. Je suis impatient.

oui—non—oui; oui—non—non; non—oui—oui

Applications

a—c—a—b—a—a

v—v—f; f—v—f; v—f—f

1. Châtelet   2. Abbesses   3. Pyramides   4. Jaurès
5. République   6. Pyrénées

EXERCICES ÉCRITS

16.1 1. élégamment   2. excessivement
3. naturellement   4. seulement   5. absolument
6. oralement   7. Je l'apprends constamment.   8. J'y ai répondu affirmativement.   9. Je les écris lisiblement.

16.2 1. Je pense le plus souvent à (Carol Shook).
2. (Mon père écrit) des lettres le moins souvent.
3. Je sais (jouer au tennis) beaucoup mieux qu'elle.
4. (Mon professeur) parle français plus vite que moi.
5. Je parle (plus) intelligemment que lui.
6. (Personne ne) travaille plus patiemment que moi.

16.3 1. J'en ai commandé aujourd'hui.   2. Je l'ai toujours préféré.   3. Il l'a déjà payé.   4. Nous y sommes allés directement.   5. Je les ai souvent rencontrés.   6. Vous ne l'avez pas beaucoup aimée.

16.4 1. ne les y mettez pas. Oui, mettez-les-y.   2. ne m'en parlez pas. Oui, parlez-m'en.   3. ne me la lisez pas. Oui, lisez-la-moi.   4. ne me le donnez pas. Oui, donnez-le-moi.   5. ne les leur montrez pas. Oui, montrez-les-leur.   6. n'y répondez pas. Oui, répondez-y.

16.5 1. Où va cet avion ?   2. D'où vient l'avion ?
3. Comment sont les hôtesses ?   4. Pourquoi est-ce que le pilote se dépêche ?   5. À quelle heure arrive la famille ?   6. Qui est-ce que le touriste attend ?

(I)

rarement
gentiment
absolument
constamment
heureusement
naturellement
indiscrètement
affirmativement
indiscutablement
malheureusement
intelligemment
excessivement
discrètement
franchement
évidemment
récemment
vraiment

(II) CLÉMENCEAU (a), PIERRE CURIE (d), CHARLES DE GAULLE (a), FALGUIÈRE (c), ANATOLE FRANCE (b), GEORGE V (a), VICTOR HUGO (b), LAMARCK (d), MICHEL-ANGE (c), PASTEUR (d), PHILIPPE-AUGUSTE (a), PIGALLE (c), RÉAUMUR (d), RICHELIEU (a), ROBESPIERRE (a), FRANKLIN D. ROOSEVELT (a), VOLTAIRE (b), ÉMILE ZOLA (b).

NOM _____ COURS _____ SECTION _____

DIX-SEPTIÈME LEÇON

PREMIÈRE PARTIE

CONVERSATIONS

( ) **A** *Au voleur !*
( ) **B** *Qu'est-ce que c'est que le « Farmer's Market » ?*
( ) **C** *Elle a déménagé à Bordeaux.*

EXERCICES ORAUX

- **1** Pronom relatif : **qui**

    A *Voulez-vous aller en France ? Voulez-vous visiter Paris ? On va parler d'un touriste qui visite une ville en France. Reliez les deux phrases d'après ce modèle.*[1]

    1 2 3 4 5 6 7 8

    B *On parle toujours de ce touriste. Reliez les deux phrases d'après ce modèle.*[2]

    1 2 3 4 5 6 7 8

- **2** Pronom relatif : **que**

    A *Un client va dans un restaurant. Il va prendre son déjeuner. Reliez les deux phrases d'après ce modèle.*

    1 2 3 4 5 6 7 8

    B *Vous voilà, de nouveau, avec le touriste qui visite une ville en France. Reliez les deux phrases d'après ce modèle.*

    1 2 3 4 5 6 7 8

    C *Maintenant, reliez les deux phrases avec* **qui** *ou* **que** *selon le cas, d'après ces modèles.*[3]

    1 2 3 4 5 6 7 8

---

[1] Les deux dernières phrases de l'exercice (numéros 9 et 10) ne sont pas enregistrées sur la bande magnétique.
[2] Les deux dernières phrases de l'exercice (numéros 9 et 10) ne sont pas enregistrées sur la bande magnétique.
[3] Les six dernières phrases (numéros 9–14) ne sont pas enregistrées.

Compréhension auditive : *Indiquez le pronom relatif qui manque dans chaque phrase. (Exemple : si vous entendez « Je cherche le cahier...vous m'avez donné », vous écrirez « que ».)*

1. _____   4. _____   7. _____

2. _____   5. _____   8. _____

3. _____   6. _____   9. _____

- **3 Qu'est-ce que c'est que**

    A *Je vais vous donner quelques définitions. Écoutez bien et posez-moi une question d'après ce modèle.*

    1 2 3 4 5 6 7 8 9 10

    Compréhension auditive : *Regardez la liste des mots suivants. Vous allez entendre une série de définitions. Écrivez le nombre qui correspond à chaque mot défini.*

    pendule _____   garçon _____   fourchette _____

    librairie _____   cuisine _____   salle de bains _____

    facteur _____   aveugle _____   armoire _____

- **4 Emploi de il y a, pendant et depuis**

    A *Répondez aux questions en employant **il y a** d'après ce modèle. Utilisez les pronoms appropriés dans vos réponses.*

    1 2 3 4 5 6

    B *Répondez aux questions d'après ce modèle.*

    1 2 3 4 5 6 7 8

    Compréhension auditive : *Écoutez les phrases, puis lisez rapidement les commentaires qui les accompagnent. Indiquez si les commentaires sont logiques et appropriés.*

    1. oui non Je sais que vous apprenez le français depuis sept mois.
    2. oui non Vraiment ? Vous avez passé quatre heures à regarder la télé ?
    3. oui non Oh ! là ! là ! Vous y avez donc passé toute la journée !
    4. oui non C'est naturel ; vous n'avez rien mangé depuis cinq heures.
    5. oui non Ah oui ? Vous le connaissez depuis septembre ?
    6. oui non Alors, vous savez conduire depuis plus de quatre ans.
    7. oui non Vous l'avez donc depuis trois jours.
    8. oui non Ah oui ? Pendant combien de temps ?

- **5 Conduire**

    A *Exercice de contrôle*

    1 2 3 4 5 6; 1 2 3 4 5 6

NOM _____ COURS _____ SECTION _____

APPLICATIONS

A Dialogue : *Les grands monuments de Paris*[1] (   )

Compréhension auditive : *Vous allez entendre une série de descriptions de monuments. Écrivez le nombre qui correspond à chaque monument décrit.*

L'Arc de Triomphe _____

Le Centre Beaubourg _____

Le Forum des Halles _____

L'Hôtel des Invalides _____

Le Palais de Chaillot _____

Le Place Charles de Gaulle _____

Le Château Frontenac _____

Le Louvre _____

DESSIN 20

Compréhension auditive : *Regardez le Dessin 20. Vous êtes à la gare. Vous cherchez la rue du Théâtre. Vous demandez le chemin à un passant et voici ce qu'il vous dit. Tracez sur le plan les rues que vous devez prendre.*

Dictée : *Écrivez l'adresse et le numéro de téléphone que vous entendez.*[2]

1. l'Ambassade américaine

_____

2. l'American Express

_____

[1] Keep your textbook open and repeat the sentences during the pause. These passages are recorded only once.
[2] Faites une révision des nombres cardinaux (Leçon **4**.5) avant de faire cet exercice.

DIX-SEPTIÈME LEÇON

3. La Tour d'Argent

4. Fauchon

DEUXIÈME PARTIE

EXERCICES ÉCRITS

● 1 Pronom relatif : **qui**

Reliez les deux phrases en employant le pronom relatif **qui**.

1. Je trouve un hôtel ; l'hôtel n'est pas loin d'ici.

2. Je vois une maison ; la maison date du quinzième siècle.

3. Voilà un monument ; le monument m'intéresse.

4. L'hôtel est près d'ici ; l'hôtel ne coûte pas cher.

5. Les touristes parlent japonais ; les touristes sont là-bas.

6. Le jardin est splendide ; le jardin se trouve devant le château.

*7. La visite sera en anglais ; la visite commence à dix heures.

*8. Le guide n'est pas ici ; le guide parle bien anglais.

*9. Je cherche une église ; l'église est célèbre.

● 2 Pronom relatif : **que**

Reliez les deux phrases en employant **qui** *ou* **que**.

1. Voilà la rue ; j'ai traversé la rue.

2. Voilà la serveuse ; elle parle espagnol.

3. Je regarde le menu ; elle m'a apporté le menu.

NOM _____ COURS _____ SECTION _____

   4. Je commande un repas ; il ne coûte pas cher.

   5. Je mange la soupe ; je l'ai commandée.

   6. Voici l'addition ; je vais la payer.

   7. La rue est loin d'ici. Vous cherchez la rue.

   8. La rue est large. Elle est devant l'hôtel.

 *9. Voilà l'autobus ; je l'attendais.

*10. L'autobus était bondé ; j'ai pris l'autobus.

*11. Le château est beau ; il m'intéresse.

*12. L'entrée m'a coûté 15 francs ; j'ai payé l'entrée.

● **3 Qu'est-ce que c'est que**

Répondez aux questions.

   1. Qu'est-ce que c'est qu'une serveuse ?

   2. Qu'est-ce que c'est qu'un triangle ?

   3. Qu'est-ce que c'est qu'un déjeuner ?

 *4. Qu'est-ce que c'est qu'un livre de français ?

Posez des questions en employant la locution **qu'est-ce que c'est que**.

   5. C'est un plat qu'on prend à la fin d'un repas.

   6. C'est une personne qui ne peut pas voir.

   7. C'est un magasin où on vend des livres.

 *8. C'est un magasin où on peut acheter des cigarettes.

DIX-SEPTIÈME LEÇON **195**

*9. C'est une personne qui enseigne le français.

● 4 Emploi de **il y a, pendant** et **depuis**

Répondez aux questions en employant **il y a**, **depuis** *et* **pendant**. *Utilisez des pronoms appropriés quand c'est possible.*

1. Quand êtes-vous entré(e) à l'université ?

2. Depuis quand êtes-vous dans le cours de français ?

3. Depuis combien de temps connaissez-vous votre professeur de français ?

4. Pendant combien de temps serez-vous à l'université ?

5. Pendant combien de temps avez-vous regardé la télé le week-end dernier ?

6. Quel temps fait-il, et depuis quand ?

7. Depuis combien de temps faites-vous ce devoir de français ?

8. Depuis quand êtes-vous à l'université ?

9. Quand est-ce que vous vous êtes lavé les cheveux ?

● 5 Conduire

Répondez aux questions.

1. Depuis combien de temps savez-vous conduire ?

2. Comment conduisez-vous quand il neige ?

3. Traduisez-vous beaucoup de phrases ?

4. Est-ce que le Japon produit autant d'autos que la France ?   (plus)

5. Avez-vous jamais construit des châteaux de sable ?

6. Traduisez en français : « I'm looking for the house they built ».

196   DIX-SEPTIÈME LEÇON

NOM _____ COURS _____ SECTION _____

*7. Est-ce que je détruis votre cahier d'exercices ?
___

*8. Quels états aux États-Unis produisent beaucoup de vin ?
___

*9. Demandez-moi comment je conduis quand il pleut à verse.
___

APPLICATIONS : Travaux écrits

( ) **A** *Questions*
( ) **C** *Posez des questions sur les parties soulignées.*
( ) **E** *Renseignements et opinions*

(I) *Paris est divisé en 20 arrondissements. Savez-vous dans quel arrondissement se trouvent les monuments et les sites suivants ?*[1]

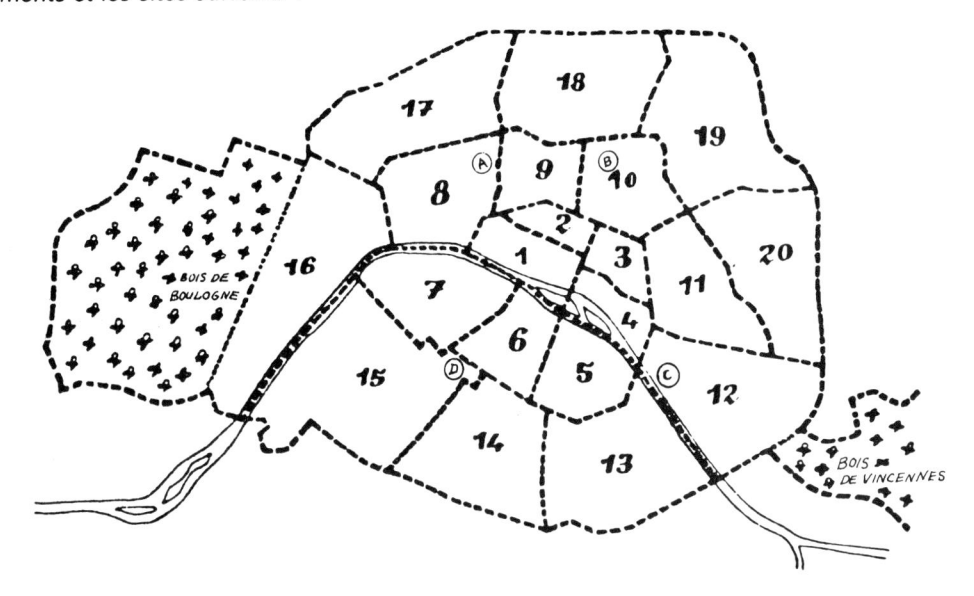

a. l'Arc de Triomphe ( )
b. l'avenue des Champs-Élysées ( )
c. la Basilique du Sacré-Cœur (Montmartre) ( )
d. le Centre Beaubourg ( )
e. la cathédrale Notre-Dame ( )
f. la Conciergerie ( )
g. l'église Saint-Germain-des-Prés ( )
h. le Forum des Halles ( )
i. l'Hôtel des Invalides ( )

j. le Jardin du Luxembourg ( )
k. le Louvre ( )
l. le Palais de Chaillot ( )
m. la Place de la Concorde ( )
n. la Place des Vosges ( )
o. la Sorbonne ( )
p. la Tour Eiffel ( )
q. le quartier du Marais ( )

---

[1] Pour vous orienter, consultez d'abord le plan de Paris à la page 356 de votre livre de français. Les quatre lettres vous offrent des points de repère : A. la gare Saint-Lazare (8) ; B. la gare de l'Est (10); C. la gare de Lyon (12) ; D. la gare Montparnasse (15).

DIX-SEPTIÈME LEÇON 197

(II) *Aimez-vous voyager ? Dans quel pays faut-il aller pour voir les monuments suivants ?*

1. les pyramides de la Lune et du Soleil : en Égypte, au Maroc, au Mexique.
2. la Tour Penchée : en France, en Italie, en Belgique.
3. la Grande Muraille : en Allemagne, au Japon, en Chine.
4. l'Alhambra : au Mexique, en Égypte, en Espagne.
5. le Palais d'Hiver : en France, en Italie, en Russie.
6. la Cité Interdite : au Japon, en Chine, en Italie.
7. la Place Saint-Marc : en Italie, en France, en Belgique.
8. la Statue de la Liberté : au Canada, aux États-Unis, en Angleterre.
9. la pyramide de Chéops : au Maroc, au Mexique, en Égypte.
10. le Grand Palais du Kremlin : en Allemagne, en Russie, aux Pays-Bas.

TROISIÈME PARTIE

CONVERSATIONS

A *Thief!*

MISS LA ROCHE Sir! Sir! Someone stole my purse [from me].
POLICEMAN Did you see the person who stole it from you?
MISS LA ROCHE Yes, he was taller than you, sir...but not as good-looking.
POLICEMAN I'm going to help you right away, Miss!

B *What is the "Farmer's Market"?*

MRS. WILSON I'm going to the "Farmer's Market" this morning. Do you want to go with [accompany] me?
JEAN-PAUL What is the "Farmer's Market"?
MRS. WILSON It's a little outdoor market, where they sell vegetables, fruits, and flowers.
JEAN-PAUL Really? Yes, I'll go with you.

C *She moved to Bordeaux.*

MRS. REYNAUD When did you move to Bordeaux?
MISS LÉPINE I moved three years ago.
MRS. REYNAUD And do you still live there?
MISS LÉPINE Yes, I've been in Bordeaux for three years now.

APPLICATIONS[1]

B Expressions utiles

Monuments

to visit { a { historical/touristic/colorful / residential/commercial/industrial } section of a city / the Old Town }

The monument { was { built / destroyed / restored } { at/in / toward } { the beginning / the middle / the end } of the 19th century. / is/will be { in the process of restoration. / temporarily closed. } }

---

[1] Le dialogue de cette leçon n'est pas traduit.

the building [*two ways*]:
- the exterior/the interior
- the façade [front]
- the central/northern/southern/eastern/western part
- the left/right wing
- the tower/the bell tower

The tour [visit] (is)
- guided [*two ways*].
- upon demand.
- suspended/not permitted (it cannot be [is not] toured).

The access (is)
- authorized/not permitted to the public.
- upon demand.

to inquire / to obtain information } at the { information office / tourist information office

to inquire of the / to obtain information from the } guard

VOCABULAIRE

Masculine nouns

- art **art**
- bus **autocar**
- blind man **aveugle**
- truck **camion**
- bell tower **clocher**
- building **édifice**
- employee **employé**
- whole, group **ensemble**
- escalator **escalator**
- space **espace**
- exterior **extérieur**
- mailman **facteur**
- forum **forum**

- general **général**
- instrument **instrument**
- Louvre **Louvre**
- vegetable merchant **marchand de primeurs (des quatre saisons)**
- marriage **mariage**
- monastery **monastère**
- Middle Ages **moyen âge**
- obelisk **obélisque**
- palace (courthouse) **palais (de justice)**
- passer-by **passant**
- pedestrian **piéton**

- dish **plat**
- information **renseignement**
- sand **sable**
- site **site**
- soldier **soldat**
- deaf man **sourd**
- style **style**
- symbol **symbole**
- theater **théâtre**
- total, sum **total**
- pipe, tube **tuyau**
- viceroy **vice-roi**

Feminine nouns

- wing **aile**
- army **armée**
- wardrobe **armoire**
- auto **auto**
- basilica **basilique**
- mound, hill **butte**
- cathedral **cathédrale**
- film library **cinémathèque**
- air conditioning **climatisation**
- expense **dépense**
- Egypt **Égypte**

- star **étoile**
- exhibition, exhibit **exposition**
- (covered) market **Les Halles** *pl*
- island **île**
- justice **justice**
- list **liste**
- death **mort**
- bill **note**
- clock **pendule**
- perspective, view **perspective**
- doll **poupée**

- beam **poutre**
- prison **prison**
- about fifteen **quinzaine**
- revolution **révolution**
- theater hall **salle de théâtre**
- sculpture **sculpture**
- silhouette **silhouette**
- surface **surface**
- ventilation **ventilation**
- way, track **voie**
- view **vue**

Verbs

- to shelter, to house **abriter**
- to accompany **accompagner**
- to hide **cacher**
- to move around **circuler**
- to commemorate **commémorer**
- to drive; to lead **conduire** *irrég*
- to build **construire** *irrég*
- to demolish **démolir**

- to destroy **détruire** *irrég*
- to become **devenir** *irrég*
- to distribute **distribuer**
- to dominate **dominer**
- to jut out **se dresser**
- to marry **épouser**
- to guillotine **guillotiner**
- to occupy, to take up **occuper**

- to produce **produire** *irrég*
- to radiate **rayonner**
- to restore **restaurer**
- to serve as **servir de**
- to translate **traduire** *irrég*
- to be situated **se trouver**
- to steal **voler**

Adjectives

old, former **ancien(ne)**	·gothic **gothique**	·romanesque **roman(e)**
·wounded **blessé(e)**	·immense **immense**	·romano-byzantine **romano-byzantin(e)**
·circular **circulaire**	·impossible **impossible**	·royal **royal(e)**
·commercial **commercial(e)**	·unknown **inconnu(e)**	·sacred **sacré(e)**
known **connu(e)**	·modern **moderne**	·situated **situé(e)**
·covered **couvert(e)**	·average **moyen(ne)**	·underground **souterrain(e)**
·existent **existant(e)**	·religious **religieux(euse)**	·triumphant **triomphal(e)**
·extraordinary **extraordinaire**	restored **restauré(e)**	·vast **vaste**

Other expressions

·thus **ainsi**	·Thief! **Au voleur !**	since when **depuis quand**
·as well as **ainsi que**	what it is (what...is/are) **ce que c'est (que)**	what is **qu'est-ce que c'est que**
·on the outside **à l'extérieur**	since **depuis**	recently **récemment**
·on the occasion of **à l'occasion de**	for how long **depuis combien de temps**	·according to **selon**
·approximately **à peu près**		
·in the course of **au cours de**		

ANSWER KEYS

COMPRÉHENSION AUDITIVE

Exercices oraux

17.2 qui—qui—que; qui—que—que; que—qui—que

17.3 1. garçon 2. librairie 3. aveugle 4. fourchette 5. pendule 6. cuisine 7. salle de bains 8. facteur 9. armoire

17.5 oui—non—oui—non; oui—oui—non—non

Applications

1. Le Louvre 2. Le Centre Beaubourg 3. L'Hôtel des Invalides 4. Le Palais de Chaillot 5. Le Château Frontenac 6. Le Forum des Halles 7. La Place Charles de Gaulle 8. L'Arc de Triomphe

La rue du Théâtre ? C'est un peu loin d'ici. Vous êtes en voiture ? Bon. Voyons . . . prenez cette rue jusqu'à la place que vous voyez là-bas. Là, tournez à gauche et allez tout droit, et vous passerez devant le tribunal. Continuez tout droit et vous serez bientôt devant l'Hôtel de ville. Alors, tournez à droite, et vous arriverez à un grand boulevard. Quand vous serez là, tournez encore à droite et vous verrez la rue du Théâtre à votre gauche.
— Merci beaucoup, Monsieur.
Je vous en prie, Mademoiselle.

(*Dictée*) 1. 2, avenue Gabriel; 296.12.02 2. 266.09.99; 11, rue Scribe 3. 15, quai Tournelle; 354-23-31 4. 26, place de la Madeleine; 742.60.11

EXERCICES ÉCRITS

17.1 1. Je trouve un hôtel qui n'est pas loin d'ici. 2. Je vois une maison qui date du quinzième siècle. 3. Voilà un monument qui m'intéresse. 4. L'hôtel qui ne coûte pas cher est près d'ici. 5. Les touristes qui sont là-bas parlent japonais. 6. Le jardin qui se trouve devant le château est splendide.

17.2 1. Voilà la rue que j'ai traversée. 2. Voilà la serveuse qui parle espagnol. 3. Je regarde le menu qu'elle m'a apporté. 4. Je commande un repas qui ne coûte pas cher. 5. Je mange la soupe que j'ai commandée. 6. Voici l'addition que je vais payer. 7. La rue que vous cherchez est loin d'ici. 8. La rue qui est devant l'hôtel est large.

17.3 1. C'est une jeune fille ou une femme qui sert des repas dans un restaurant. 2. C'est une forme géométrique qui a trois côtés. 3. C'est un repas qu'on prend à midi. 5. Qu'est-ce que c'est qu'un dessert ? 6. Qu'est-ce que c'est qu'un aveugle ? 7. Qu'est-ce que c'est qu'une librairie ?

17.4 1. J'y suis entré(e) il y a (deux ans). 2. J'y suis depuis (janvier). 3. Je le connais depuis (un mois). 4. J'y serai pendant (deux ans). 5. Je l'ai regardée pendant (quatre heures). 6. (Il fait très froid depuis trois semaines.) 7. Je le fais depuis (un quart d'heure). 8. J'y suis depuis (1985). 9. Je me les suis lavés il y a (deux jours).

17.5 1. Je sais conduire depuis (quatre ans). 2. Je conduis (très prudemment) [quand il neige]. 3. (Non, je traduis très peu de phrases.) 4. Non, le Japon produit plus d'autos que la France. 5. Oui, j'ai construit des (*or* Non, je n'ai jamais construit de) châteaux de sable. 6. Je cherche la maison qu'on a (*or* qu'ils ont) construite.

(I) a. (8, 16, 17) b. (8) c. (18) d. (4) e. (4) f. (1) g. (6) h. (1) i. (7) j. (6) k. (1) l. (16) m. (8) n. (4) o. (5) p. (7) q. (3, 4)

(II) 1. au Mexique 2. en Italie 3. en Chine 4. en Espagne 5. en Russie 6. en Chine 7. en Italie 8. aux États-Unis 9. en Égypte 10. en Russie

NOM _____ COURS _____ SECTION _____

DIX-HUITIÈME LEÇON

PREMIÈRE PARTIE

CONVERSATIONS

    ( ) **A** *Un café célèbre*
    ( ) **B** *À la terrasse d'un café*
    ( ) **C** *J'ai perdu ton bouquin.*

EXERCICES ORAUX

● **1** Pronom relatif : **dont**

    A *Reliez les deux phrases avec* **dont** *d'après ce modèle.*

        1 2 3 4 5 6 7 8 9 10

    B *Reliez les deux phrases en utilisant* **qui**, **que** *ou* **dont**.

        1 2 3 4 5 6 7 8 9 10 11 12

● **2** Pronoms relatifs : **à qui, auquel,** etc.

    A *Reliez les deux phrases en employant le pronom relatif approprié d'après ces modèles.*

        1 2 3 4 5 6 7 8

Exercice supplémentaire : *Répondez aux questions d'après ces modèles.*

    Quel livre vous intéresse ?   **Voilà le livre qui m'intéresse.**
    Quel livre regardez-vous ?   **Voilà le livre que je regarde.**
    À quel livre pensez-vous ?   **Voilà le livre auquel je pense.**

        1 2 3 4 5 6 7 8

Compréhension auditive : *Indiquez le pronom relatif qui manque dans chaque phrase.*

    1. _____   4. _____   7. _____

    2. _____   5. _____   8. _____

    3. _____   6. _____   9. _____

- **3 Expressions impersonnelles**

    A *Modifiez les phrases suivantes d'après ce modèle.*

    1 2 3 4 5 6 7 8

    Compréhension auditive : *Écoutez les commentaires suivants et indiquez s'ils sont logiques et appropriés.*

1.	oui	non	4.	oui	non	7.	oui	non
2.	oui	non	5.	oui	non	8.	oui	non
3.	oui	non	6.	oui	non	9.	oui	non

- **4 S'asseoir**

    A *Exercice de contrôle*

    1 2 3 4 5 6; 1 2 3 4 5 6

- **5 Le mode conditionnel : le présent**

    A *Exercice de contrôle*

    1 2 3 4 5 6; 1 2 3 4 5 6

    B *Modifiez les phrases suivantes en employant le conditionnel d'après ce modèle.*

    1 2 3 4 5 6 7 8

    C *Ajoutez des phrases d'après ce modèle.*

    1 2 3 4 5 6 7 8

    D *Modifiez les phrases suivantes d'après ces modèles.*[1]

    1 2 3 4 5 6 7 8

    Compréhension auditive : *Indiquez si la réponse à chaque question est logique et appropriée.*

1.	oui	non	4.	oui	non	7.	oui	non
2.	oui	non	5.	oui	non	8.	oui	non
3.	oui	non	6.	oui	non	9.	oui	non

    Compréhension auditive : *Mettez chaque verbe au présent du conditionnel.*

    1. _____ 5. _____

    2. _____ 6. _____

    3. _____ 7. _____

    4. _____ 8. _____

---

[1] Mettez **Vous dites** et **Vous promettez** au passé composé, et **J'espère** et **On ne sait pas** à l'imparfait.

NOM _____ COURS _____ SECTION _____

APPLICATIONS

A Dialogue : *On demande quelque chose.*

Compréhension auditive : *Écoutez ces conversations. Indiquez si les répliques sont logiques et appropriées.*

1.	oui	non	4.	oui	non	7.	oui	non
2.	oui	non	5.	oui	non	8.	oui	non
3.	oui	non	6.	oui	non	9.	oui	non

Compréhension auditive : *Indiquez le mot qui n'appartient pas à chaque série.*

a.	1	2	3	4		e.	1	2	3	4
b.	1	2	3	4		f.	1	2	3	4
c.	1	2	3	4		g.	1	2	3	4
d.	1	2	3	4		h.	1	2	3	4

Compréhension auditive : *Voici quelques commentaires basés sur les deux derniers paragraphes de la lecture de cette leçon. Lisez d'abord les paragraphes, puis indiquez si les commentaires sont vrais ou faux.*

1.	v	f	4.	v	f	7.	v	f
2.	v	f	5.	v	f	8.	v	f
3.	v	f	6.	v	f	9.	v	f

DEUXIÈME PARTIE

EXERCICES ÉCRITS

● **1** Pronom relatif : **dont**

Reliez les deux phrases en employant **qui**, **que** *ou* **dont**.

1. Voilà le journal. J'ai besoin de ce journal.

   _____

2. Je t'invite au café. Il est là-bas.

   _____

3. Le film est excellent. On a discuté de ce film.

   _____

4. Le garçon est ici. Tu connais le frère du garçon.

   _____

5. L'hôtesse est américaine. Elle parle bien français.

   _____

6. Le programme est ennuyeux. Vous allez regarder le programme.

   _____

DIX-HUITIÈME LEÇON 203

7. Cet examen ne sera pas difficile. Tu as peur de l'examen.

8. Je ne connais pas le cinéma. Il a parlé de ce cinéma.

*9. Voilà la voiture. Il n'est pas satisfait de la voiture.

*10. C'est un des grands monuments. Ces monuments se trouvent à Paris.

*11. Ce n'est pas la voiture. Paul a acheté une voiture.

*12. Je connais un enfant. Le père de l'enfant est un médecin célèbre.

● 2 Pronoms relatifs : **à qui, auquel,** etc.

Reliez les deux phrases en employant des pronoms relatifs appropriés.

1. Voilà le livre. Je pensais à ce livre.

2. Je cherche les livres. Je dois travailler avec ces livres.

3. L'agent est un ami de mon frère. Tu as obéi à l'agent.

4. Où sont les lettres ? J'ai répondu à ces lettres.

5. Je connais le garçon. Tu as dansé avec lui.

6. La dame est ma tante. Il va travailler pour elle.

Voici un monologue de Charles. Remplacez chaque numéro par le pronom relatif approprié.

Voici le livre (7) nous utilisons dans le cours de français. Je regarde les photos (8) sont dans le livre. Il y a une photo (9) m'intéresse beaucoup. Voilà la photo (10) je parle. C'est la photo (11) je pense souvent. La jeune fille (12) est sur la photo est belle. Regardez la robe élégante (13) elle porte. C'est une jeune fille (14) je trouve charmante et (15) je veux faire la connaissance. J'écrirai à la maison[1] (16) a publié le livre. Ils savent peut-être son nom !

7. _____   9. _____

8. _____   10. _____

[1]Here, *publisher.*

NOM _____ COURS _____ SECTION _____

11. _____ 14. _____

12. _____ 15. _____

13. _____ 16. _____

● 3 Expressions impersonnelles

Modifiez les phrases suivantes d'après ce modèle.

Je ne veux pas écrire la lettre ; c'est trop pénible.
Il est trop pénible d'écrire la lettre.

1. Je ne veux pas faire ce travail ; c'est trop difficile.

2. Je ne peux pas y répondre ; c'est trop pénible.

3. Je ne peux pas arriver à l'heure ; c'est impossible.

4. Oui, j'utiliserai cette machine ; ce sera simple.

5. Je ne sais pas si je pourrai dire la vérité ; ce n'est pas toujours facile.

6. Non, je ne vais pas faire cela ; c'est très désagréable.

*7. Tu ne dois pas traverser la rue ici ; c'est très dangereux.

*8. Allons voir ton copain ; ce sera amusant.

*9. Je ne veux pas lui dire la vérité ; ce ne sera pas agréable.

● 4 S'asseoir

Répondez aux questions.

1. Êtes-vous debout ou assis(e) en ce moment ?

2. Dites-moi de m'asseoir et de me reposer un peu.

3. Vous assiérez-vous près du professeur demain ?

4. Dites à votre camarade de s'asseoir et de se reposer.

5. Près de qui vous asseyez-vous dans le cours de français ?

DIX-HUITIÈME LEÇON 205

*6. Quelle sorte d'étudiants s'asseyent au fond de la classe ?

*7. Demandez-moi si je suis assis ou debout maintenant.

● 5 Le mode conditionnel : le présent

Modifiez les phrases suivantes en employant le conditionnel d'après ce modèle.

    Aide-moi ! (pouvoir)   **Pourrais-tu m'aider ?**

1. Aidez-moi ! (pouvoir)

2. Ne fréquente plus ce café. (devoir)

3. Ne restez-vous pas encore un moment ? (vouloir)

4. J'achète un billet pour Paris. (vouloir)

*5. Partons-nous demain ? (pouvoir)

Modifiez les phrases suivantes d'après ce modèle.

    Nous irons en Europe, c'est ce qu'il a dit.   **Il a dit que nous irions en Europe.**

6. Je me marierai avec lui, c'est ce que j'ai annoncé à mes parents.

7. Ils ne seront pas contents, c'est ce que je savais.

8. Nous chercherons un appartement, c'est ce qu'il m'a dit.

9. Nous serons heureux, c'est ce qu'il m'a promis.

*10. Nous aurons assez d'argent, c'est ce que je pensais.

*11. On se mariera le premier juin, c'est ce que je lui ai dit.

Modifiez les phrases suivantes d'après ce modèle.

    Je ne suis pas millionnaire. Voilà pourquoi je n'achète pas cette maison.
    Mais si j'étais millionnaire, j'achèterais cette maison.

NOM _____ COURS _____ SECTION _____

12. Je ne suis pas malade ; voilà pourquoi je ne vois pas mon médecin.

    Mais _____

13. Il ne fait pas froid ; c'est pourquoi je ne mets pas mon pull.

    Mais _____

14. Vous n'êtes pas malade ; autrement vous resteriez à la maison.

    Mais _____

*15. Je ne suis pas millionnaire ; voilà pourquoi je n'habite pas dans un château.

    Mais _____
    _____

*16. Nous apprenons le français ; c'est pourquoi nous sommes dans ce cours.

    Mais _____
    _____

● Révision

Reliez les deux phrases en employant le pronom relatif approprié.

1. Où est le journal ? Je l'ai acheté hier.

2. Voilà le dictionnaire. J'en ai besoin.

3. La voiture est italienne. Elle est devant la maison.

4. Je cherche la lettre. Je n'y ai pas encore répondu.

5. Elle connaît un monument. Il vous intéressera.

6. Je vais apporter le disque. Je t'en ai parlé.

7. Connaissiez-vous la dame ? Vous lui avez téléphoné.

8. La boisson n'était pas fraîche. Je l'ai commandée.

9. Non, ce n'est pas le livre. Je pensais à un livre.

10. La dame est ma tante. Vous travaillez pour elle.

Répondez aux questions. Employez les pronoms appropriés quand c'est possible.

1. Écrivez-vous plus lisiblement que votre professeur ?

DIX-HUITIÈME LEÇON 207

2. Depuis combien de temps avez-vous ce cahier d'exercices ?

3. Pendant combien de temps serez-vous à l'université ?

4. Où est-ce que vous vous asseyez dans la classe de français ?

5. Qu'est-ce que vous feriez si vous aviez mille dollars ?

6. Quel âge aviez-vous quand vous avez appris à conduire ?

7. Qu'est-ce que c'est qu'un chauffeur ?

8. J'ai quatre jolis timbres. Dites-moi de vous les montrer.

9. Qu'est-ce que je ferais si j'étais malade ?

10. Qu'est qu'il est agréable de faire ?

11. Parmi les gens que vous connaissez, qui parle le plus intelligemment ?

12. Quand voudriez-vous aller en Europe ?

APPLICATIONS : Travaux écrits

( ) **A** *Questions*
( ) **C** *Complétez le passage suivant.*
( ) **E** *Composition*
( ) **F** *Renseignements et opinions*

(I) *Trouvez le présent du conditionnel des verbes suivants.*

```
s a v r d i r a i t a i
l u p e a e r a i t i t
i r b o n u v a i t t s
r a p o u d r a i t a o
a l v r i r r a i t i r
i f e f e r r a i t d t
t r e v r u a a i t e i
e s e r a i r i i t v r
i r a s a d r a t t r a
t r a d u i r a i t a i
e n s o r e t e r a i t
r a v i s a v r a i t a
```

il a   il sait
il boit   il sort
il doit   il traduit
il dit   il va
il est   il vend
il fait   il voit
il lit   il veut
il peut

208 DIX-HUITIÈME LEÇON

NOM _____ COURS _____ SECTION _____

(II) *Mettez dans chaque case une des lettres qui se trouvent au-dessous. L'ensemble de ces lettres formera une phrase basée sur la lecture de cette leçon.*

Monsieur Raymond

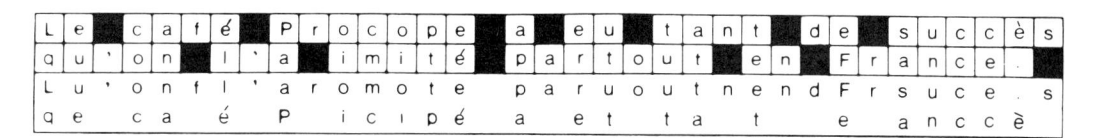

L	e		c	a	f	é		P	r	o	c	o	p	e		a		e	u		t	a	n	t		d	e		s	u	c	c	è	s
q	u	'	o	n		l	'	a		i	m	i	t	é		p	a	r	t	o	u	t		e	n		F	r	a	n	c	e	.	
L	u	'	o	n	f	l	'		a	r	o	m	o	t	e		p	a	r	u	o	u	t	n	e	n	d	F	r	s	u	c	e	. s
q	e		c	a		é		P		i	c	i	p	é		a		e	t		t	a	t		e		a	n	c	c	è			

A : Catherine

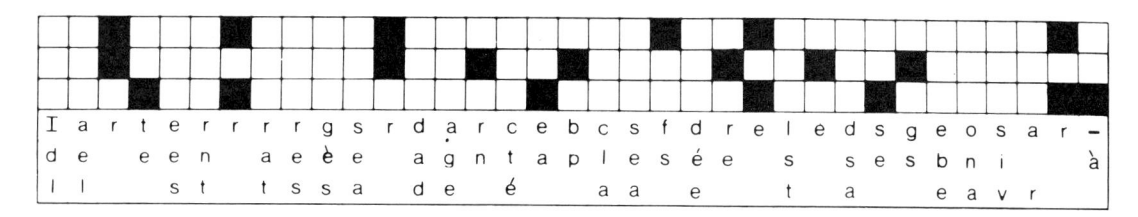

I a r t e r r r g s r d a r c e b c s f d r e l e d s g e o s a r-
d e   e e n   a e è   a g n t a p l e s é e   s   s e s b n i   à
l l   s t   t s s a   d e   é   a a e   t   a   e a v r

B : Paul

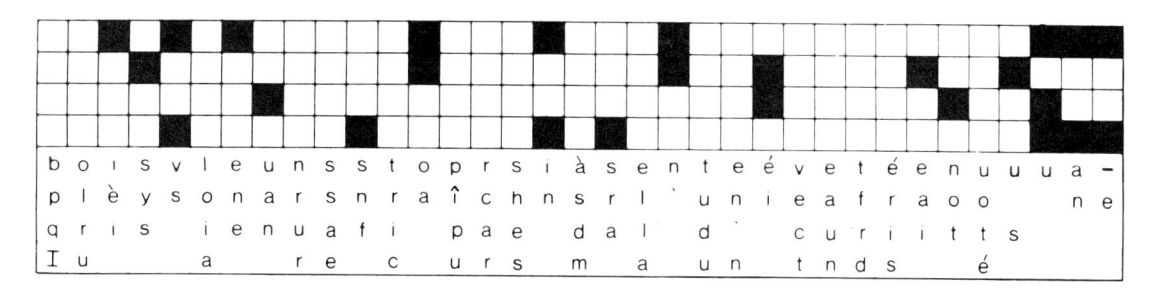

b o i s v l e u n s s t o p r s i à s e n t e é v e t é é n u u u a-
p l è y s o n a r s n r a î c h n s r l ' u n i e a f r a o o   n e
q r i s   i e n u a f i   p a e   d a l   d '   c u r i i t t s
I u   a   r e   c u r s   m a   u n   t n d s   é

C : Jean-Jacques

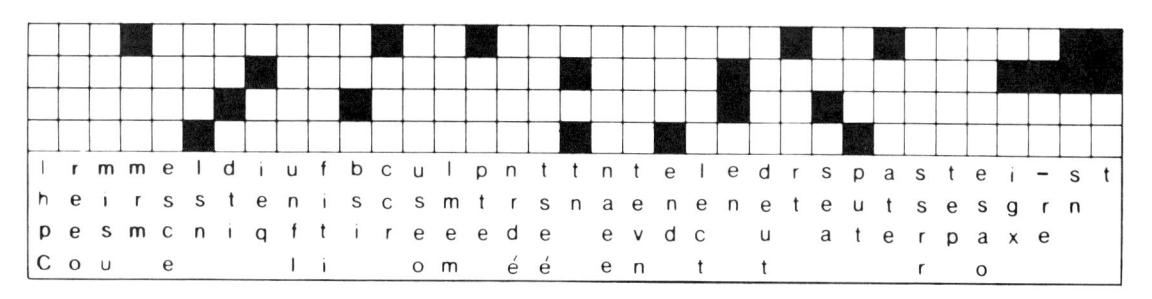

I r m m e l d i u f b c u l p n t t n t e l e d r s p a s t e i - s t
h e i r s s t e n i s c s m t r s n a e n e n e t e u t s e s g r n
p e s m c n i q f t i r e e e d e   e v d c   u   a t e r p a x e
C o u   e   l i   o m é é   e n t   t   r o

TROISIÈME PARTIE

CONVERSATIONS

A *A famous café*

PETER   Oh, look. There's the café des Deux-Magots.
MRS. RENAULT   Yes? And so?
PETER   It's a café that my French professor has often told [talked to] me about.
MRS. RENAULT   Really? Would you like [Do you want] to drink something there?
PETER   Gladly. Let's take a table on the terrace.

DIX-HUITIÈME LEÇON **209**

B *On the terrace of a café*

JEAN-PAUL	It certainly is pleasant to sit down after a long walk.
CHRISTINE	Yes, we've walked a lot this afternoon.
JEAN-PAUL	There's the waiter. I'm going to order a glass of beer [on tap]. What about you?
CHRISTINE	A Perrier-menthe.

C *I've lost your book.*

MARIE-LOUISE	What would you do if you didn't have your book?
JEAN-YVES	Oh, I don't know. I'd buy myself another one. Why?
MARIE-LOUISE	I think I've lost your book.
JEAN-YVES	Darn! You're going to buy me another one, then!

APPLICATIONS

A Dialogue et questions: *One asks for something.*

Jean-Paul to Monique
It's chilly [cool]. Close the window.
It's chilly. Please close the window.

Mrs. Chabrier to her son
Will you [Do you want to] close the window? It's cold [in] here.

A lady to a young man, on the train
Will you please close the window? I hate [have a horror of] drafts.
Can you please close the window? I'm going to catch a cold.

A lady to a [gentle]man
Would you close the window, sir? We're freezing in this compartment.
Could you close the window, sir? I have a cold.

A [gentle]man to a lady
Excuse me, ma'am. Would it bother you if I closed this window?
Excuse me, ma'am. It wouldn't bother you if I closed this window?

B Expressions utiles

Typical drinks in cafés[1]

Cafés must post outside and inside the place the price of all drinks. If the service charge is not included, it is necessary to indicate the service charge rate (in general, from 12 to 15 percent).

Coffee and Tea

black coffee [*two ways*]	tea
coffee with cream or milk	tea with milk
coffee with hot milk [*two ways*]	tea with lemon
espresso coffee [*two ways*]	herbal tea
hot chocolate	

Before-dinner drinks[2]

port wine	Dubonnet
a small glass of white wine	Pastis
Cinzano	Pernod
Martini	Scotch [*two ways*]

After-dinner drinks[3]

Cointreau	cognac
Grand Marnier	crème de menthe
Chartreuse	crème de cacao

[1]All the nouns are preceded by **un** or **une** rather than by the partitive article because *an order of* is implied.
[2]Items beginning with a capital letter are well-known brands, mostly of sweet wine.
[3]Items beginning with a capital letter are well-known brands of liqueur.

Cold drinks

light ⎫ beer on tap	a quarter of a liter of mineral water
dark ⎭	Perrier
a bottle of beer	Évian
fruit juice	Vittel
lemon-flavored soda pop	Contrexéville
orange juice soda pop	Vichy
orange-flavored soda pop	Perrier-menthe
lemonade	diabolo-menthe
Schweppes	
Coca-Cola	

VOCABULAIRE

Masculine nouns

·book	**bouquin**	back	**fond**	progress	**progrès**
·path, way	**chemin**	·form	**formulaire**	·cold	**rhume**
·choice	**choix**	millionaire	**millionnaire**	parking	**stationnement**
·compartment	**compartiment**	sign	**panneau**		
·draft	**courant d'air**	·Perrier-menthe	**Perrier-menthe**		

Feminine nouns

·(beer) on tap	**(bière) pression**	flight attendant (stewardess)	**hôtesse**	·politeness	**politesse**
grass	**herbe**	·coin	**pièce (de monnaie)**	surprise	**surprise**
·horror	**horreur**				

Verbs

to sit (down)	**s'asseoir** *irrég*	to spit	**cracher**	·to borrow (from)	**emprunter (à)**
·to catch	**attraper**	·to determine	**déterminer**	·to freeze	**geler**
·to count (on)	**compter (sur)**	to discuss	**discuter (de)**	·to fill (out)	**remplir**

Adjectives

seated	**assis(e)**	unpleasant	**désagréable**	satisfied	**satisfait(e)**
·air-conditioned	**climatisé(e)**	important	**important(e)**	simple	**simple**
dangerous	**dangereux(euse)**	forbidden	**interdit(e)**	sad	**triste**
forbidden	**défendu(e)**	painful	**pénible**		

Adverbs

standing	**debout**	·horribly	**horriblement**	just	**juste**

Other expressions

·to hate	**avoir horreur de**	to run	**courir**	to be standing	**être debout**
in the back of	**au fond de**	of which/whom	**dont**	to make progress	**faire des progrès**
Bern	**Berne**	to be seated	**être assis(e)**	which	**lequel, laquelle**

ANSWER KEYS

COMPRÉHENSION AUDITIVE

Exercices oraux

18.2 (*Exercice supplémentaire*) 1. Quelle photo vous intéresse ? 2. Quel étudiant connaissez-vous bien ? 3. Quel étudiant vous connaît bien ? 4. De quel cahier avez-vous besoin ? 5. À quelle lettre avez-vous répondu ? 6. Pour quelle dame travaillez-vous ? 7. De quelle maison parlez-vous ? 8. Quel livre est à vous ?

que—qui—auxquels; que—à laquelle—qui; dont—avec qui—dont

18.3 non—oui—oui; non—non—oui; oui—non—oui

18.5 non—non—oui; oui—oui—oui; non—oui—non

1. Ils iraient 2. Pourriez-vous 3. Je devrais 4. Elle saurait 5. Il ne boirait pas 6. Il y aurait 7. Ils voudraient 8. Nous ferions

Applications

oui—oui—non; non—oui—oui; non—oui—oui

3—2—4—1; 4—3—1—2

f—f—v; v—f—f; v—f—v

EXERCICES ÉCRITS

18.1 1. Voilà le journal dont j'ai besoin. 2. Je t'invite au café qui est là-bas. 3. Le film dont on a discuté est excellent. 4. Le garçon dont tu connais le frère est ici. 5. L'hôtesse qui parle bien français est américaine. 6. Le programme que vous allez regarder est ennuyeux. 7. Cet examen dont tu as peur ne sera pas difficile. 8. Je ne connais pas le cinéma dont il a parlé.

18.2 1. Voilà le livre auquel je pensais. 2. Je cherche les livres avec lesquels je dois travailler. 3. L'agent à qui tu as obéi est un ami de mon frère. 4. Où sont les lettres auxquelles j'ai répondu ? 5. Je connais le garçon avec qui tu as dansé. 6. La dame pour qui il va travailler est ma tante. 7. que 8. qui 9. qui 10. dont 11. à laquelle 12. qui 13. qu' 14. que 15. dont 16. qui

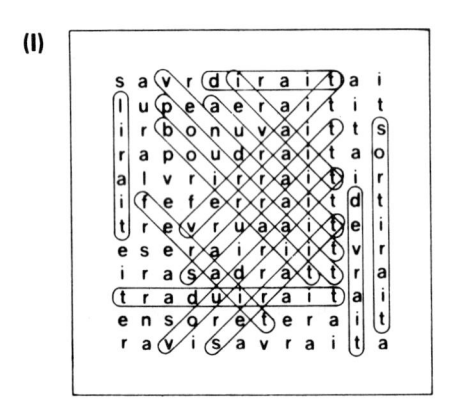

18.3 1. Il est trop difficile de faire ce travail. 2. Il est trop pénible d'y répondre. 3. Il est impossible d'arriver à l'heure. 4. Il sera simple d'utiliser cette machine. 5. Il n'est pas toujours facile de dire la vérité. 6. Il est très désagréable de faire cela.

18.4 1. Je suis assis(e) [en ce moment]. 2. Asseyez-vous et reposez-vous un peu. 3. (Non, je ne m'assiérai pas) près de lui [demain]. 4. Assieds-toi et repose-toi. 5. Je m'assieds près de (Charles) [dans le cours de français].

18.5 1. Pourriez-vous m'aider ? 2. Tu ne devrais plus fréquenter ce café. 3. Ne voudriez-vous pas rester encore un moment ? 4. Je voudrais acheter un billet pour Paris. 6. J'ai annoncé à mes parents que je me marierais avec lui. 7. Je savais qu'ils ne seraient pas contents. 8. Il m'a dit que nous chercherions un appartement. 9. Il m'a promis que nous serions heureux. 12. si j'étais malade, je verrais mon médecin. 13. s'il faisait froid, je mettrais mon pull. 14. si vous étiez malade, vous resteriez à la maison.

(I)

(II) *A : Catherine* Il est très agréable de s'asseoir à la terrasse de ce café et de bavarder en regardant passer les gens.

B : Paul Il y a aussi pas mal d'étudiants qui viennent prendre un café ou une boisson rafraîchissante entre ou après leurs cours à l'université.

C : Jean-Jacques Ces clients se détendent et s'expriment librement avec d'autres hommes qui comprennent et partagent leurs difficultés et leurs espoirs.

NOM _____ COURS _____ SECTION _____

DIX-NEUVIÈME LEÇON

PREMIÈRE PARTIE

CONVERSATIONS

    (   ) **A** *Il a enfin vendu le tableau.*
    (   ) **B** *Elle a acheté une statuette.*
    (   ) **C** *Une longue queue au cinéma*

EXERCICES ORAUX

● **1** Verbe + infinitif

    A *Répondez aux questions.*[1]

    1 2 3 4 5 6 7 8 9 10 11 12

    B *Répétez les phrases suivantes en remplaçant les noms par les pronoms appropriés, d'après ce modèle.*

    1 2 3 4 5 6 7 8

● **2** Verbe + **de** + infinitif

    B *Exercice de contrôle*

    1 2 3 4 5 6; 1 2 3 4 5 6

● **3** Verbe + **à** + infinitif

    B *Exercice de contrôle*

    1 2 3 4 5 6 7 8 9 10 11 12

    C *Répondez aux questions.*[1]

    1 2 3 4 5 6 7 8 9 10

Compréhension auditive : *Écoutez ces conversations et indiquez si les répliques sont logiques et appropriées.*

1.	oui	non	4.	oui	non	7.	oui	non
2.	oui	non	5.	oui	non	8.	oui	non
3.	oui	non	6.	oui	non	9.	oui	non

[1]Ces questions ont été renumérotées consécutivement.

● 4 Pronoms relatifs : **ce** comme antécédent

   A *Modifiez les phrases suivantes d'après ces modèles.*

      1   2   3   4   5   6   7   8

   B *Nous allons parler d'une dame. Elle a besoin de trouver un cadeau pour l'anniversaire de son mari. Écoutez ces phrases et modifiez-les d'après ce modèle.*

      1   2   3   4   5   6   7   8   9   10

   Maintenant, modifiez les mêmes phrases d'après ce modèle.[1]

      1   2   3   4   7   8   9   10

   Compréhension auditive : *M. Chabrier parle à Christine. Indiquez si les réponses de Christine sont logiques et appropriées.*

1.	oui	non	4.	oui	non	7.	oui	non
2.	oui	non	5.	oui	non	8.	oui	non
3.	oui	non	6.	oui	non	9.	oui	non

● 5 **Falloir** et **valoir**

   A *Parlons d'abord de ce que nous faisons et de ce que nous ne faisons pas dans ce cours. Modifiez chaque phrase en employant* **il faut** *ou* **il ne faut pas** *d'après ces modèles.*

      1   2   3   4   5   6

   C *Je vais parler de quelqu'un qui est paresseux. Donnez votre opinion sur lui en employant* **il vaudrait mieux faire** *ou* **il vaudrait mieux ne pas faire** *d'après ce modèle.*[2]

      1   2   3   4   5   6   7   8

APPLICATIONS

   A Dialogue : *Vous faites des compliments.* (   )

   Compréhension auditive : *Écoutez ces conversations. Indiquez si les répliques sont logiques et appropriées.*

1.	oui	non	4.	oui	non	7.	oui	non
2.	oui	non	5.	oui	non	8.	oui	non
3.	oui	non	6.	oui	non	9.	oui	non

   Compréhension auditive : *Indiquez le mot qui n'appartient pas à chaque série.*

a.	1	2	3	4		d.	1	2	3	4
b.	1	2	3	4		e.	1	2	3	4
c.	1	2	3	4		f.	1	2	3	4

---

[1] Les phrases 5 et 6 ne sont pas enregistrées.
[2] Remplacez **sa** et **ses** des phrases 3, 4 et 7 par **la** et **les**.

NOM _____ COURS _____ SECTION _____

Compréhension auditive : *Vous allez entendre une série de définitions. Pour chaque définition, indiquez le mot défini en mettant le nombre qui correspond à la définition.*

_____ un nu   _____ une fresque   _____ un acrobate

_____ une marine   _____ un parapluie   _____ une licorne

_____ un buste   _____ une façade   _____ un planétarium

Dictée : *Écrivez les noms qui vous seront épelés. Reconnaissez-vous ces noms ?*

1. _____   4. _____   7. _____

2. _____   5. _____   8. _____

3. _____   6. _____   9. _____

DEUXIÈME PARTIE

EXERCICES ÉCRITS

● **1** Verbe + infinitif

Répondez aux questions en employant des pronoms appropriés.[1]

1. Espérez-vous voir votre ami(e) ce week-end ?

   Oui, _____

2. Aimez-vous parler d'examens ?

   Non, _____

3. Allez-vous voir vos parents ce soir ?

   Non, _____

4. Voulez-vous me montrer vos devoirs ?

   Non, _____

5. Détestez-vous parler à vos professeurs ?

   Non, _____

*6. Pourriez-vous me prêter votre stylo ?

   Oui, _____

*7. Devez-vous aller au laboratoire cette semaine ?

   Oui, _____

[1] Mettez les pronoms compléments devant chaque infinitif.

DIX-NEUVIÈME LEÇON 215

● **2** Verbe + **de** + infinitif

Répondez aux questions en employant des pronoms appropriés.[1]

1. Avez-vous besoin de faire vos devoirs ?

   Oui, _____

2. Refusez-vous d'aller au labo ?

   Non, _____

3. Essayez-vous de parler français avec vos amis ?

   Oui, _____

4. Votre oncle a-t-il cessé de fumer des cigares ?

   Oui, _____

5. Avez-vous l'intention d'aller à vos cours demain ?

   Oui, _____

*6. N'avez-vous pas oublié de faire votre lit ?

   Non, _____

*7. Accepterez-vous de me montrer vos devoirs ?

   Non, _____

● **3** Verbe + **à** + infinitif

Écrivez des phrases en employant les éléments indiqués.

1. Ce / étudiant / continuer / apprendre / conduire.

   _____

2. Elle / ne pas / regretter / avoir décidé / quitter / ville.

   _____

3. Pourquoi / tu / refuser / apprendre / nager ?

   _____

4. Je / aller / essayer / téléphoner / Michel.

   _____

5. Nous / vouloir / accepter / sortir / avec / vous.

   _____

*6. Vous / avoir envie / faire / promenade ?

   _____

*7. Moi, / je / détester / devoir / faire / ce / travail.

   _____

*8. Il / avoir tort / hésiter / partir.

   _____

*9. Vous / avoir raison / accepter / parler.

   _____

[1]Mettez les pronoms compléments devant chaque infinitif.

NOM _____ COURS _____ SECTION _____

● 4 Pronoms relatifs : **ce** comme antécédent

Répondez aux questions d'après ce modèle.

Est-ce que le cours de botanique vous intéresse ?   **Oui, c'est ce qui m'intéresse.**

1. Est-ce que les mathématiques vous intéressent ?

    Non, _____

2. Apprenez-vous l'allemand ?

    Non, _____

3. Avez-vous besoin d'argent ?

    Oui, _____

4. Faites-vous les exercices écrits maintenant ?

    Oui, _____

*5. Votre professeur vous a-t-il dit qu'il était malade ?

    Non, _____

Répondez aux questions d'après ce modèle.

Qu'est-ce qui vous intéresse le plus ?   **Ce qui m'intéresse le plus, c'est l'histoire.**

6. Qu'est-ce qui vous ennuie le plus ?

    _____

7. De quoi avez-vous souvent besoin ?

    _____

8. Qu'est-ce que vous voulez boire ?

    _____

*9. Qu'est-ce que vous étudiez en ce moment ?

    _____

*10. Qu'est-ce qui vous intéresse le moins ?

    _____

● 5 **Falloir** et **valoir**

Répondez aux questions.

1. Que veut dire « défense de fumer » ?

    _____

2. Combien de temps faut-il pour aller en avion de New York à San Francisco ?

    _____

3. Combien de personnes faut-il pour jouer au tennis ?

    _____

4. Combien de temps vous faudra-t-il pour finir votre devoir de français ?

    _____

5. Que vaut-il mieux faire tous les matins ?

    _____

DIX-NEUVIÈME LEÇON   217

6. Que vaudrait-il mieux ne pas faire en classe ?

_____

*7. Est-ce que ça vaut la peine d'écouter la radio tous les jours ?

_____

*8. Demandez-moi combien de temps il me faut pour m'habiller.

_____

*9. Où est-ce qu'il ne faut pas fumer ? Mentionnez plusieurs endroits.

_____

APPLICATIONS : Travaux écrits

( ) **A** *Questions*

( ) **E** *Renseignements*

(I) Voici les noms de plusieurs artistes, écrivains et compositeurs français. Remettez les lettres dans le bon ordre. Pour vous aider, un des ouvrages[1] de chaque personne est indiqué.

TIBEZ _ _ _ _ _ (*Carmen*)

STRUPO _ _ _ _ _ _ (*À la recherche du temps perdu*)

MANTE _ _ _ _ _ (*Le déjeuner sur l'herbe*)

GHOU _ _ _ _ (*Notre-Dame de Paris*)

SADGE _ _ _ _ _ (*Danseuse*)

VALER _ _ _ _ _ (*Boléro*)

INDOR _ _ _ _ _ (*Le penseur*)

SYDSUBE _ _ _ _ _ _ _ (*Prélude à l'après-midi d'un faune*)

TOMEN _ _ _ _ _ (*La cathédrale de Rouen*)

NEVRE _ _ _ _ _ (*Le tour du monde en 80 jours*)

TRUFABLE _ _ _ _ _ _ _ _ (*Madame Bovary*)

UNUGGIA _ _ _ _ _ _ _ (*Tahitiennes*)

[1]**ouvrage** *work*

NOM _____ COURS _____ SECTION _____

(II) *Mettez d'abord un cercle autour des verbes qui se conjuguent avec l'auxiliaire* **être** *aux temps composés. Ensuite, complétez la grille avec les participes passés.*

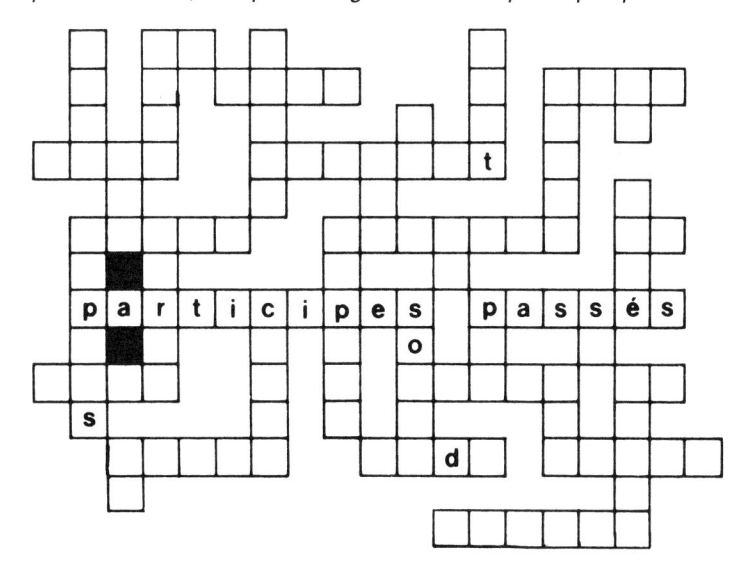

[crossword grid with letters: t, participes passés, o, s, d]

il a	il choisit	il finit	il pleut	il vend
il aide	il connaît	il jette	il roule	il veut
il aime	il dit	il lit	il sait	il vient
il appelle	il doit	il met	il sent	il voit
il apprend	il dort	il naît	il sert	
il s'assied	il écrit	il obéit	il sort	
il attend	il est	il paie	il traduit	
il boit	il fait	il peut	il va	

TROISIÈME PARTIE

CONVERSATIONS

A *He finally sold the painting.*

YANNICK	I thought he didn't want to part with [separate himself from] this painting.
BERNARD	It's true. He really cherished it.
YANNICK	I wonder why he decided to sell it.
BERNARD	He needed to pay his debts.

B *She bought a statuette.*

MR. VERNIN	Where were you? I was beginning to worry.
MRS. VERNIN	I was at the antique dealer's shop. Look what I bought.
MR. VERNIN	What is it? A statuette?
MRS. VERNIN	Yes. Each time I passed in front of the shop, I wanted to buy [felt like buying] it.

C *A long line at the movie theater*

MARIE-LOUISE	So, how long do we have [is it necessary] to wait?
JEAN-JACQUES	According to what they told me, at least a half hour.
MARIE-LOUISE	A half hour! We'd better [It'd be better to] go somewhere else.
JEAN-JACQUES	Yes, let's go see another movie.

DIX-NEUVIÈME LEÇON 219

APPLICATIONS

A Dialogue et questions: *You make compliments.*

YOU	What a nice room you have.
MONIQUE	Do you think so? I've just straightened out my things.

•

YOU	You speak good English [English well]. Your accent is impeccable.
JACQUES	You're kind. I like foreign languages a lot.

•

YOU	Congratulations! I've just learned that your painting has been accepted.
MARIE	Yes, I'm quite [very] glad. It's my favorite painting.

•

YOU	What an elegant apartment, and what beautiful watercolors!
MR. VERNIN	Yes, we like nice things a lot.

•

YOU	Your wine is excellent.
MR. VERNIN	It's true, it isn't bad.

•

YOU	The meal was sensational. You are a real *cordon-bleu,* [ma'am].
MRS. VERNIN	You are too kind. I like to cook a lot.

•

YOU	Your ensemble [outfit] is very elegant. It really [very well] becomes you.
MONIQUE	Do you think so? I bought it at Printemps.

B Expressions utiles

Museums

There are all kinds of museums: museums devoted...

to architecture	to music
to weapons and armor	to paintings
to an artist	to photography
to aviation	to a region
to movies	to science
to clothing	to natural science
to (the local) history	to sculpture
to toys	to tapestries
to the merchant marine	to transportation
to furniture and art objects	

to go to / to attend / to see } { an exhibit / a private viewing before a public exhibition

the admission (is): { ten francs / free / half-price } on Sundays and holidays

The visit: the museum is { open from 10 a.m. to 12 and from 2 p.m. to 6 p.m. / closed on Tuesdays and holidays.

In the display case are exhibited { mock-ups. / reproductions. / scale models. / art objects. / documents.

220 DIX-NEUVIÈME LEÇON

$$\left.\begin{array}{l}\text{to do}\\ \text{to exhibit}\end{array}\right\} \left\{\begin{array}{l}\text{a painting}\\ \text{a painting}\\ \text{a watercolor}\\ \text{an engraving}\\ \text{a fresco}\\ \text{a statue/statuette}\\ \text{a bust}\end{array}\right\} : \left\{\begin{array}{l}\text{a nude}\\ \text{a portrait}\\ \text{a still life}\\ \text{a landscape}\\ \text{a seascape}\end{array}\right.$$

VOCABULAIRE

Masculine nouns

- antique dealer **antiquaire**
- baseball **base-ball**
- compliment **compliment**
- comfort **confort**
- gourmet cook **cordon-bleu**
- host **hôte**
- infinitive **infinitif**
- lab **labo**
- art object **objet d'art**
- painting **tableau**
- postage stamp **timbre-poste**
- verb **verbe**

Feminine nouns

- business **affaires** pl
- appreciation **appréciation**
- watercolor **aquarelle**
- cassette **cassette**
- collection **collection**
- debt **dette**
- elegance **élégance**
- childhood **enfance**
- congratulation **félicitation**
- (art) gallery **galerie (d'art)**
- importance **importance**
- modesty **modestie**
- trouble, pain **peine**
- painting **peinture**
- preposition **préposition**
- dress **robe**
- statuette **statuette**
- tendency **tendance**

Verbs

- to admire **admirer**
- to stop **s'arrêter (de)**
- to stop **cesser (de)**
- to collect **collectionner**
- to compliment **complimenter**
- to describe **décrire** irrég
- to wonder **se demander**
- to wish **désirer**
- to express **exprimer**
- to be necessary **falloir** irrég
- to congratulate **féliciter**
- to form **former**
- to win **gagner**
- to hesitate **hésiter (à)**
- to minimize **minimiser**
- to arrange **ranger**
- to roll (up) **rouler**
- to part with **se séparer (de)**
- to be worth **valoir** irrég
- to travel **voyager**

Adjectives

- exhibited **exposé(e)**
- impeccable **impeccable**
- necessary **nécessaire**
- sensational **sensationnel(le)**

Adverbs

- somewhere else **ailleurs**
- attentively **attentivement**
- so, therefore **donc**

Other expressions

- to become someone **aller bien à quelqu'un**
- to intend **avoir l'intention (de)**
- to be right **avoir raison (de)**
- to tend to **avoir tendance à**
- to be wrong **avoir tort (de)**
- it is worth the trouble **ça (cela) vaut la peine**
- what, that which **ce qui**
- from time to time **de temps en temps**
- to make compliments **faire des compliments**
- to make noise **faire du bruit**
- to cook **faire la cuisine**
- it is necessary **il faut**
- it is necessary not (to) **il ne faut pas**
- it is better **il vaut mieux**
- to straighten out one's belongings **ranger ses affaires**
- to cut a class **sécher un cours**
- to smile **sourire**
- to cherish **tenir à quelque chose**

ANSWER KEYS

COMPRÉHENSION AUDITIVE

Exercices oraux

19.3 oui—non—non; oui—oui—non; oui—oui—non

19.4 non—oui—oui; non—oui—non; non—non—oui

Applications

oui—non—oui; non—non—oui; oui—non—non

2—4—1; 3—4—1

1. une marine 2. une fresque 3. un buste 4. un parapluie 5. une façade 6. un acrobate 7. un nu 8. une licorne 9. un planétarium

DIX-NEUVIÈME LEÇON 221

(*Dictée*) 1. Matisse 2. Berlioz 3. Poulenc
4. Cézanne 5. Degas 6. Bizet 7. Gounod
8. Renoir 9. Saint-Saëns

EXERCICES ÉCRITS

19.1 1. j'espère (le / la) voir [ce week-end]. 2. je n'aime pas en parler. 3. je ne vais pas les voir [ce soir]. 4. je ne veux pas vous les montrer. 5. je ne déteste pas leur parler.

19.2 1. j'ai besoin de les faire. 2. je ne refuse pas d'y aller. 3. j'essaie de le parler avec eux. 4. il a cessé d'en fumer. 5. j'ai l'intention d'y aller [demain].

19.3 1. Cet étudiant continue à apprendre à conduire. 2. Elle ne regrette pas d'avoir décidé de quitter la ville. 3. Pourquoi refuses-tu d'apprendre à nager ? 4. Je vais essayer de téléphoner à Michel. 5. Nous voulons accepter de sortir avec vous.

19.4 1. ce n'est pas ce qui m'intéresse. 2. ce n'est pas ce que j'apprends. 3. c'est ce dont j'ai besoin. 4. c'est ce que je fais [maintenant]. 6. Ce qui m'ennuie le plus, c'est (le cours d'histoire). 7. Ce dont j'ai souvent besoin, c'est (votre aide). 8. Ce que je veux boire, c'est (du café).

19.5 1. Cela veut dire qu'il ne faut pas fumer. 2. Il faut à peu près quatre heures [pour y aller de New York]. 3. Il faut deux ou quatre personnes [pour y jouer]. 4. Il me faudra (une heure) [pour le finir]. 5. Il vaut mieux (se brosser les dents) tous les matins. 6. Il vaudrait mieux ne pas (dormir) en classe.

(I) BIZET, PROUST, MANET, HUGO, DEGAS, RAVEL, RODIN, DEBUSSY, MONET, VERNE, FLAUBERT, GAUGUIN

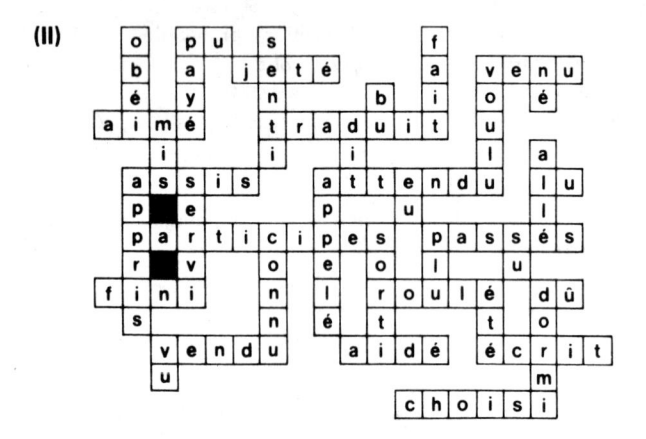

(II)

		o		p	u		s				f						
		b		a		j	e	t	é		a		v	e	n	u	
		é		y		n			b	i	o					é	
a	i	m	é			t	r	a	d	u	i	t					
		i				i				l		a					
a	s	s	i	s		a	t	t	e	n	d	u		l	u		
p		e		p				u				l					
p	a	r	t	i	c	i	p	e	s		p	a	s	s	é	s	
r		v		o			e		o			l			u		
f	i	n	i		n		l		r	o	u	l	é		d	û	
s					n		é		t						o		
	v	e	n	d	u				a	i	d	é		é	c	r	i	t
	u														m		
						c	h	o	i	s	i						

Verbes qui se conjuguent avec l'auxiliaire **être** : **il s'assied**, **il naît**, **il sort**, **il va**, **il vient**.

NOM _____ COURS _____ SECTION _____

VINGTIÈME LEÇON

PREMIÈRE PARTIE

CONVERSATIONS

(   ) **A** *Un appareil photographique*
(   ) **B** *Le chemisier a un défaut.*
(   ) **C** *Thierry est fatigué.*

EXERCICES ORAUX

● **1** Verbe + personne + **de** / **à** + infinitif

A *Exercice de contrôle*

1   2   3   4   5   6   7   8   9

B *Écoutez chaque phrase, puis ajoutez une autre phrase d'après ce modèle.*

1   2   3   4   5   6   7   8   9   10

● **2** Subjonctif : après des expressions impersonnelles

A *Exercice de contrôle*

1   2   3   4   5   6   7   8   9

C *Une jeune fille remarque dans le journal qu'un grand magasin a des vêtements en solde. Elle a besoin de pantalons. Écoutez ces phrases et modifiez-les d'après le modèle.*

1   2   3   4   5   6   7   8

Compréhension auditive : *Mettez chaque verbe au présent du subjonctif.*

1. _____   5. _____

2. _____   6. _____

3. _____   7. _____

4. _____   8. _____

VINGTIÈME LEÇON   **223**

- **3** Subjonctif : verbes irréguliers

    A *Ajoutez* **il faut que** *devant chaque phrase et mettez les verbes au subjonctif.*

    1 2 3 4 5 6 7 8 9 10

    B *Vous parlez à Mme Rolland, votre voisine. Elle est allée dans un grand magasin et elle a acheté deux chemises pour son fils. Modifiez les phrases suivantes d'après ce modèle.*

    1 2 3 4 5 6 7 8 9 10

    Exercice supplémentaire : *Répondez aux questions d'après ce modèle.*

    J'ai lu mon livre de français. Est-ce important ? (oui)
    Oui, il est important que vous ayez lu votre livre de français.

    1 2 3 4 5 6

    Compréhension auditive : *Mettez chaque verbe au présent du subjonctif.*

    1. _____   5. _____

    2. _____   6. _____

    3. _____   7. _____

    4. _____   8. _____

    Compréhension auditive : *Voici une conversation entre Monique et son cousin Philippe. Indiquez si les réponses de Philippe sont logiques et appropriées.*

    | 1. | oui | non | 4. | oui | non | 7. | oui | non |
    | 2. | oui | non | 5. | oui | non | 8. | oui | non |
    | 3. | oui | non | 6. | oui | non | 9. | oui | non |

- **4** Subjonctif : après les expressions de volonté

    A *Exercice de contrôle*

    1 2 3 4 5 6 7 8 9

    B *Voici une mère qui parle à son enfant. Modifiez chaque phrase d'après ce modèle.*

    1 2 3 4 5 6 7 8 9 10

    Exercice supplémentaire : *Reliez les deux phrases d'après ce modèle.*

    Nous parlons français ; vous le voulez.   **Vous voulez que nous parlions français.**

    1 2 3 4 5 6 7 8

- **5** Emploi de **matin, matinée, jour, journée**

    A *Ajoutez des phrases d'après ce modèle.*

    1 2 3 4 5 6

NOM _____ COURS _____ SECTION _____

Compréhension auditive : *Écoutez cette conversation entre M. Dubois et Marie. Indiquez si les répliques de Marie sont logiques et appropriées.*

1.	oui	non	4.	oui	non	7.	oui	non
2.	oui	non	5.	oui	non	8.	oui	non
3.	oui	non	6.	oui	non	9.	oui	non

APPLICATIONS

A Dialogue : *Vous remerciez quelqu'un.* ( )

Compréhension auditive : *Écoutez ces conversations et dites où se passe chaque dialogue.*

1. a. À la banque.
   b. Dans un magasin.
   c. À la boulangerie.

2. a. À la banque.
   b. À la charcuterie.
   c. À la blanchisserie.

3. a. À la papeterie.
   b. Au bureau de tabac.
   c. À la librairie.

4. a. Dans un grand magasin.
   b. Au bureau de poste.
   c. À la boulangerie.

5. a. Au magasin de photographie.
   b. À la pharmacie.
   c. À la boucherie.

6. a. Dans une rue.
   b. Dans une station de métro.
   c. Dans un jardin public.

7. a. Dans un restaurant.
   b. Dans une boîte de nuit.
   c. Dans un café.

8. a. Dans un métro.
   b. En haut d'une tour.
   c. Dans un avion.

Compréhension auditive : *Indiquez le mot ou l'expression qui n'appartient pas à chaque série.*[1]

a.	1	2	3	4		d.	1	2	3	4
b.	1	2	3	4		e.	1	2	3	4
c.	1	2	3	4		f.	1	2	3	4

DEUXIÈME PARTIE

EXERCICES ÉCRITS

● **1** Verbe + personne + **de** / **à** + infinitif

Écrivez des phrases en utilisant les éléments indiqués. Mettez chaque verbe au passé composé.

1. Mon / tante / me / conseiller / apprendre / français.

   _____

2. Elle / me / promettre / me / emmener / en / Europe.

   _____

---

[1] Une partie de cet exercice est basée sur la lecture ; voir également l'exercice B de la lecture.

VINGTIÈME LEÇON **225**

3. Je / aider / Paul / terminer / son / travail.

4. Il / me / remercier / le / avoir / aidé.

5. Vous / suggérer / Laure / répondre / lettre ?

6. Elle / se / excuser / ne pas / le / avoir fait ?

*7. Qu'est-ce que / vous / dire / Jeanne / faire ?

*8. Pourquoi / vous / défendre / Olivier / sortir ?

*9. Je / encourager / Paul / se / mettre / au / régime.

● 2 Subjonctif : après des expressions impersonnelles

Modifiez les phrases suivantes d'après ce modèle.

Elle viendra demain ; c'est important.　　**Il est important qu'elle vienne demain.**

1. Elle sortira ce soir ; c'est douteux.

2. Tu t'assieds près de moi ; c'est important.

3. Vous achèterez des sandales ; c'est certain.

4. Il me connaît ; c'est possible.

5. Nous répondrons demain ; c'est nécessaire.

6. Ils sont à Paris ; c'est sûr.

*7. On lit ce journal ; c'est utile.

*8. Il dort assez ; c'est bon.

*9. Elle ne viendra pas ; c'est vrai.

NOM _____ COURS _____ SECTION _____

● **3** Subjonctif : verbes irréguliers

Complétez les phrases suivantes en utilisant les éléments indiqués.

1. (magasin / être / près / l'Opéra)

   Il est impossible _____

2. (vous / préférer / ce / boutique)

   Il est naturel _____

3. (il / faire / mauvais / demain)

   Il est possible _____

4. (elle / savoir / ce / adresse)

   Il est douteux _____

5. (tu / pouvoir / sortir)

   Il faut bien _____

6. (vous / avoir vu / cela)

   Il est important _____

*7. (elle / vouloir / me / aider)

   Il est bon _____

*8. (je / aller / à / pharmacie)

   Il est nécessaire _____

*9. (il / pleuvoir / ce / après-midi)

   Il est possible _____

● **4** Subjonctif : après les expressions de volonté

Répondez aux questions suivantes.

1. Avez-vous demandé que je vous aide ?

   Oui, _____

2. Désirez-vous que je fasse vos devoirs ?

   Oui, _____

3. Exigez-vous que je pose des questions faciles ?

   Oui, _____

4. Voulez-vous que je remplace votre professeur ?

   Non, _____

5. Défendez-vous que je parle de Paris ?

   Non, _____

6. Vos parents aimeraient-ils que vous appreniez le français ?

   Oui, _____

*7. Votre professeur permet-il que vous dormiez dans son cours ?

   Non, _____

*8. Votre professeur veut-il que je vous pose des questions ?

   Oui, _____

VINGTIÈME LEÇON 227

*9. Désirez-vous que je boive du vin ?

Oui, _____

● 5 Emploi de **matin, matinée, jour, journée**

Répondez aux questions.

1. Serez-vous à l'université toute la matinée demain ?

_____

2. Dans quel pays aimeriez-vous passer toute une année ?

_____

3. Est-ce que c'est votre troisième année à l'université ?

_____

4. Comment allez-vous passer la soirée aujourd'hui ?

_____

5. Quels jours n'avez-vous pas le cours de français ?

_____

6. Avez-vous des cours le samedi matin ?

_____

*7. Où serez-vous l'année prochaine ?

_____

*8. Est-ce que c'est votre dernière année à l'université ?

_____

*9. Où serez-vous toute la journée demain ?

_____

APPLICATIONS : Travaux écrits

( ) **A** *Questions*
( ) **D** *Complétez le passage suivant.*
( ) **E** *Renseignements et opinions*

(I) *Trouvez le présent du subjonctif des verbes suivants.*

```
s a i t t f a i s s e
a v i a t s a v e s t
v o u l i s e s s e e
s i a l l e p i s l i
a e e e n e u a l e e
c v a n e p f i e v e
h v e n n e u r i s b
e r n e e e t o i l o
p o b u v e d d o i i
c o n n a i s s e t v
a s s e r v e r e e e
```

elle a   elle peut
elle boit   elle prend
elle connaît   elle sait
elle est   elle sert
elle dit   elle va
elle doit   elle veut
elle fait   elle vient
elle lit   elle voit

228 VINGTIÈME LEÇON

NOM _____ COURS _____ SECTION _____

(II) *Écrivez chaque mot à l'aide de la définition donnée.*

1. ☐ ☐ ☐ e ☐ e ☐ ☐
   Ce qu'on utilise pour couvrir le corps

2. r ☐ ☐ ☐ ☐ ☐ ☐ ☐ r
   Réparer et remettre en bon état

3. ☐ ☐ ☐ ☐ ☐ e ☐ ☐ e
   On l'utilise pour servir des repas

4. ☐ a ☐ ☐ ☐ a ☐ ☐ ☐ ☐
   Ce qui fait l'objet d'un commerce

5. ☐ ☐ ☐ t ☐ t ☐ t ☐ ☐ ☐
   Une femme qui s'occupe de l'instruction d'enfants

6. ☐ ☐ c ☐ ☐ ☐ ☐ c ☐ ☐ ☐ ☐ ☐ ☐
   Souvent utilisé par les gens qui font du camping[1]

7. ☐ ☐ ☐ ☐ ☐ e ☐ ☐ e ☐ ☐ ☐ ☐ ☐ ☐ e
   Souvent utilisé par les gens qui voyagent à l'étranger[1]

TROISIÈME PARTIE

CONVERSATIONS

A *A camera*

MRS. MOREAU   I'm going to Galeries Lafayette tomorrow morning.
JEAN-PIERRE   Really? What are you going to buy?
MRS. MOREAU   A camera. It's Philippe who advised me to go there.
JEAN-PIERRE   Do you know what kind of camera you are going to buy?
MRS. MOREAU   I don't know yet. Philippe promised [me] to help me choose one.

B *The blouse has a defect.*

FRÉDÉRIQUE   I must [It's necessary that I] go to Monoprix.
GILBERTE   But you went there this morning.
FRÉDÉRIQUE   Yes, but the blouse that I bought has a defect. I've kept the receipt.
GILBERTE   Do you want me to go with you?
FRÉDÉRIQUE   Sure [Gladly].

C *Thierry is tired.*

ISABELLE   So, what did you do today?
THIERRY   I spent the whole day at the library.
ISABELLE   And what are you going to do tonight?
THIERRY   I'm going to rest the whole evening!

[1] Attention : il y a deux cases qui restent vides.

VINGTIÈME LEÇON

APPLICATIONS

A Dialogue et questions: *You thank someone.*

You ask a passer-by for directions [your way].

YOU	Excuse me[, sir]. How do I get to [In order to go to] Grévin Museum, please?
PASSER-BY	Take the second street on the right.
YOU	Thank you[, sir].
PASSER-BY	You're welcome[, sir].

You left your keys at the post office.

LADY	Sir, sir, you forgot your keys.
YOU	Oh, thank you, ma'am. Thank you very much [infinitely].
LADY	You're welcome[, sir].

You ask a policeman for information.

YOU	Excuse me, sir. Is there a subway station near here?
POLICEMAN	Yes. Follow this street, and then turn to the left.
YOU	Thank you very much[, sir].
POLICEMAN	You're welcome, Miss.

You are in a department store.

YOU	Excuse me, ma'am. Where is the shoe department?
EMPLOYEE	On the third [floor].
YOU	And where is the washroom?
EMPLOYEE	In the back, to the left.
YOU	Thank you[, ma'am].
EMPLOYEE	You're welcome, Miss.

It's [the day of] your birthday.

JACQUES	Happy birthday! Here's a little gift. I brought it back from Mexico.
YOU	Oh, how nice of you [it is nice]! I thank you very much.

You have just moved.

MRS. VERNIN	It's a little something for your apartment.
YOU	You are so [too] nice... What a beautiful engraving! I don't know what to say [I'm embarrassed]...

B Expressions utiles

In a department store

The customer [*both genders*] sees an ad [*two ways*] and goes { on errands. / shopping. }

to go to the / to look for the } { shirt, shoe, toy, perfume / men's/women's clothing / camping / sports / gardening / household goods / special tax-exempt products } equipment } department

to buy { on credit (to use a credit card) / with cash (to pay cash) }

The dress { fits [becomes] / does not fit } the customer.

The merchandise is { inexpensive [cheap]/more inexpensive. / on sale. / of good/better/bad quality. }

The price is { too high. / reasonable. / attractive [*two ways*]. }

230 VINGTIÈME LEÇON

to keep / to show } { the receipt / the bill [invoice] }

to bring back / to exchange / to get reimbursed for } a merchandise (that has a defect)

VOCABULAIRE

Masculine nouns

- camera **appareil photographique**
- defect **défaut**
- holiday **jour férié**
- department **rayon**
- receipt **reçu**

Feminine nouns

- indication **indication**
- schoolteacher **maîtresse**
- math **maths** *pl*
- morning **matinée**
- passer-by **passante**
- please [prayer] **prière**
- washroom **toilettes** *pl*

Verbs[1]

- to help someone **(aider qqn (à))**
- to evaluate **apprécier**
- to advise someone **conseiller à qqn (de)**
- to forbid someone **(défendre à qqn (de))**
- to ask someone **(demander à qqn (de))**
- to tell someone **(dire à qqn (de))**
- to exchange **échanger**
- to encourage someone **encourager qqn (à)**
- to exaggerate **exagérer**
- to excuse someone **(excuser qqn (de))**
- to demand **exiger**
- to keep **garder**
- to waste **gaspiller**
- to invite someone **(inviter qqn (à))**
- to permit someone **(permettre à qqn (de))**
- to ask someone **prier qqn (de)**
- to promise someone **(promettre à qqn (de))**
- to bring back **rapporter**
- to thank someone **(remercier qqn (de))**
- to suggest someone **suggérer à qqn (de)**

Adjectives

- clear **clair(e)**
- complicated **compliqué(e)**
- embarrassed **confus(e)**
- doubtful **douteux(euse)**
- astonishing **étonnant(e)**
- obvious, evident **évident(e)**
- demanding **exigeant(e)**
- tiring **fatigant(e)**
- holiday **férié(e)**
- right, just **juste**
- natural **naturel(le)**
- normal, usual **normal(e)**
- obliged **obligé(e)**
- photographic **photographique**
- sure **sûr(e)**

Other expressions

- You're welcome. **À votre service.**
- Happy birthday! **Bon anniversaire !**
- You're welcome. **De rien.**
- on sale **en solde**
- to be on time **être à l'heure**
- to give a gift to someone **faire un cadeau à quelqu'un**
- You're welcome. **Il n'y a pas de quoi.**
- very much [infinitely] **infiniment**
- up to there **jusque-là**
- please do + *verb* **prière de** + *inf*
- to render service to someone **rendre service à quelqu'un**

ANSWER KEYS

COMPRÉHENSION AUDITIVE

Exercices oraux

20.2 1. je finisse 2. tu écrives 3. elle sorte 4. il prenne 5. vous répondiez 6. nous buvions 7. il lise 8. je vienne

20.3 (*Exercice supplémentaire*) 1. J'ai perdu dix dollars. Est-ce juste ? (non) 2. J'ai pris un bain hier soir. Est-ce remarquable ? (non) 3. Je suis allé à Paris hier. Est-ce possible ? (non) 4. J'ai vu Jean-Paul Chabrier. Est-ce douteux ? (oui) 5. Je me suis couché très tard. Est-ce bon ? (non) 6. J'ai parlé français en classe. Est-ce certain ? (oui)

1. elle aille 2. je puisse 3. ils fassent 4. vous ayez 5. elle veuille 6. vous soyez 7. il pleuve 8. tu saches

oui—oui—non; non—non—oui; non—oui—oui

---

[1] You have already encountered verbs in parentheses. They are listed here because their full structure and usage are practiced in this lesson.

20.4 (*Exercice supplémentaire*)   1. Nous regardons le tableau ; vous le voulez.   2. Nous faisons les exercices ; vous l'exigez.   3. Nous faisons nos devoirs ; vous le demandez.   4. Nous apprenons les dialogues ; vous le savez.   5. Nous employons le subjonctif ; vous le voulez.   6. Nous vous posons des questions ; vous le permettez.   7. Nous répondons à vos questions ; vous le désirez.   8. Nous parlons bien français ; vous le dites.

20.5   oui—oui—non;   non—non—oui;   non—oui—oui

Applications

b—c—a—a;   b—a—c—b

4—3—2;   4—1—2

EXERCICES ÉCRITS

20.1   1. Ma tante m'a conseillé d'apprendre le français.   2. Elle m'a promis de m'emmener en Europe.   3. J'ai aidé Paul à terminer son travail.   4. Il m'a remercié de l'avoir aidé.   5. Avez-vous suggéré à Laure de répondre à la lettre ?   6. S'est-elle excusée de ne pas l'avoir fait ?

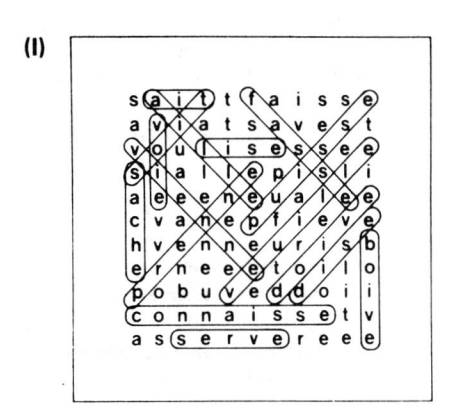

(I)

20.2   1. Il est douteux qu'elle sorte ce soir.   2. Il est important que tu t'asseyes près de moi.   3. Il est certain que vous achèterez des sandales.   4. Il est possible qu'il me connaisse.   5. Il est nécessaire que nous répondions demain.   6. Il est sûr qu'ils sont à Paris.

20.3   1. que le magasin soit près de l'Opéra.   2. que vous préfériez cette boutique.   3. qu'il fasse mauvais demain.   4. qu'elle sache cette adresse.   5. que tu puisses sortir.   6. que vous ayez vu cela.

20.4   1. j'ai demandé que vous m'aidiez.   2. je désire que vous fassiez mes devoirs.   3. j'exige que vous posiez des questions faciles.   4. je ne veux pas que vous le remplaciez.   5. je ne défends pas que vous parliez de Paris.   6. ils aimeraient que j'apprenne le français.

20.5   1. (Oui, je serai à l'université toute la matinée) [demain].   2. J'aimerais passer toute une année (en Suisse).   3. (Non, c'est ma première année) [à l'université].   4. Je vais passer la soirée (chez moi, à travailler, etc.).   5. Je n'ai pas le cours de français (le dimanche matin).   6. Non, je n'ai pas de cours le samedi [matin].

(II)   1. vêtement   2. restaurer   3. vaisselle   4. marchandise   5. institutrice   6. sac de couchage   7. chèque de voyage

NOM _____ COURS _____ SECTION _____

VINGT ET UNIÈME LEÇON

PREMIÈRE PARTIE

CONVERSATIONS

( ) Expressions utiles : *La carte*

Compréhension auditive : *Voici ce qu'un touriste américain dit à son copain au sujet des restaurants français. Indiquez si ce qu'il dit est vrai ou faux.*

1. v f	4. v f	7. v f
2. v f	5. v f	8. v f
3. v f	6. v f	9. v f

EXERCICES ORAUX

● **1** Subjonctif : après les expressions d'émotion

  A *Vous avez invité quelqu'un à faire une promenade avec vous. Vous sortez ensemble mais bientôt il commence à pleuvoir. Reliez les deux phrases d'après ce modèle.*

  1 2 3 4 5 6 7 8

  B *Je suis dans un restaurant que quelqu'un m'a recommandé. Mais le repas est médiocre et le service est mauvais. Je suis très mécontent. Reliez les deux phrases d'après ce modèle.*

  1 2 3 4 5 6 7 8 9 10

● **2** Subjonctif : après la négation et les expressions de doute et d'incertitude

  A *Voici une touriste. Elle a beaucoup marché ce matin et elle est un peu fatiguée. Il est trop tôt pour prendre le déjeuner. Qu'est-ce qu'elle va faire ? Reliez les phrases suivantes d'après ces modèles.*

  1 2 3 4 5 6 7 8 9 10

Exercice supplémentaire : *Nous allons parler d'un étudiant très paresseux. Il ne travaille pas, il sèche ses cours, il passe des heures à regarder la télévision. Modifiez les phrases suivantes d'après ces modèles.*

VINGT ET UNIÈME LEÇON **233**

Il est travailleur ? Je pense que non.   **Je ne pense pas qu'il soit travailleur.**
Il est paresseux ? Je pense que oui.   **Je pense qu'il est paresseux.**

1 2 3 4 5 6 7 8 9 10

Compréhension auditive : *Christine parle des Chabrier. Indiquez si le verbe dans la proposition subordonnée est à l'indicatif ou au subjonctif.*

1.	indicatif	subjonctif	5.	indicatif	subjonctif	9.	indicatif	subjonctif
2.	indicatif	subjonctif	6.	indicatif	subjonctif	10.	indicatif	subjonctif
3.	indicatif	subjonctif	7.	indicatif	subjonctif	11.	indicatif	subjonctif
4.	indicatif	subjonctif	8.	indicatif	subjonctif	12.	indicatif	subjonctif

● **3** Subjonctif : dans les propositions relatives

Exercice supplémentaire : *Ajoutez des phrases négatives d'après ce modèle.*

Il y a des étudiants qui sont plus travailleurs que vous.
Mais non ! il n'y a pas d'étudiants qui soient plus travailleurs que nous !

1 2 3 4 5 6

B *Répondez négativement aux questions.*[1]

1 2 3 4 5

Compréhension auditive : *Voici une conversation entre deux étudiants. Dites si les réponses que vous entendez sont logiques et appropriées.*

1.	oui	non	4.	oui	non	7.	oui	non
2.	oui	non	5.	oui	non	8.	oui	non
3.	oui	non	6.	oui	non	9.	oui	non

● **4** Adjectif + **de** + infinitif

A *J'ai très faim et je vais déjeuner dans un restaurant. Écoutez bien et modifiez les phrases suivantes d'après ces modèles.*

1 2 3 4 5 6 7 8 9 10 11 12

Exercice supplémentaire : *Répondez affirmativement aux questions d'après ces modèles.*

Je parle français ; en êtes-vous content ?
Oui, je suis content que vous parliez français.

Vous parlez français ; en êtes-vous content ?
Oui, je suis content de parler français.

1 2 3 4 5 6 7 8 9 10 11 12

● **5** Adjectif + **à** + infinitif

A *Exercice de contrôle*

1 2 3 4 5 6; 1 2 3 4 5 6

C *Modifiez les phrases suivantes d'après ce modèle.*

1 2 3 4 5 6 7 8

---

[1]*La sixième question n'est pas enregistrée sur la bande magnétique.*

NOM _____ COURS _____ SECTION _____

Compréhension auditive : *Écoutez ces dialogues et indiquez si les réponses que vous entendez sont logiques et appropriées.*

1.	oui	non	4.	oui	non	7.	oui	non
2.	oui	non	5.	oui	non	8.	oui	non
3.	oui	non	6.	oui	non	9.	oui	non

APPLICATIONS

A Dialogue : *Accepterez-vous ou refuserez-vous ?* (   )

Compréhension auditive : *Indiquez le mot qui n'appartient pas à chaque série.*

a.	1	2	3	4		e.	1	2	3	4
b.	1	2	3	4		f.	1	2	3	4
c.	1	2	3	4		g.	1	2	3	4
d.	1	2	3	4		h.	1	2	3	4

Compréhension auditive : *Voici quelques commentaires au sujet de la lecture de cette leçon. Indiquez s'ils sont vrais ou faux.*

1.	v	f	4.	v	f	7.	v	f
2.	v	f	5.	v	f	8.	v	f
3.	v	f	6.	v	f	9.	v	f

Dictée : *Pierre aime bien manger quand il voyage. Un jour il est allé dans un grand restaurant. Écrivez ce qu'il a commandé dans le restaurant.*[1]

1. _____ 5. _____

2. _____ 6. _____

3. _____ 7. _____

4. _____ 8. _____

DEUXIÈME PARTIE

EXERCICES ÉCRITS

● **1** Subjonctif : après les expressions d'émotion

Modifiez les phrases suivantes d'après ce modèle.

Il connaît ce restaurant ; je suis content.
Vous êtes content qu'il connaisse ce restaurant.

---

[1] Écrivez seulement le nom de chaque plat. Par exemple, si vous entendez « Comme hors-d'œuvre j'ai commandé des huîtres », vous écrirez « huîtres ».

VINGT ET UNIÈME LEÇON   235

1. Le service est mauvais ; je suis mécontent.

2. Le garçon ne me comprend pas ; je suis fâché.

3. La salade n'est pas fraîche ; je le regrette.

4. Le vin est assez bon ; je suis content.

5. On peut manger cette viande ; je suis étonné.

6. Il n'y a plus de fruits ; je suis surpris.

*7. Le repas n'est pas cher ; je suis heureux.

*8. Le service n'a pas été bon ; je suis malheureux.

*9. On m'a recommandé ce restaurant ; je suis étonné.

● 2 Subjonctif : après la négation et les expressions de doute et d'incertitude

Répondez aux questions.

1. Êtes-vous sûr(e) qu'on vous comprend tout le temps ?
   Non,

2. Croyez-vous qu'il y a quelqu'un sous votre lit ?
   Non,

3. Pensez-vous que le français est trop difficile ?
   Non,

4. Dites-vous que je suis bête ?
   Non,

5. Doutez-vous que je sais votre nom ?
   Oui,

6. Niez-vous que votre professeur soit intelligent ?
   Non,

*7. Êtes-vous certain(e) que je parle français ?
   Oui,

*8. Espérez-vous qu'il pleuvra demain ?
   Non,

236 VINGT ET UNIÈME LEÇON

NOM _____ COURS _____ SECTION _____

*9. Croyez-vous qu'il a neigé hier ?
_____

● **3** Subjonctif : dans les propositions relatives

Complétez les phrases suivantes en employant les éléments indiqués. Utilisez les pronoms relatifs appropriés.

1. (savoir / tout / réponses / à / tout / questions)

    Je ne connais personne _____
    _____

2. (être / plus / sympa / que / elle ?)

    Y-a-t-il quelqu'un _____

3. (pouvoir [*futur*] / la / aider)

    Je connais quelqu'un _____

4. (pouvoir / te / intéresser)

    Je n'ai rien trouvé _____

5. (ne pas / être / trop / exigeant)

    Je veux me marier avec une personne _____

*6. (avoir cru / jamais / à / magie / noir)

    Je ne connais personne _____

*7. (avoir été / sur / lune ?)

    Connais-tu quelqu'un _____

● **4** Adjectif + **de** + infinitif

Répondez aux questions.

1. Qu'est-ce que vous êtes curieux(euse) de savoir ?
_____

2. Qu'est-ce que vous êtes fatigué(e) de manger ?
_____

3. Qu'est-ce que vous serez certain(e) de faire ce **week-end** ?
_____

4. Qu'est-ce que vous n'êtes pas capable d'acheter ?
_____

5. Qui seriez-vous enchanté(e) de connaître ?
_____

6. Pour qui seriez-vous content(e) de travailler ?
_____

*7. À qui êtes-vous sûr(e) de parler demain ?
_____

*8. Qu'est-ce que vous seriez heureux(euse) de faire ?
_____

VINGT ET UNIÈME LEÇON 237

*9. Qu'est-ce que vous serez obligé(e) de faire l'été prochain ?

● 5 Adjectif + à + infinitif

Écrivez des phrases en utilisant les éléments indiqués.

1. Vous / ne pas / être / seule / dire / escargots / être / très / bon / manger.

2. Elle / être / très / mécontent / nous / ne pas / être / encore / prêt / se coucher.

3. Je / être / curieux / savoir / si / ce / dame / être / vraiment / habitué / prendre / vin / à / petit déjeuner.

*4. Je / savoir / que / elle / être / fier / notes / que / elle / avoir reçu / dans / cours / français ; / mais / elle / être / dernier / le / avouer.

● Révision

Répondez aux questions.

1. Est-il important que je boive du lait ?

    Oui,

2. Qu'est-ce que vos parents vous demandent de faire ?

3. Leur avez-vous parlé de ce dont vous avez besoin ?

    Oui,

4. Avez-vous quelque chose qui puisse intéresser cet enfant ?

    Oui,

5. Je vous ai montré ce que j'ai acheté, n'est-ce pas ?

    Non,

6. Ce dont vous avez peur, c'est cet examen, n'est-ce pas ?

    Non,

7. Dites-moi ce qui vous ennuie.

NOM _____ COURS _____ SECTION _____

8. M'avez-vous demandé de vous aider ?

   Non, _____

9. Qu'est-ce que vous êtes prêt(e) à faire ?

   _____

10. Qu'est-ce qu'il vaut mieux faire tous les soirs ?

    _____

Écrivez des phrases en employant les éléments indiqués.

1. Quand / je / être [*imparfait*] / petit(e), / mon / mère / vouloir / je / boire / lait / à / chaque / repas.

2. Il / valoir mieux [*conditionnel*] / vous / remercier / Paul / vous / avoir aidé / répondre / ce / lettre.

3. Vous / ne pas / être / seul / être / surpris / avoir réussi / obtenir / ce / réponse.

4. Je / être [*conditionnel*] / dernière / vous / dire / vous / être [*conditionnel*] / content / travailler / ici.

5. Je / ne pas / permettre [*futur*] / vous / refuser / dire / Marie / y / rester / tout / journée.

6. Vous / vouloir / savoir / pourquoi / je / hésiter / faire / cela ? / Je / être / étonné / vous / demander / je / le / faire !

APPLICATIONS : Travaux écrits

( ) **A** *Questions*
( ) **C** *Composition*
( ) **D** *Renseignements et opinions*

VINGT ET UNIÈME LEÇON

(I) *Quelles sont ces choses ? Pouvez-vous les classer ?*[1]

	apéritif	hors-d'œuvre	viande	légume	boisson	fromage	dessert	digestif
Poulet rôti								
Champignons								
Port-salut								
Petits pois								
Salade de tomates								
Coquilles Saint-Jacques								
Pernod								
Crudités								
Jambon de Bayonne								
Glace à la vanille								
Dubonnet								
Camembert								
Escargots de Bourgogne								
Escalope de veau								
Tarte aux fraises								

	apéritif	hors-d'œuvre	viande	légume	boisson	fromage	dessert	digestif
Fond d'artichaut								
Pâté de campagne								
Sorbet								
Cointreau								
Chateaubriand								
Carottes râpées								
Vittel								
Roquefort								
Omelette au jambon								
Pastis								
Cuisses de grenouille								
Chèvre								
Grand Marnier								
Perrier								
Pâtisserie								

(II) *Remettez les mots de chaque phrase dans le bon ordre.*

1. | vous | | content | | nous | | très | | pu | | voir | | que | | suis | | ayez | | venir | | je |

2. | y | | qui | | qu' | | il | | quelqu'un | | l' | | n' | | il | | aider | | ait | | sûr | | est | | puisse | | pas |

3. | arriver | | content | | était | | j' | | première | | Marie | | de | | à | | la | | savoir | | étais | | que |

TROISIÈME PARTIE

APPLICATIONS

A Dialogue et questions: *Will you accept or decline?*

A friend of yours [*One of your friends*] invites you to have a drink.

JACQUES   Do you feel like having a drink?
YOU   With pleasure. Where do you want to go? (*or else*: I can't. I have a date with someone in a quarter of an hour.)

---

[1]Certaines peuvent appartenir à deux catégories : par exemple, un Cinzano est un apéritif et une boisson.

VINGT ET UNIÈME LEÇON

A friend of your parents invites you to have lunch.

MR. VERNIN I know a good restaurant not very far from here. Would you like [Do you want] to have lunch with us?
YOU With pleasure. (*or else*: I'm sorry, but I promised my roommate to get back before noon.)

Mrs. Vernin invites you to have dinner.

MRS. VERNIN Could you come to have dinner with us next Saturday?
YOU That would be very nice [It would give me great pleasure]. (*or else*: It's very nice of you, but I've already made plans for Saturday evening.)

Mr. Vernin invites you to a [the] concert.

MR. VERNIN Are you free Thursday? We have three tickets for the concert.
YOU How good of you [How good you are]. I thank you for your invitation. (*or else*: I'm really sorry, but I'm not free Thursday.)

Mr. Creussot, in whose house you live, invites you to a [the] theater.

MR. CREUSSOT Would it interest you to go to a [the] theater? We have three tickets for Saturday night.
YOU I'll go with [accompany] you with pleasure. It's very nice of you. (*or else*: I thank you for your invitation. Unfortunately, I'm busy Saturday night.)

Mrs. Creussot invites you to take a walk.

MRS. CREUSSOT There's the Luxembourg Garden. Would you like to take a walk?
YOU Gladly [I'm willing]. I still have one hour before meeting my friends. (*or else*: I'm sorry [Excuse me], but I must [it is necessary that I] go home right away. I've got a lot of work today.)

B Expressions utiles

Menu

SPECIAL (TOURIST) MENU
appetizers
meat or fish
vegetables
cheese or dessert

GOURMET MENU
appetizers
entrée
meat or fish
salad
cheese
dessert

The menu[1]

12% service charge not included

HORS D'OEUVRE
Hard-boiled egg in aspic
Salami served with butter
Duck terrine[2]
Country-style [liver] pâté
Bayonne ham[3]

Nice-style salad[4]
Tomato salad
Burgundy-style snails[5]
Raw fresh vegetables
Grated [marinated] carrots

SOUPS
Consommé [clear soup] with thin noodles
Onion soup with croutons and cheese

EGGS
Scrambled eggs with fowl liver
Scrambled eggs with mushrooms
Cheese or ham omelette

---

[1] See also the **Expressions utiles** of Lesson 6. Cooking represents one of the most salient aspects of any culture. Food items are next to impossible to translate, and the English equivalents given here are only approximate.
[2] **Terrine** is like pâté, often cooked in an earthenware pot.
[3] Very thin-sliced raw ham.
[4] Vegetable salad (lettuce, tomatoes, sliced onions, sometimes cooked green beans) with black olives, anchovies, and sometimes hard-boiled eggs.
[5] Snails baked in shell with butter, garlic, parsley, and shallots.

MEAT

Garnished[1] ham	Steak with French Fries
Roast chicken	Garnished roast pork
Garnished roast veal	Pepper steak
Veal cutlet	Garnished Chateaubriand [filet of beef]

TODAY'S SPECIALS

Provençal-style[2] scallops
Provençal-style frog legs
Veal chops with morel mushrooms

VEGETABLES

French fried potatoes	Provençal-style mushrooms
Steamed potatoes	Buttered green beans
Potatoes au gratin[3]	Buttered fresh asparagus
Fresh salad	Heart of artichoke with mushroom and veal gravy

CHEESES

Camembert [soft Normandy cheese]	Brie [soft cheese]
Roquefort [blue cheese from ewe's milk]	Port-salut [mild, soft cheese]
Gruyère [Swiss cheese]	Hollande [Edam cheese]
Goat cheese	Pont-l'évêque [mild, firm cheese]

FRUITS AND DESSERTS

Fruit	Homemade pie
Ice cream parfait	Chocolate mousse
Pastry	Custard with caramel sauce
Ice cream	Homemade sherbet

SEE THE OTHER SIDE FOR OUR WINE LIST

We are [The house is] not responsible for lost, switched[4] or soiled clothes.

VOCABULAIRE

Masculine nouns

·ticket	**billet**	liter	**litre**	·refusal	**refus**
rubber	**caoutchouc**	computer	**ordinateur**	·sandwich	**sandwich**
·couple	**couple**	·pleasure	**plaisir**	·show	**spectacle**
diabolo-menthe	**diabolo-menthe**	·drink	**pot**	·walk	**tour**
·cheese	**fromage**	·project, plan	**projet**		

Feminine nouns

·roommate	**camarade de chambre**	moon	**lune**	·swimming pool	**piscine**
ice cream	**glace**	·part	**part**	·dressing, sauce	**sauce**

Verbs

to doubt	**douter (de)**	to deny	**nier**	to recommend	**recommander**
to get married (with)	**se marier (avec)**	·to propose	**proposer (de)**	·to meet [by arrangement]	**retrouver**
		to recite	**réciter**		

Adjectives

·nice	**aimable**	Japanese	**japonais(e)**	·public	**public(ique)**
alcoholic	**alcoolisé(e)**	slow	**lent(e)**	·cold	**rafraîchissant(e)**
capable	**capable**	mediocre	**médiocre**	ridiculous	**ridicule**
astonished	**étonné(e)**	wet	**mouillé(e)**	surprised	**surpris(e)**
sorry, angry	**fâché(e)**	·municipal	**municipal(e)**	·green	**vert(e)**
used to	**habitué(e)**	ready	**prêt(e)**		

[1] **Garni** normally means that the meat dish comes with a vegetable and sometimes with potatoes.
[2] Provençal-style cooking is usually done with olive oil, garlic, tomatoes, and a lot of herbs and spices.
[3] Sliced potatoes baked with bread crumbs and grated cheese.
[4] **Échangé** here means *taken by mistake by someone*, hence *switched*.

Other expressions

As far as I know **Autant que je sache**
·with pleasure **avec plaisir**
·of you, on your part **de votre part**
·to make plans **faire des projets**
·to give pleasure to **faire plaisir à**
·to take a walk **faire un tour**
·Luxemburg **Le Luxembourg**
·to have a drink **prendre un pot**
·simply **simplement**
so much, so many **tant de**

ANSWER KEYS

COMPRÉHENSION AUDITIVE

Conversations

v—f—f; f—v—v; f—v—f

Exercices oraux

21.2 (*Exercice supplémentaire*) 1. Il va au labo ? Je crois que non. 2. Il fait ses devoirs ? J'en doute. 3. Il veut sécher le cours ? Je crois que oui. 4. Il comprend le professeur ? Je pense que non. 5. Il connaît le professeur ? Je n'en suis pas sûr. 6. Il veut travailler ? J'en doute. 7. Il a écrit sa composition ? Je le nie. 8. Il est dans mon cours ? J'en suis certain. 9. Il viendra au cours demain ? Je crois que non. 10. Il est très paresseux ? Je n'en doute pas.

subjonctif—subjonctif—indicatif—subjonctif; indicatif—indicatif—subjonctif—subjonctif; subjonctif—indicatif—subjonctif—indicatif

21.3 (*Exercice supplémentaire*) 1. Il y a des étudiants qui sont plus intelligents que vous. 2. Il y a des étudiants qui ont plus de patience que vous. 3. Il y a des étudiants qui font plus de travail que vous. 4. Il y a quelque chose qui est plus difficile que cette leçon. 5. Il y a quelqu'un qui sait le français mieux que moi. 6. Il y a des professeurs qui sont plus sympathiques que moi.

non—oui—oui; non—oui—non; oui—oui—non

21.4 (*Exercice supplémentaire*) 1. Je vous parle ; en êtes-vous content ? 2. Vous me voyez ; en êtes-vous content ? 3. Je vous pose une question ; en êtes-vous étonné ? 4. Vous pouvez me répondre ; en êtes-vous étonné ? 5. Vous apprenez le français ; en êtes-vous fatigué ? 6. Vous me connaissez ; en êtes-vous heureux ? 7. Je vous connais ; en êtes-vous heureux ? 8. Vous viendrez au cours demain ? En êtes-vous sûr ? 9. Vous apprendrez le dialogue ? En êtes-vous capable ? 10. Je serai ici demain ? En êtes-vous certain ? 11. Il ne neigera pas demain ? En êtes-vous sûr ? 12. Vous ferez vos devoirs ? En êtes-vous certain ?

21.5 non—oui—non; oui—oui—oui; oui—oui—non

Applications

3—1—4—3; 2—3—1—2

v—v—f; f—v—v; f—f—f

(*Dictée*) 1. escargots de Bourgogne 2. côte de veau 3. pommes frites 4. asperges au beurre 5. une bouteille de vin 6. Camembert 7. crème au caramel 8. une tasse de café

EXERCICES ÉCRITS

21.1 1. Vous êtes mécontent que le service soit mauvais. 2. Vous êtes fâché que le garçon ne vous comprenne pas. 3. Vous regrettez que la salade ne soit pas fraîche. 4. Vous êtes content que le vin soit assez bon. 5. Vous êtes étonné qu'on puisse manger cette viande. 6. Vous êtes surpris qu'il n'y ait plus de fruits.

21.2 1. je ne suis pas sûr(e) qu'on me comprenne tout le temps. 2. je ne crois pas qu'il y ait quelqu'un sous mon lit ! 3. je ne pense pas que le français soit trop difficile. 4. je ne dis pas que vous soyez bête. 5. je doute que vous sachiez mon nom. 6. je ne nie pas qu'il est intelligent.

21.3 1. qui sache toutes les réponses à toutes les questions. 2. qui soit plus sympa qu'elle ? 3. qui pourra l'aider. 4. qui puisse t'intéresser. 5. qui ne soit pas trop exigeante.

21.4 1. Je suis curieux(euse) de savoir si (vous parlez japonais). 2. Je suis fatigué(e) de manger (des petits pois). 3. Je serai certain(e) de (me lever tard) [ce week-end]. 4. Je ne suis pas capable d'acheter (une maison). 5. Je serais enchanté(e) de connaître (le président de notre université). 6. Je serais content(e) de travailler (pour vous).

21.5 1. Vous n'êtes pas la seule à dire que les escargots sont très bons à manger. 2. Elle est très mécontente que nous ne soyons pas encore prêts à nous coucher. 3. Je suis curieux de savoir si cette dame est vraiment habituée à prendre du vin au petit déjeuner.

(I)

	apéritif	hors-d'œuvre	viande	légume	boisson	fromage	dessert	digestif
Poulet rôti			✓					
Champignons				✓				
Port-salut						✓		
Petits pois				✓				
Salade de tomates		✓						✓
Coquilles Saint-Jacques		✓						
Pernod	✓				(✓)		✓	
Crudités		✓						✓
Jambon de Bayonne		✓						✓
Glace à la vanille							✓	
Dubonnet	✓				(✓)		✓	
Camembert						✓		
Escargots de Bourgogne		✓						✓
Escalope de veau			✓					
Tarte aux fraises							✓	

	apéritif	hors-d'œuvre	viande	légume	boisson	fromage	dessert	digestif
Fond d'artichaut				✓				
Pâté de campagne		✓						
Sorbet							✓	
Cointreau					(✓)			✓
Chateaubriand			✓					
Carottes râpées		✓						
Vittel					✓			
Roquefort						✓		
Omelette au jambon		✓						
Pastis	✓				(✓)			
Cuisses de grenouille		✓						
Chèvre						✓		
Grand Marnier					(✓)			✓
Perrier					✓			
Pâtisserie							✓	

(II) 1. Je suis très content que vous ayez pu venir nous voir. 2. Il n'est pas sûr qu'il y ait quelqu'un qui puisse l'aider. 3. J'étais content de savoir que Marie était la première à arriver.

VINGT-DEUXIÈME LEÇON

PREMIÈRE PARTIE

CONVERSATIONS

( ) **A** *Le film m'a plu énormément.*
( ) **B** *Allons au cinéma.*

EXERCICES ORAUX

● **1** Subjonctif : après certaines conjonctions

A *Voici un jeune homme. Autrefois il sortait souvent avec une jeune fille qui s'appelle Nicole. Mais c'est avec une autre qu'il sort maintenant. Reliez les deux phrases en employant la conjonction indiquée, d'après ce modèle.*

1 2 3 4 5 6 7 8 9 10

B *Modifiez les phrases suivantes en employant les conjonctions indiquées, d'après ce modèle.*

1 2 3 4 5 6 7 8

Exercice supplémentaire : *Exercice de contrôle*[1]

Je sortirai de la classe si le cours est terminé.

1 2 3 4 5 6

Compréhension auditive : *Indiquez si le verbe dans la proposition subordonnée est à l'indicatif ou au subjonctif.*

1.	indicatif subjonctif	4.	indicatif subjonctif	7.	indicatif subjonctif
2.	indicatif subjonctif	5.	indicatif subjonctif	8.	indicatif subjonctif
3.	indicatif subjonctif	6.	indicatif subjonctif	9.	indicatif subjonctif

● **2** Subjonctif : révision

A *Exercice de contrôle*

Il est important que vous sachiez la vérité.

1 2 3 4 5 6

Je veux que vous fassiez ce travail.

1 2 3 4 5 6

[1] Utilisez le futur dans la proposition subordonnée des phrases 3 et 6.

Je doute que vous ayez compris la question.

1   2   3   4   5   6

Je vais faire des courses pourvu que vous soyez ici.

1   2   3   4   5   6

Je ne connais personne qui puisse faire cela.

1   2   3   4   5   6

- **3** Pronom interrogatif **lequel** et emploi de **ce...-ci, ce...-là**

    A *Posez des questions d'après ce modèle. Faites attention aux prépositions.*

    1   2   3   4   5   6   7   8   9   10

    Compréhension auditive : *Voici une conversation entre Jean-Paul et Christine. Indiquez si les répliques de Christine sont logiques et appropriées.*

1.	oui	non	4.	oui	non	7.	oui	non
2.	oui	non	5.	oui	non	8.	oui	non
3.	oui	non	6.	oui	non	9.	oui	non

- **4 Plaire**

    A *Exercice de contrôle*

    1   2   3   4   5   6;   1   2   3   4   5   6

    B *Plusieurs étudiants sont allés au cinéma. Ils parlent de leurs impressions du film qu'ils ont vu. Modifiez chaque phrase en employant le verbe **plaire**, d'après ce modèle.*

    1   2   3   4   5   6   7   8

- **5** Pronoms indéfinis : **la plupart, quelques-uns, aucun, chacun**

    (A) *Répondez aux questions d'après ce modèle.*

    Avez-vous visité la plupart des musées ?
    Non, j'ai visité seulement quelques-uns des musées.

    1   2   3   4   5   6   7

    (B) *Cette fois-ci, répondez d'après ce modèle.*

    Je crois que quelques-unes de mes questions sont longues.
    Mais non, aucune de vos questions n'est longue.

    1   2   3   4   5   6   7

    C *Je vais parler d'un étudiant. Est-il travailleur ou est-il paresseux ? Répondez aux questions d'après ces modèles.*

    1   2   3   4   5   6   7   8

    Compréhension auditive : *Écoutez ces dialogues et dites si les réponses que vous entendez sont logiques et appropriées.*

1.	oui	non	4.	oui	non	7.	oui	non
2.	oui	non	5.	oui	non	8.	oui	non
3.	oui	non	6.	oui	non	9.	oui	non

NOM _____ COURS _____ SECTION _____

APPLICATIONS

A Dialogue : *Comment exprimer votre opinion* ( )

Compréhension auditive : *Parlons du cinéma. Dites quel mot n'appartient pas à chaque série.*

a.	1	2	3	4	d.	1	2	3	4
b.	1	2	3	4	e.	1	2	3	4
c.	1	2	3	4	f.	1	2	3	4

Compréhension auditive : *Écoutez les dialogues et dites si la description de chaque situation est logique et appropriée.*

1. oui non On va aller au théâtre.
2. oui non On n'aime pas beaucoup le film qu'on vient de voir.
3. oui non On est au guichet d'un cinéma.
4. oui non Deux piétons parlent d'un accident.
5. oui non Ces spectateurs ont beaucoup aimé la pièce.
6. oui non On est dans un restaurant.
7. oui non On a été emballé par le film.
8. oui non Les deux personnes vont au cinéma ce soir.

DEUXIÈME PARTIE

EXERCICES ÉCRITS

● **1** Subjonctif : après certaines conjonctions

Complétez les phrases suivantes en utilisant les éléments indiqués.

1. (avant que / tu / partir)

    Je viendrai _____

2. (dès que / il / arriver / Paris)

    Il vous écrira _____

3. (pourvu que / vous / me / aider)

    Je peux terminer le travail _____

4. (pour que / elle / être / content)

    Nous faisons cela _____

5. (sans que / il / pouvoir / vous / voir)

    Vous êtes parti _____

6. (bien que / il / faire / froid)

    On fera une promenade _____

*7. (jusqu'à ce que / vous / savoir / vérité)

    Il vous parlera _____

VINGT-DEUXIÈME LEÇON **247**

*8. (puisque / vous / être / déjà / ici)

On va commencer _____

*9. (à moins que / il / venir / à l'heure)

Nous partirons _____

- 2 Subjonctif : révision

    Répondez aux questions.

    1. Est-il important que je vous aide ?

       Non, _____

    2. Faut-il que vous alliez au cours ?

       Oui, _____

    3. Voulez-vous que je sorte ?

       Non, _____

    4. Êtes-vous surpris(e) que j'aie vu ce film ?

       Oui, _____

    5. Êtes-vous certain(e) qu'il pleuvra ce soir ?

       Non, _____

    6. Niez-vous que je parle français ?

       Non, _____

    7. Croyez-vous qu'il fera beau demain ?

       Oui, _____

    *8. Regrettez-vous que je parte ?

       Oui, _____

    *9. Voudriez-vous que je reste avec vous ?

       _____

    *10. Est-il temps que vous finissiez ce devoir ?

       Oui, _____

- 3 Pronom interrogatif **lequel** et emploi de **ce. . .-ci, ce. . .-là**

    Posez des questions d'après ce modèle.

    Je veux parler d'un cours.   **Duquel voulez-vous parler ?**

    1. Je veux parler d'une boutique.

       _____

    2. Je vais répondre à des lettres.

       _____

    3. Je n'ai pas compris la jeune fille.

       _____

    4. J'aurai besoin de plusieurs livres.

       _____

NOM _____ COURS _____ SECTION _____

5. Je pensais à un film amusant.
_____

6. Je ne peux pas acheter cette robe-là.
_____

*7. J'ai trouvé une des réponses.
_____

*8. Une de ces lettres est pour moi.
_____

*9. J'ai téléphoné à une cousine.
_____

● 4 **Plaire**

Modifiez les phrases suivantes d'après ce modèle.

Mon père n'aime pas ce film. **Ce film ne plaît pas à mon père.**

1. Ma mère n'aime pas ces tableaux.
_____

2. Je n'aime pas cette robe.
_____

3. Nous avons beaucoup aimé le musée.
_____

*4. Ce monsieur n'aimait rien.
_____

*5. Ils n'ont pas aimé ce roman.
_____

Répondez aux questions. Utilisez **plaire** *pour les numéros 6, 7 et 8.*

6. Comment trouvez-vous votre montre ?
_____

7. Croyez-vous que le livre de français plaît à votre professeur ?
_____

8. Comment avez-vous trouvé le dernier film que vous avez vu ?
_____

*9. Quand est-ce que vous vous taisez ?
_____

● 5 Pronoms indéfinis : **la plupart, quelques-uns, aucun, chacun**

Répondez aux questions en employant **quelques-un(e)s** *ou* **la plupart**.

1. Est-ce que vos camarades sont travailleurs ?
_____

2. Vos professeurs sont-ils très exigeants ?
_____

VINGT-DEUXIÈME LEÇON 249

3. Vos livres sont-ils en anglais ?
___

4. Faites-vous les exercices écrits ?
___

5. Vos cours sont-ils difficiles ?
___

*6. Vos cousins sont-ils en Amérique ?
___

*Répondez aux questions en employant **chacun(e)** ou **aucun(e)**.*

7. Vos réponses sont-elles correctes ?

   Oui,___

8. Avez-vous écrit des lettres en classe ?

   Non,___

9. Y a-t-il un examen dans tous vos cours ?

   Oui,___

10. Vos camarades parlent-ils latin ?

    Mais non,___

*11. Vos cours sont-ils trop difficiles ?

    Non,___

*12. Ces questions sont-elles assez faciles ?

    Oui,___

APPLICATIONS : Travaux écrits

( ) **A** *Projets à faire*
( ) **D** *Complétez le passage suivant.*
( ) **E** *Renseignements et opinions*

(I) *Mettez les mots de chaque phrase dans le bon ordre.*

1. | la | films | a | déjà | années | des |
   | sont | classiques | plupart | cinémathèque |
   | donne | la | il | on | plusieurs | des |
   | j' | que | à | qu' | vus | y | ai | .

2. | vues | dises | à | j' | laquelle | que |
   | que | tu | , et | tu | a | Yvette |
   | pourquoi | pièces | plu | ne | aimerais |
   | des | t' | as | pas | .

250 VINGT-DEUXIÈME LEÇON   Copyright © 1985, John Wiley & Sons, Inc.

NOM _____ COURS _____ SECTION _____

(II) *Remplissez les cases avec l'antonyme des mots suivants.*

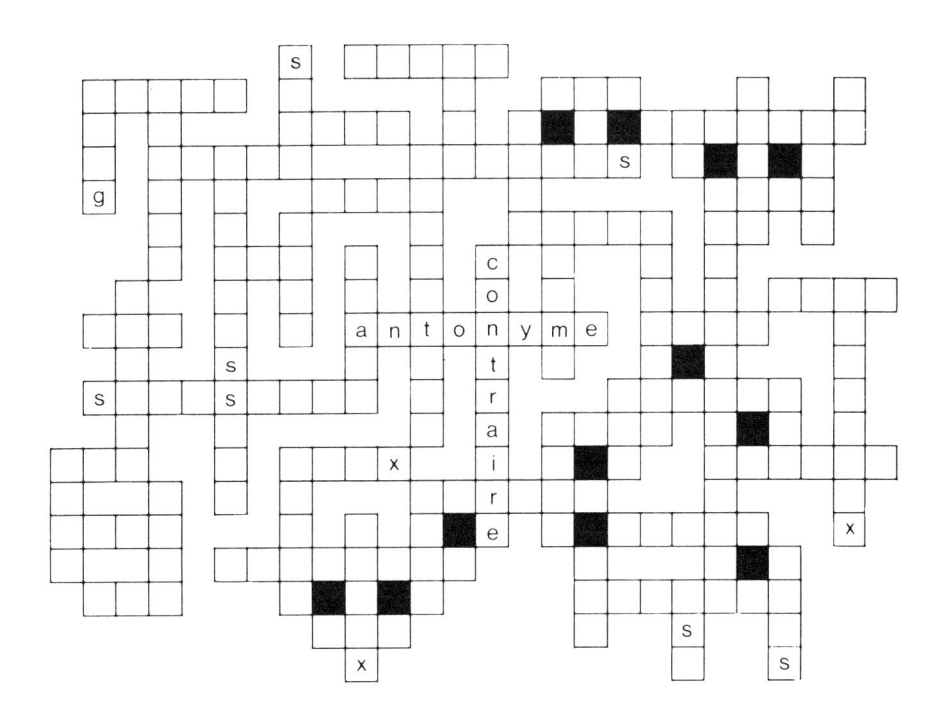

2 lettres :   ou, mort, et
3 lettres :   mauvais, mou, ouest, hiver, là, bien, oui, non, beaucoup, sous, tard
4 lettres :   détesté, sans, mal, cela, ceci, emballé, vrai, rapide, court, blanc, sud, jour, mère, meilleur, contre, loin, commun (ordinaire), propre, faux
5 lettres :   après, froid, long, succès, sœur, femme, lourd, plus mal, inutile, voilà
6 lettres :   hier, derrière, sortir, droite, trouver
7 lettres :   vendre, premier, connu, bon
8 lettres :   devant, intéressant
9 lettres :   content, mécontent
11 lettres : ennuyeux
13 lettres : horizontalement

TROISIÈME PARTIE

CONVERSATIONS

A *I liked the film a lot [the film pleased me enormously].*

FRANCE   Where were you yesterday afternoon? I called you several times.
DANIEL   I went to see a movie.
FRANCE   Really? Which one?
DANIEL   *La Balance*.
FRANCE   They say it's a good film. Did you like it?
DANIEL   Yes, a lot.

VINGT-DEUXIÈME LEÇON **251**

B *Let's go to the movies.*

ANDRÉ   Here's the list of the movies they're showing at the film library this weekend.
LOUISE I've already seen most of them.
ANDRÉ   *I* have seen only a few of them.
LOUISE Which one do you want to see, then?
ANDRÉ   The Japanese film, *Kagemusha,* unless you've already seen it.

APPLICATIONS

A Dialogue et questions: *How to express your opinion*

When you want to ask someone for his opinion, say:

What do you think of this film?
What do you think of it?
In your opinion, what does the end of this film mean?
Tell me your opinion frankly.
What is your opinion regarding [on] this question?

If you want to give your opinion, you can say:

I think [find] they put too many car chase scenes in this film.
I have the impression that they wrote the script after choosing [having chosen] the star.
If I'm not mistaken, the film won a prize at the Cannes [Film] Festival.
In my opinion, it isn't an art film; it's a total artistic failure!
Frankly, if you want my opinion, it was a wasted [lost] evening.
I liked the play a lot. And what a magnificent stage setting!
Fron an esthetic point of view, I'd say it's a great success.

If you agree or [if you] do not agree with someone, you can say:

I agree with you completely. (*or else:* I don't agree with you at all.)
I share your opinion. (*or else:* I don't share your opinion.)
It's certainly true. (*or else:* It isn't true at all!)
It seems to me that what you say is right [just]. (*or else:* It seems to me that what you say isn't right.)
I think you are right. (*or else:* I think you are wrong.)

If you have no opinion or if you do not know the answer, you can say:

I know absolutely nothing about it.
I have no idea.
I don't know if I understood that well.
I have no opinion about it.
Frankly, I don't know what it's about.

B Expressions utiles

At the theater, at the movies

to get [take] / to buy { a ticket / two orchestra seats / three balcony seats [*two ways*] }

There is a good cast.

An actor / An actress { plays / interprets } { a role. / well/poorly. }

the spectators: { to be carried away/to be disappointed / to applaud/to boo [whistle] } after { each act / the film }

the play / the film } : to be { a real hit [triumph]/a big success / a (total) failure / sad, amusing, profound, boring }

In { the play / the film } it is a question of { a historical/fictional event. / a social/political/psychological problem. / a murder/a theft. }

252 VINGT-DEUXIÈME LEÇON

It is a film
- in color/in black and white.
- in the original version.
- with subtitles/dubbed into English.
- filmed [made] in Rome.

genres

a comedy/a tragedy
a musical comedy
a psychological/sentimental drama

a cartoon
a western

a
- comic film
- detective film
- spectacular film
- suspense film
- film restricted to those 18 years old or older

a
- disaster
- spy
- war
- horror [*two ways*]
- science-fiction
movie

On television

to turn on } { the (television) set
to turn off [*two ways*] } { the television/the TV

to choose } a program on { television
to see/to watch } { Channel 2

programs

a movie/a play
a variety show
a football [soccer] game
a commercial
a cartoon
a serial

a live telecast
the report/the documentary on...
the weather report [*two ways*]
the { regional / national / international } { news / information }

VOCABULAIRE

Masculine nouns

- opinion **avis**
- basketball **basket**
- critic **critique**
- (stage) setting **décor**
- cartoon **dessin animé**
- failure **échec**
- episode **épisode**

- establishment, place **établissement**
- festival **festival**
- genre, kind **genre**
- hero **héros**
- boss **patron**
- point of view **point de vue**
- (television) set **poste (de télévision)**

- prize **prix**
- movie director **réalisateur**
- Russian **russe**
- scenario, script **scénario**
- success **succès**
- western **western**

Feminine nouns

- news **actualités** *pl*
- atmosphere **ambiance**
- channel **chaîne**
- singer **chanteuse**
- discussion **discussion**

- explanation **explication**
- heroine **héroïne**
- impression **impression**
- stage setting **mise en scène**
- opinion **opinion**

- chase **poursuite**
- scene **scène**
- science fiction **science-fiction**
- star **vedette**

Verbs

- to be a question of **s'agir de**
- to belong to **appartenir à** *irrég*
- to displease **déplaire à** *irrég*
- to produce **fabriquer**

- to govern **gouverner**
- to obtain **obtenir** *irrég*
- to please **plaire à** *irrég*
- to become silent **se taire** *irrég*

- to be mistaken **se tromper**
- to kill oneself **se tuer**

Adjectives

- animated **animé(e)**
- artistic **artistique**
- not any **aucun(e)**
- esthetic **esthétique**

- fantastic **fantastique**
- individualistic **individualiste**
- local **local(e)**
- excited **passionné(e)**

- personal **personnel(le)**
- political **politique**
- total **total(e)**

VINGT-DEUXIÈME LEÇON

Conjunctions

unless	**à moins que**	until	**jusqu'à ce que**	since	**puisque**
before	**avant que**	so that	**pour que**	without	**sans que**
although	**bien que**	provided that	**pourvu que**		

Other expressions

·in my opinion	**à mon avis**	each one	**chacun(e)** *pron*	·about it, thereupon	**là-dessus**
none	**aucun(e)** *pron*	at the same time	**en même temps**	most	**la plupart**
this	**ce...-ci**	·enormously	**énormément**	·no matter what, any	**n'importe quel**
that	**ce...-là**	·it is a question of	**il s'agit de**		

ANSWER KEYS

COMPRÉHENSION AUDITIVE

Exercices oraux

22.1 (*Exercice supplémentaire*) Je sortirai de la classe si le cours est terminé. 1. avant que 2. parce que 3. après que 4. sans que 5. pourvu que 6. aussitôt que

subjonctif—indicatif—subjonctif; subjonctif—indicatif—subjonctif; subjonctif—subjonctif—indicatif

22.3 oui—non—non; oui—non—non; oui—oui—non

22.5 (*Exercice A*) 1. Avez-vous lu la plupart des livres? 2. Avez-vous vu la plupart des films? 3. Avez-vous mangé la plupart de mes oranges? 4. Avez-vous répondu à la plupart de mes questions? 5. Avez-vous compris la plupart de ces questions? 6. Avez-vous parlé à la plupart de ces étudiants? 7. Avez-vous écrit à la plupart de vos cousins?

(*Exercice B*) 1. Je crois que quelques-unes de mes questions sont difficiles. 2. Je crois que quelques-unes de mes explications sont trop longues. 3. Je crois que quelques-unes de mes questions sont trop personnelles. 4. Je crois que quelques-uns de mes étudiants parlent russe. 5. Je crois que quelques-uns de vos cours sont très difficiles. 6. Je crois que quelques-uns de vos camarades parlent français. 7. Je crois que quelques-uns de vos camarades ont vu des films français.

non—oui—oui; non—oui—non; oui—non—oui

Applications

3—4—4; 2—2—2

oui—oui—non—non; oui—oui—non—non

EXERCICES ÉCRITS

22.1 1. avant que tu partes. 2. dès qu'il arrivera à [de] Paris. 3. pourvu que vous m'aidiez. 4. pour qu'elle soit contente. 5. sans qu'il puisse vous voir. 6. bien qu'il fasse froid.

22.2 1. il n'est pas important que vous m'aidiez. 2. il faut que j'aille au cours. 3. je ne veux pas que vous sortiez. 4. je suis surpris(e) que vous ayez vu ce film (*or* vous l'ayez vu). 5. je ne suis pas certain(e) qu'il pleuve ce soir. 6. je ne nie pas que vous parlez français. 7. je crois qu'il fera beau demain.

22.3 1. De laquelle voulez-vous parler? 2. Auxquelles allez-vous répondre? 3. Laquelle n'avez-vous pas comprise? 4. Desquels aurez-vous besoin? 5. Auquel pensiez-vous? 6. Laquelle ne pouvez-vous pas acheter?

22.4 1. Ces tableaux ne plaisent pas à ma mère. 2. Cette robe ne me plaît pas. 3. Le musée nous a beaucoup plu. 6. Elle (me plaît beaucoup). 7. Je (crois) qu'il lui (plaît). 8. Il (ne m'a pas beaucoup plu).

22.5 1. (Quelques-uns) de mes camarades sont travailleurs. 2. (Quelques-uns) de mes professeurs sont exigeants. 3. (La plupart) des mes livres sont en anglais. 4. Je fais (la plupart) des exercices écrits. 5. (La plupart) de mes cours (sont assez faciles). 7. Oui, chacune [de mes réponses] est correcte. 8. Non, je n'ai écrit aucune lettre [en classe]. 9. Oui, il y a un examen dans chacun [de mes cours]. 10. Mais non, aucun [de mes camarades] ne parle latin.

(I) 1. La plupart des films qu'on donne à la cinémathèque sont des classiques que j'ai déjà vus il y a plusieurs années. 2. J'aimerais que tu dises à Yvette laquelle des pièces que tu as vues ne t'a pas plu, et pourquoi.

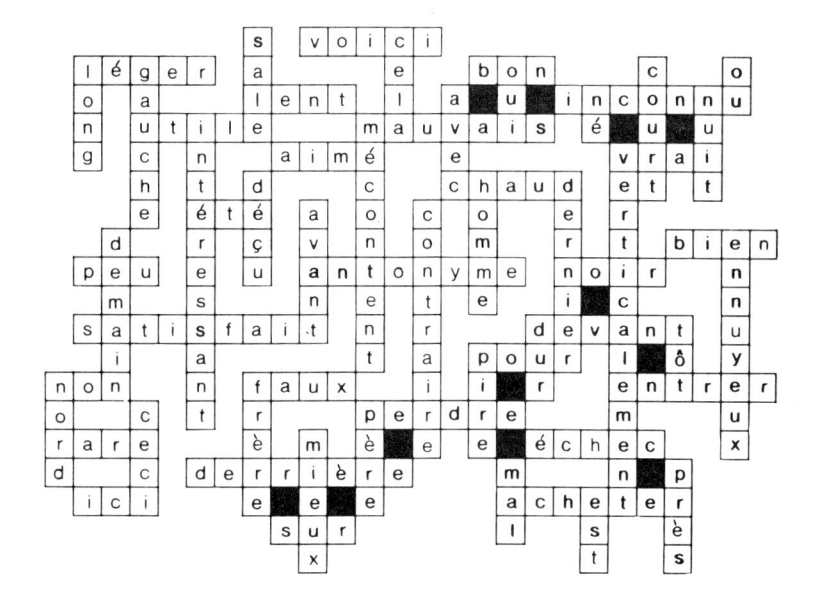

(II)

VINGT-DEUXIÈME LEÇON   255

Copyright © 1985, John Wiley & Sons, Inc.

NOM _____ COURS _____ SECTION _____

VINGT-TROISIÈME LEÇON

PREMIÈRE PARTIE

CONVERSATIONS

    ( ) **C** *On a pris la mauvaise route.*

EXERCICES ORAUX

- **1** Emploi de **c'est. . .qui** et **c'est. . .que**

    A *Exercice de contrôle*

    1 2 3 4 5 6; 1 2 3 4 5 6

    C *Répondez aux questions en employant* **c'est. . .que** *d'après ces modèles.*[1]

    Apprenez-vous le russe ? (non)   **Non, ce n'est pas le russe que j'apprends.**
    (le français)   **C'est le français que j'apprends.**

    1 2 3 4 5 6 7 8

    Exercice supplémentaire : *Répondez aux questions en employant* **c'est. . .qui** *ou* **c'est. . .que** *d'après ces modèles.*

    Est-ce que Jean est venu ? (Marie)   **Non, c'est Marie qui est venue.**
    Avez-vous vu Jacqueline ? (Michel)   **Non, c'est Michel que j'ai vu.**

    1 2 3 4 5 6 7 8

- **2** Participe présent et **être en train de**

    A *Modifiez les phrases suivantes d'après ce modèle.*

    1 2 3 4 5 6

    B *Vous allez voyager en train avec Jean-Paul. Vous allez rendre visite à ses grands-parents qui habitent à la campagne. Modifiez les phrases suivantes d'après ce modèle.*

    1 2 3 4 5 6 7 8 9 10

    C *Répondez aux questions d'après ce modèle.*[2]

    1 2 3 4 5 6

---

[1] Pour répondre à la cinquième question, utilisez **au labo** dans la construction **c'est. . .que**.
[2] Utilisez les pronoms appropriés dans vos réponses.

Compréhension auditive : *Vous allez entendre plusieurs infinitifs. Pour chaque infinitif, donnez le participe présent correspondant.*

1. _____   5. _____

2. _____   6. _____

3. _____   7. _____

4. _____   8. _____

- **3 Courir, mourir**

    A *Exercice de contrôle*

    1   2   3   4   5   6;   1   2   3   4   5   6

    Compréhension auditive : *Écoutez ces conversations et indiquez si chaque réplique est logique et appropriée.*

1.	oui non	4.	oui non	7.	oui non
2.	oui non	5.	oui non	8.	oui non
3.	oui non	6.	oui non	9.	oui non

- **4 Emploi de avant et après**

    A *Aimez-vous voyager en avion ? Voici quelques phrases qui décrivent chronologiquement un vol transatlantique. Modifiez chaque phrase d'après ces modèles.*

    1   2   3   4   5   6   7   8   9   10   11   12

    B *Maintenant, changez les phrases de l'exercice A d'après ces modèles.*

    1   2   3   4   5   6   7   8   9   10   11   12

- **5 Pronoms possessifs : le mien, le tien, etc.**

    A *Modifiez les phrases suivantes d'après ce modèle.*

    1   2   3   4   5   6   7   8   9   10   11   12

    C *Vous allez voyager en train avec Jean-Paul. Modifiez chaque phrase d'après ce modèle.*

    1   2   3   4   5   6   7   8   9   10   11   12

    Compréhension auditive : *Indiquez le genre et le nombre, c'est-à-dire le masculin ou le féminin, le singulier ou le pluriel, de chaque pronom possessif.*

1. m f s p	4. m f s p	7. m f s p
2. m f s p	5. m f s p	8. m f s p
3. m f s p	6. m f s p	9. m f s p

APPLICATIONS

A Dialogue : *Taisez-vous et asseyez-vous !* (   )

Questions :   1   2   3   4   5   6   7   8   9   10

NOM _____ COURS _____ SECTION _____

Compréhension auditive : *Parlons des transports. Écoutez les commentaires suivants et indiquez s'ils sont vrais ou faux.*

1. v   f
2. v   f
3. v   f
4. v   f
5. v   f
6. v   f
7. v   f
8. v   f
9. v   f

Compréhension auditive : *Écoutez ces dialogues. Pour chaque dialogue, choisissez la description appropriée.*

1. a. Ils sont à la gare.
   b. Ils sont dans un train.
   c. Ils sont dans un autocar.
2. a. Ils sont à la gare.
   b. Ils sont dans un avion.
   c. Ils sont dans un parc.
3. a. Ils sont à la gare.
   b. Ils sont dans un train.
   c. Ils sont dans un métro.
4. a. Ils sont dans un autobus.
   b. Ils sont au cinéma.
   c. Ils sont à la pharmacie.
5. a. Marie est malade.
   b. Marie a son anniversaire.
   c. Marie va se marier.
6. a. Ils sont dans un train.
   b. Ils sont dans un autobus.
   c. Ils sont dans leur chambre.
7. a. Ils sont dans un avion.
   b. Ils sont dans un train.
   c. Ils sont dans un taxi.
8. a. Ils sont dans un taxi.
   b. Ils sont dans un autobus.
   c. Ils sont dans un métro.

Compréhension auditive : *Voici quelques commentaires basés sur les deuxième et troisième paragraphes de la lecture. Indiquez s'ils sont vrais ou faux.*

1. v   f
2. v   f
3. v   f
4. v   f
5. v   f
6. v   f
7. v   f
8. v   f
9. v   f

DEUXIÈME PARTIE

EXERCICES ÉCRITS

● 1 Emploi de **c'est...qui** et **c'est...que**

Répondez aux questions en employant **c'est...qui** *ou* **c'est...que** *d'après ce modèle. Employez les pronoms appropriés quand c'est possible.*

Vous levez-vous à midi ?   **Non, c'est à (sept heures) que je me lève.**

1. Faites-vous les exercices oraux maintenant ?

_____

2. Où faites-vous les exercices écrits ?

_____

3. Est-ce que votre ami(e) fait vos devoirs ?

_____

VINGT-TROISIÈME LEÇON   **259**

4. Les vacances d'été commencent-elles en avril ?

5. Vous êtes-vous habillé(e) dans la cuisine ?

6. Quand allons-nous étudier les **Applications** ?

*7. Quelle langue étrangère vous intéresse le plus ?

*8. Vous êtes-vous levé(e) à onze heures ?

*9. M'avez-vous téléphoné le week-end dernier ?

● 2 Participe présent et **être en train de**

Modifiez les phrases suivantes en utilisant le participe présent.

1. Il travaille et il chante en même temps.

2. Elle dit bonjour et s'assied en même temps.

3. Tu lisais un journal et tu prenais ton café.

4. On connaîtra mieux la France si on visite la province.

*5. Voici ce qu'on apprend si on suit le cours.

Répondez aux questions.

6. Votre professeur est en retard. Qu'est-ce que vous faites en l'attendant ?

7. Qu'est-ce que vous êtes en train de faire ?

*8. Et qu'est-ce que je suis en train de faire ?

*9. Qui avez-vous rencontré ce matin en venant à l'université ?

● 3 **Courir, mourir**

Répondez aux questions.

1. Quand est-ce que vous courez ?

260 VINGT-TROISIÈME LEÇON

2. Êtes-vous jamais allé(e) à l'université en courant ?

3. Est-il certain que tout le monde meure un jour ?

4. Mourez-vous de peur quand vous faites les exercices oraux ?

5. Savez-vous qui est mort à Rouen ? (Jeanne d'Arc)

*6. Courrez-vous à votre premier cours demain ?

*7. Mouriez-vous de faim quand vous vous êtes levé(e) ce matin ?

*8. Pouvez-vous courir cent mètres en trente secondes ?

● 4 Emploi de **avant** et **après**

Pour chaque phrase, écrivez deux phrases en employant **avant** *et* **après** *selon ce modèle.*

D'abord je mange. Ensuite je travaille.
Je mange avant de travailler. Je travaille après avoir mangé.

1. D'abord je travaille. Ensuite je regarde la télé.

2. D'abord je verrai mon oncle. Ensuite j'irai à Paris.

3. D'abord elle rentrera. Ensuite elle déjeunera.

*4. D'abord tu te reposeras. Ensuite tu mangeras.

*5. D'abord elle m'a téléphoné. Ensuite elle est sortie.

VINGT-TROISIÈME LEÇON

• 5 Pronoms possessifs : **le mien**, **le tien**, etc.

Répondez aux questions en employant des pronoms possessifs.

1. Ma chambre est bien claire et grande. Comment est la vôtre ?

2. Mes rideaux sont sales. Comment sont les vôtres ?

3. Mes questions sont-elles plus faciles que les questions de votre professeur ?

4. Avez-vous besoin de votre livre de français ?

5. Avez-vous mon stylo ? Utilisez-vous votre crayon ?

6. En quel mois commencent vos vacances d'été ?

*7. Ma voiture marche très bien. Comment marche la voiture de vos parents ?

*8. Ma montre avance un peu. Croyez-vous que votre montre est à l'heure ?

*9. Votre professeur vous a-t-il jamais prêté sa voiture ?

APPLICATIONS : Travaux écrits

( ) **A** *Questions*
( ) **D** *Complétez le passage suivant.*
( ) **E** *Renseignements et opinions*

(I) *Trouvez le participe présent des verbes suivants.*

```
p u i s s a n t é t c
f v é p l i s a n t r
a o c r a i n a n t a
s y r v o r l a n t i
s a a p a u l a n t d
a n i n o r i a n t i
n t g v t u h a n t s
t a n n a c v a n t a
é n a f a i s a n t n
a t n s v e n a n t t
é s t b u v a n t t n
```

avoir	faire	savoir
boire	lire	venir
craindre	parler	vivre
dire	pouvoir	voir
être	rire	vouloir

262 VINGT-TROISIÈME LEÇON

NOM _____ COURS _____ SECTION _____

(II) *Complétez cette grille avec l'équivalent français des mots suivants.*

arrival
baggage
departure
dining car
emergency exit
entrance
locker
no entrance
platform
ticket window
ticket puncher
track
train

TROISIÈME PARTIE

CONVERSATIONS

C *We took the wrong road.*

FRANCE Look at that road sign.
DANIEL Shoot! We took the wrong road!
FRANCE According to the map, it was in Compiègne that we should have turned [it was necessary to turn] to the right.
DANIEL I can turn to the right at the next village.
FRANCE Oh, no, we'll arrive more quickly by going back to Compiègne.
DANIEL OK, OK. I'm turning around.

APPLICATIONS

A Dialogue et questions: *Be quiet and sit down!*

PIERROT I'm going to sit by [near] the window.
PATOU Me, too, I want to sit by the window.
MOTHER Excuse me, Miss. Can you help me put this big suitcase on the luggage rack?
MARTINE Mama, Mama, I forgot my doll. Can we go back home?
JANINE No, no, your doll is with mine, in the big suitcase.
PIERROT Mama, I'm thirsty. Buy me a [bottle of] Pschitt.
MOTHER Oh, be quiet and sit down!
MARTINE Mama, give me my doll!
JANINE I want mine, too, Mama.
PATOU I want to go peepee, Mama.
MOTHER Oh, my! You wear me out [You're tiring]! Miss, can you watch the children while I go to the toilet with Patou?
YOU . . .

VINGT-TROISIÈME LEÇON **263**

B Expressions utiles

Means of transportation

to go, to arrive, to leave, to come, to travel
- on foot
- on a bicycle
- by train [*two ways*]
- by car
- by plane
- by boat
- by bus
- by interurban bus

to hitchhike

In the railroad station

to check [consult] the schedule and choose a train
to go to the ticket window and buy the tickets

a {first-class [*two ways*] / second-class [*two ways*]} {round-trip / one-way [*two ways*]} ticket

to reserve [*two ways*] a seat on the train

to leave / to pick up {one's baggage / one's suitcase} in the checkroom/locker

to punch the tickets before going to [arriving on] the platform.
The tickets are inspected in the train by the inspector.

The tracks and the trains / The coaches and the compartments} are numbered.

Trains

There is
- a locomotive.
- a coach [*two ways*].
- a {snack / dining / sleeping [*two ways*]} car [*two ways*].

In the compartment there is/are
- windows.
- seats.
- (baggage) racks.
- a door (between the compartment and the aisle).

the T.E.E.: international train, with first-class cars only
the TGV: ultramodern and exceptionally fast train
the limited [rapid train]: long-distance train; stops only in large cities
the express train: stops only in cities and large towns (slower [less rapid] than the limited)
the local train: stops at every station
the freight train: transports merchandise

VOCABULAIRE

Masculine nouns

airport **aéroport**	departure **départ**	passenger **passager**
baggage **bagages** *pl*	boarding **embarquement**	passport **passeport**
·balloon, ball **ballon**	·net (luggage rack/shrimp net) **filet**	closet **placard**
cart **chariot**	(**à bagages / à crevettes**)	·road sign **poteau indicateur**
Coca-Cola **Coca-Cola**	loudspeaker **haut-parleur**	·Pschitt **Pschitt**
check **contrôle**	jogging **jogging**	synonym **synonyme**
·U-turn **demi-tour**	·middle **milieu**	

264 VINGT-TROISIÈME LEÇON

Feminine nouns

seat **banquette**	·checkroom, locker **consigne**	study **étude**
country **campagne**	·economy-class berth **couchette**	·road **route**
boarding pass **carte d'embarquement**	·cross-section **coupe**	·economy-class sleeping car **voiture-couchettes**
seat belt **ceinture**	·shrimp **crevette**	·dining car **voiture-restaurant**
	criticism **critique**	

Verbs

to attach, to fasten **attacher**	to kiss **embrasser**	to comb one's hair **se peigner**
to punch **composter**	to die **mourir** *irrég*	to be slow **retarder**
to confirm **confirmer**	to take off **ôter**	to shake; to squeeze **serrer**
to run **courir** *irrég*	·to open **s'ouvrir** *irrég*	·to watch **surveiller**

Adjectives

·lower **inférieur(e)**	soft **mou (molle)**	dark **sombre**
·settled **installé(e)**	clean **propre**	·upper **supérieur(e)**
·middle **intermédiaire**	dirty **sale**	·empty **vide**

Other expressions

·in the middle **au milieu**	to be in the process/act of (doing) **être en train de** + *inf*	to shake someone's hand **serrer la main à quelqu'un**
it is...that/whom **c'est...que**	·to turn around **faire demi-tour**	·suddenly **soudain**
it is...who/that **c'est...qui**	to jog **faire du jogging**	
·comfortably **confortablement**	·to go peepee **faire pipi**	
by/while/upon (doing) **en** + *participe présent*	to board **monter à bord**	

ANSWER KEYS

COMPRÉHENSION AUDITIVE

Exercices oraux

23.1 (*Exercice supplémentaire*) 1. Est-ce que Jeanne vous a téléphoné ? (son frère) 2. Paul est-il arrivé hier ? (avant-hier) 3. Avez-vous écrit à votre frère ? (à mon père) 4. Est-ce que Robert vous a parlé de ses vacances ? (de son travail) 5. Pensez-vous souvent à votre avenir ? (à mon ami) 6. Êtes-vous parti à midi ? (à dix heures) 7. Est-ce que ce film vous intéresse ? (l'autre film) 8. Allons-nous parler à Jacques ? (à son frère)

23.2 1. étant 2. finissant 3. mangeant 4. sachant 5. attendant 6. prenant 7. ayant 8. pouvant

23.3 non—oui—oui; non—non—oui; oui—non—non

23.5 fs—mp—fp; fs—ms—fp; ms—fs—ms

Applications

v—f—f; v—f—f; f—v—v

b—a—c—b; a—b—c—c

f—f—f; f—v—v; f—f—f

EXERCICES ÉCRITS

23.1 1. Non, c'est les exercices écrits que je fais maintenant. 2. C'est (à la maison) que je les fais. 3. Non, c'est moi qui les fais. 4. Non, c'est en (juin) qu'elles commencent. 5. Non, c'est dans ma chambre que je me suis habillé(e). 6. C'est (jeudi) que nous allons les étudier.

23.2 1. Il travaille en chantant. 2. Elle dit bonjour en s'asseyant. 3. Tu lisais un journal en prenant ton café. 4. On connaîtra mieux la France en visitant la province. 6. (Je parle à mes camarades) en l'attendant. 7. Je suis en train de faire un exercice écrit.

23.3 1. Je cours (quand je suis en retard). 2. (J'y suis allé(e) plusieurs fois) en courant. 3. Il est certain que tout le monde meurt un jour. 4. Je ne meurs pas de peur quand je les fais. 5. Jeanne d'Arc est morte à Rouen.

23.4 1. Je travaille avant de regarder la télé. Je regarde la télé après avoir travaillé. 2. Je verrai mon oncle avant d'aller à Paris. J'irai à Paris après avoir vu mon oncle. 3. Elle rentrera avant de déjeuner. Elle déjeunera après être rentrée.

23.5 1. La mienne (est petite mais bien claire). 2. Les miens (sont sales aussi). 3. Les vôtres (sont moins faciles) que les siennes. 4. Oui, j'ai besoin du mien. 5. Je n'ai pas le vôtre. J'utilise le mien. 6. Les miennes commencent (en juin).

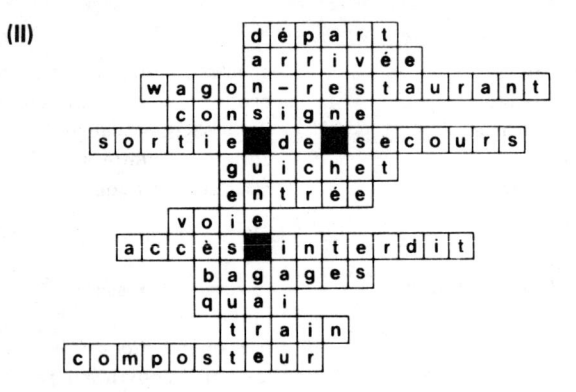

(I)

p u i s s a n t é t c
f v é p l i s a n t r
a o c r a i n a n t a
s y r v o r l a n t i
s a a p a u l a n t d
a n i n o r i a n t i
n t g v t u h a n t s
t a n n a c v a n t a
é n a f a i s a n t n
a t n s v e n a n t t
é s t b u v a n t t n

(II)

départ
arrivée
wagon-restaurant
consigne
sortie de secours
guichet
entrée
voie
accès interdit
bagages
quai
train
composteur

NOM _____ COURS _____ SECTION _____

VINGT-QUATRIÈME LEÇON

PREMIÈRE PARTIE

CONVERSATIONS

( ) **A** *Un examen de maths*
( ) **B** *J'ai de quoi me plaindre.*
( ) **C** *Elle était déjà partie.*

EXERCICES ORAUX

● **1** Pronom demonstratif : **celui, celle, ceux, celles**

A *Remplacez le nom dans chaque expression par le pronom démonstratif d'après ces modèles.*

1 2 3 4 5 6 7 8 9 10 11 12 13 14

D *J'ai dîné dans un mauvais restaurant. Vous, au contraire, vous avez dîné dans un bon restaurant. Nous allons parler de nos impressions. Dites le contraire de ce que je vous raconte, d'après ce modèle.*

1 2 3 4 5 6 7 8

Exercice supplémentaire : *Vous et moi, nous sommes touristes. Nous avons visité deux endroits différents et nous parlons de nos impressions. Ajoutez des phrases d'après ce modèle.*

Le bâtiment que j'ai visité était ultramoderne.   (très ancien)
Ah oui ? celui que j'ai visité était très ancien.

1 2 3 4 5 6 7 8

● **2** Emploi de **ne...que**

A *Répondez aux questions en employant la locution* **ne...que.**[1]

1 2 3 4 5 6 7 8

B *Répondez aux questions en employant la locution* **ne...que,** *d'après ce modèle.*

1 2 3 4 5 6

---

[1] Les questions ont été renumérotées consécutivement. La locution **ne...que** ne peut pas être utilisée dans les questions 5 et 7.

● 3 **Craindre, éteindre**

   A *Exercice de contrôle*

   1   2   3   4   5   6;   1   2   3   4   5   6;   1   2   3   4   5   6

   Compréhension auditive : *Écoutez ces conversations et indiquez si chaque réplique est logique et appropriée.*

   1. oui   non   4. oui   non   7. oui   non
   2. oui   non   5. oui   non   8. oui   non
   3. oui   non   6. oui   non   9. oui   non

● 4 **Expression de réciprocité**

   A *Modifiez les phrases suivantes d'après ce modèle.*

   1   2   3   4   5   6   7   8

   B *Jacques et Josette sont étudiants en psychologie. Ils se connaissent depuis deux ans. Ils sont de très bons amis et ils travaillent ensemble. Modifiez les phrases suivantes d'après ce modèle.*

   1   2   3   4   5   6   7   8

   Exercice supplémentaire : *Modifiez les phrases suivantes d'après ce modèle.*

   Le professeur parle de l'étudiant, et l'étudiant parle du professeur.
   Le professeur et l'étudiant parlent l'un de l'autre.

   1   2   3   4   5   6   7   8

● 5 **Plus-que-parfait de l'indicatif**

   A *Exercice de contrôle*

   1   2   3   4   5   6;   1   2   3   4   5   6

   B *Mettez le verbe de chaque phrase d'abord à l'imparfait, ensuite au passé composé, et finalement au plus-que-parfait.*

   1   2   3   4   5   6   7   8   9   10

   C *Mettez le verbe de la proposition principale au passé[1] et faites le changement de temps nécessaire dans le verbe de la proposition subordonnée.*

   1   2   3   4   5   6   7   8   9   10

   Compréhension auditive : *Mettez un cercle autour du mot que vous entendez.*

   1. est parti / était parti / étaient partis   4. était venu / est venu
   2. étudiais / étudié / étudier   5. avait fini / avez fini / avaient fini
   3. avait vu / avez vu / aviez vu   6. es / été / étais

APPLICATIONS

   A Dialogue : *Au Quartier Latin* (   )

   Questions :   1   2   3   4   5   6   7   8   9   10

---

[1]Mettez **dire, déclarer** et **affirmer** au passé composé et les autres verbes à l'imparfait.

NOM _____ COURS _____ SECTION _____

Compréhension auditive : *Voici quelques commentaires au sujet du dialogue. Indiquez s'ils sont vrais ou faux.*

1. v f   3. v f   5. v f
2. v f   4. v f   6. v f

Dictée : *Une étudiante française*[1]

_____ Frédérique Rigaud. _____ mes examens de la fin d'année. Je suis étudiante _____ à la Faculté de Nanterre. _____ en anglais, donc _____ que j'ai suivis cette année étaient en anglais. _____ onze heures de cours par semaine. J'ai trouvé qu'il n'y a pas _____ entre les étudiants et les profs, et _____. Mais _____ de me faire quelques bons copains à la Fac.

Compréhension auditive : *Vous allez entendre une série de définitions. Pour chaque définition, indiquez le mot défini en mettant le nombre qui correspond à la définition.*[2]

____ la Maîtrise   ____ un amphithéâtre   ____ un cours magistral
____ le D.E.U.G.   ____ un micro   ____ un cours avec le contrôle continu
____ un partiel   ____ la Licence   ____ le baccalauréat

DEUXIÈME PARTIE

EXERCICES ÉCRITS

● 1 Pronom démonstratif : **celui, celle, ceux, celles**

Répondez aux questions d'après ce modèle.

Savez-vous mon adresse ? (Paul)   **Non, mais je sais celle de Paul.**

1. Savez-vous mon numéro de téléphone ? (le professeur)

   Non, mais _____

2. Connaissez-vous mes voisins ? (mes parents)

   Non, mais _____

3. Comprenez-vous mes ennuis ? (ma mère)

   Non, mais _____

4. Avez-vous trouvé mes clés ? (mon voisin)

   Non, mais _____

[1] Basée sur la lecture de cette leçon. Écrivez seulement les parties qui manquent.
[2] Basée sur la lecture.

VINGT-QUATRIÈME LEÇON   269

5. Avez-vous ma montre ?   (Jeanne m'a prêté)

   Non, mais _____

6. Avez-vous lu ce roman ?   (vous m'avez parlé)

   Non, mais _____

*7. Préférez-vous mon disque ?   (j'ai acheté)

   Non, _____

*8. Voulez-vous essayer ces fromages ?   (Paul a apporté)

   Non, mais _____

*9. Savez-vous mon âge ?   (le professeur)

   Non, mais _____

● 2 Emploi de **ne...que**

*Répondez aux questions en employant la locution **ne...que**.*

1. Combien de bouches avez-vous ?

   _____

2. Avez-vous cent dollars sur vous ?

   _____

3. Comprenez-vous beaucoup de langues ?

   _____

4. Combien de fois par mois allez-vous au cinéma ?

   _____

5. En quelle langue faut-il répondre à ces questions ?

   _____

6. Parlez-vous à vos parents en français ?

   _____

*7. Combien de fois par semaine allez-vous au labo ?

   _____

*8. Bientôt c'est la fin du semestre. Combien d'examens aurez-vous à passer ?

   _____

*9. Quand buvez-vous du jus d'orange ?

   _____

● 3 **Craindre, éteindre**

Répondez aux questions. Utilisez des pronoms appropriés quand c'est possible.

1. Craignez-vous les examens ?

   Non, _____

2. Plaignez-vous les gens qui se plaignent des examens ?

   Non, _____

3. Est-ce que je me plains de quelque chose ?

   Non, _____

NOM _____ COURS _____ SECTION _____

4. Quand éteignez-vous la lumière ?

   _____

5. Que font les pompiers ?

   _____

6. Est-ce que j'ai peint les murs de votre chambre ?

   Non,_____

*7. Est-ce que je crains quelqu'un ?

   Non,_____

*8. Vous plaignez-vous de votre professeur de français ?

   Non,_____

*9. En été, vous plaignez-vous de la chaleur ?

   Non,_____

● 4 Expression de réciprocité

Modifiez les phrases suivantes d'après ce modèle.

   Paul comprend Marie, et Marie comprend Paul.   **Paul et Marie se comprennent.**

1. Paul voit souvent Gisèle, et Gisèle voit souvent Paul.

   _____

2. J'écris à Charles, et Charles m'écrit.

   _____

3. Carole plaît à Pierre, et Pierre plaît à Carole.

   _____

4. Jacques a besoin de Marie, et Marie a besoin de Jacques.

   _____

5. Monique a vu Cécile, et Cécile a vu Monique.

   _____

6. Je compte sur lui, et il compte sur moi.

   _____

7. Les Wilson écrivent aux Chabrier, et les Chabrier écrivent aux Wilson.

   _____

*8. Monique a parlé à Cécile, et Cécile a parlé à Monique.

   _____

*9. Elle te ressemble, et tu lui ressembles.

   _____

*10. Tu me connais depuis longtemps, et je te connais depuis longtemps.

   _____

VINGT-QUATRIÈME LEÇON   271

● 5 Plus-que-parfait de l'indicatif

Modifiez les phrases suivantes d'après ce modèle.

Je suis à l'heure parce que je me suis dépêché.
Vous étiez à l'heure parce que vous vous étiez dépêché.

1. J'ai faim parce que je n'ai rien mangé.

2. Je ne sais plus l'adresse de Paul car je l'ai perdue.

3. Il fait froid parce qu'il a neigé.

4. Je mets le pull que ma mère m'a envoyé.

5. Je vais chez Paul, mais il est déjà parti.

6. Je trouve le message qu'il m'a laissé.

*7. Je ne sais pas qu'il a eu un accident.

*8. Le message dit qu'il a essayé de me téléphoner.

● Révision

Répondez aux questions.

1. Mourez-vous de peur avant les examens ?

2. Est-ce que vous et votre ami(e), vous avez besoin l'un de l'autre ?

3. Quelle sorte de film vous plaît ?

4. Est-ce que vous ne parlez que français et anglais ?

5. J'ai mon livre de français. Où est le vôtre ?

Écrivez des phrases en employant les éléments indiqués.

1. (plupart / mon / camarades / habiter / Californie)

2. (il / aller / rester / ici / jusqu'à ce que / tu / venir)

272 VINGT-QUATRIÈME LEÇON

NOM _____ COURS _____ SECTION _____

3. (on / avoir / toujours / soif / après / courir)

4. (ils / ne pas / croire / tu / se plaindre / elle)

5. (Paul et moi / se rencontrer / il y a / 2 / an)

6. (lequel / ce / 2 / chaise / tu / avoir besoin ?)

7. (Jean / dire / hier / son / sœur / être parti / pour / Rome)

8. (mon / mère / aller / bien ; comment / aller / celui / Jacques ?)

9. (aucun / son / camarades / être en train / étudier)

10. (ce / être / nous / qui / être / le / plus / travailleur)

Lisez le passage suivant, puis racontez-le au passé.

(1) C'est vendredi. Jean-Paul, Christine et Monique (2) sont dans la salle de séjour. Jean-Paul, qui (3) lit le journal, (4) remarque que la cinémathèque (5) donne un film de Truffaut. Monique et Jean-Paul (6) ont déjà vu le film et (7) l'ont trouvé fascinant. Il (8) demande à Christine si elle (9) veut aller le voir. Elle (10) dit que oui. Monique (11) demande si elle (12) pourra aller avec eux. Il (13) se fait tard[1], car il (14) est neuf heures moins vingt et le film (15) commence à 21 h 30. Christine (16) sait que la cinémathèque (17) est assez loin et (18) dit qu'elle (19) sera prête dans cinq minutes. Mme Chabrier, qui (20) est dans la cuisine, (21) a entendu cette conversation. Elle (22) demande à sa fille si elle (23) a fait ses devoirs. Monique lui (24) répond qu'elle (25) les a déjà faits. Les trois jeunes gens (26) se dépêchent de quitter l'appartement. Ils (27) savent qu'ils (28) seront à la cinémathèque juste avant le début du film.

1. _____ 10. _____
2. _____ 11. _____
3. _____ 12. _____
4. _____ 13. _____
5. _____ 14. _____
6. _____ 15. _____
7. _____ 16. _____
8. _____ 17. _____
9. _____ 18. _____

[1] **Il se fait tard** *It is getting late*

19. _____	24. _____
20. _____	25. _____
21. _____	26. _____
22. _____	27. _____
23. _____	28. _____

APPLICATIONS : Travaux écrits

( ) **A** *Questions*
( ) **C** *Complétez le passage.*
( ) **D** *Composition*
( ) **E** *Renseignements et opinions*

(I) *Recomposez ces phrases. Chaque phrase commence par les lettres de la case numéro 1 et se termine par la case numéro 3. Vers le milieu de la phrase se trouvent les lettres de la case numéro 2.*

1.
Il¹	plu²	is.³	sui	urs
d'	an	jà	sie	urs
dé	vi	a	co	gla

2.
Ces¹	be²	tre.³	ont	l'
de	tu	so	ants	l'
in	au	di	un	é

3.
Je¹	po²	gie.³	com	cher
mes	do	is	co	cho
men	de	ur	le	ches
psy	re	urs	lo	cer

4.
J'¹	li²	ques.³	l'in	é
me	mi	tion	en	en
ces	co	sci	spé	ai
de	cia	ten	no	ser

5.
La¹	don²	voir.³	m'	se
mai	ze	qua	mon	ni
un	tor	pour	der	il
a	ère	de	ne	né

6.
Vo¹	bon²	urs.³	très	ez
a	de	dans	tes	us
vo	re	co	ir	ce
vos	no	tous	ll	nes

(II) *Mettez dans chaque case une des lettres qui se trouve au-dessous.*

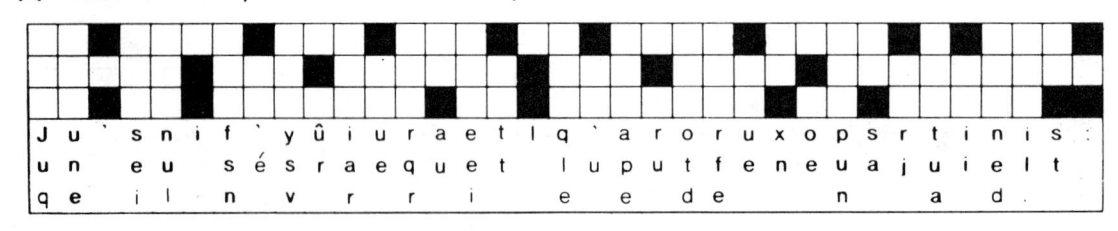

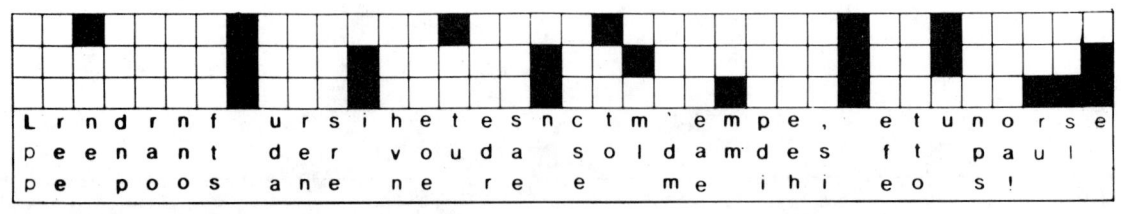

```
J u ` s n i f ` y û i u r a e t l q ` a r o r u x o p s r t i n i s :
u n   e u   s é s r a e q u e t   l u p u t f e n e u a j u i e l t
q e   i l   n v r r   i   e e d e   n   a d .
```

```
L r n d r n f   u r s i h e t e s n c t m ` e m p e ,   e t u n o r s e
p e e n a n t   d e r   v o u d a   s o l d a m d e s   f t   p a u l
p e   p o o s   a n e   n e r e e   m e   i h i   e o s !
```

TROISIÈME PARTIE

CONVERSATIONS

A *A math test*

ISABELLE Whew! I'm exhausted. Fortunately, I only have one test to study for now.
ROBERT Really? Which one?
ISABELLE [That of] math. But it doesn't worry me too much.
ROBERT That's true. You are very good [strong] in math.

B *I have something to complain about.*

JACQUES Do you want to go out tonight?
FRANCE I can't. I have to finish these books for Crussot's course.
JACQUES Still more books to read! It seems Crussot is very demanding.
FRANCE I really have something to complain about. If this [that] goes on, I won't have any more free time at all.

C *She had already left.*

ANDRÉ Why didn't you ask Mireille to help you do your homework?
CHARLES Well, I went to her place, but they told me she had gone to Martinet's course.
ANDRÉ You didn't go look for her after her course?
CHARLES Yes, but she had already left.

APPLICATIONS

A Dialogue et questions: *In the Latin Quarter*

MALE STUDENT So we'll see each other at Daniel's on Saturday?
FEMALE STUDENT No, I've got to begin my research for Thibaud.
MALE STUDENT By the way, how did you like his class this morning?
FEMALE STUDENT It was brilliant. You weren't there?
MALE STUDENT Yes. Thibaud is a good actor, but he's not a good prof.
FEMALE STUDENT You're exaggerating. What do you find wrong with him [do you reproach him with]?
MALE STUDENT He only knows how to make [recite] long speeches. He plays his role in the lecture hall and—poof!—he disappears.
FEMALE STUDENT What more do you want? Everyone says his lectures are brilliant. You don't agree?
MALE STUDENT I don't like his style very much.
FEMALE STUDENT You're always complaining about something.
MALE STUDENT I do have something to complain about. Last week he gave me a 12 for my oral report. I had put in two whole weeks to prepare it, do you realize?
FEMALE STUDENT Have you tried to talk to him?
MALE STUDENT No, no dialogue is possible with him. Besides, he's never in his office.

B Expressions utiles

Studies

to fill out / to send (in) the application forms

to send the record to / to get information from the registrar's office

to pay the registration fees

the student: to register for the / to take the / to attend the / to miss/to cut the (biology) course(s) / laboratory sessions / recitation sessions

to study [to be a student in] / to major [specialize] in chemistry

the student: to work hard/a lot / to put in ten hours of [doing] homework / to make (a lot of) progress / to be {strong/good / weak/poor} in mathematics

VINGT-QUATRIÈME LEÇON 275

to study for
to take [*two ways*]
to pass [*two ways*]
to fail/to flunk
} a psychology test

to have
to receive
to get [obtain]
} {good / bad} grades: with the mention [of] { "excellent" / "very good" / "good" / "fair" / "passable/mediocre" / "poor" }

the professor: { to teach French / to teach [do] a French course / to do research / to direct { a student's research / a term paper/a thesis } }

VOCABULAIRE

Masculine nouns

·actor **acteur**
·lecture hall **amphi(théâtre)**
·Saint Michel Boulevard [*slang*] **le Boul' Mich'**
back **dos**

·oral report **exposé**
fire **feu**
chemical engineer **ingénieur-chimiste**
message **message**

portrait **portrait**
·professor [*slang*] **prof**
·Latin Quarter **Quartier Latin**
·role **rôle**
thunder **tonnerre**

Feminine nouns

·artery **artère**
career **carrière**
·lecture **conférence**

error **erreur**
Mona Lisa **la Joconde**
·the Sorbonne **la Sorbonne**

·speech **tirade**

Verbs

to affirm **affirmer**
to light, to turn on **allumer**
to fear **craindre** *irrég*
to relax **se détendre**
·to disappear **disparaître** *irrég*
to fail **échouer (à)**
to extinguish, to turn off **éteindre** *irrég*

·to worry **inquiéter**
to register (for) **s'inscrire (à)** *irrég*
·to seem **paraître** *irrég*
to paint **peindre** *irrég*
to pity **plaindre** *irrég*
to complain (about) **se plaindre (de)** *irrég*
·to go up **remonter**

·to reproach **reprocher (à)**
to major (in) **se spécialiser (en)**
to call somebody tu **tutoyer**

Adjectives

·brilliant **brillant(e)**
·exhausted **crevé(e)**

hard **dur(e)**
·strong **fort(e)**

·main **principal(e)**

Other expressions

abroad **à l'étranger**
·by the way **à propos**
to fail a test **échouer à un examen**
·Well **Eh bien**
·poof! **hop !**

it is getting dark **il fait nuit**
·it seems that **il paraît que**
each other **l'un l'autre**
only **ne...que**
·Whew! **Ouf !**

besides **outre**
·no longer at all **plus du tout**
·to realize **se rendre compte (de)**
especially **surtout**

ANSWER KEYS

COMPRÉHENSION AUDITIVE

Exercices oraux

24.1 (*Exercice supplémentaire*)   1. Les quartiers que j'ai visités étaient ultramodernes. (très ancien)   2. Le château que j'ai vu était immense. (très petit)   3. Le pont que j'ai traversé était long. (court)   4. La rue que j'ai prise était étroite. (large)   5. L'hôtel que j'ai trouvé était petit. (grand)   6. Les musées que j'ai visités étaient ennuyeux. (intéressant)   7. Le repas que j'ai commandé était excellent. (très mauvais)   8. La ville où je suis resté était intéressante. (ennuyeux)

24.3   oui—non—oui; oui—non—non; oui—non—non

24.4 (*Exercice supplémentaire*)   1. Le professeur a besoin de l'étudiant, et l'étudiant a besoin du professeur.   2. Les professeurs ont besoin des étudiants, et les étudiants ont besoin des professeurs.   3. J'ai besoin de vous, et vous avez besoin de moi.   4. Je parle souvent de vous, et vous parlez souvent de moi.   5. Les parents parlent souvent de leurs enfants, et les enfants parlent souvent de leurs parents.   6. Le vendeur compte sur son patron, et le patron compte sur le vendeur.   7. Vous comptez sur moi, et je compte sur vous.   8. Ce chien a peur du chat, et le chat a peur du chien.

25.5   1. étaient partis   2. étudiais   3. avez vu   4. était venu   5. avaient fini   6. été

Applications

v—f; f—v; f—v

(*Dictée*) Je m'appelle... Je viens de passer... ...de premier cycle... Je me spécialise... ...la plupart des cours... J'avais environ... ...assez de contacts... ça m'a déçue un peu... ...j'ai eu le temps...

1. le D.E.U.G.   2. un partiel   3. la Licence   4. le baccalauréat   5. un micro   6. un cours magistral   7. la Maîtrise   8. un cours avec le contrôle continu   9. un amphithéâtre

EXERCICES ÉCRITS

24.1   1. je sais celui du professeur.   2. je connais ceux de mes parents.   3. je comprends ceux de ma mère.   4. j'ai trouvé celles de mon voisin.   5. j'ai celle que Jeanne m'a prêtée.   6. j'ai lu celui dont vous m'avez parlé.

24.2   1. Je n'ai qu'une bouche (*or* Je n'en ai qu'une).   2. Je n'ai que (dix) dollars sur moi.   3. Je ne comprends que (le français et l'anglais).   4. Je ne vais au cinéma (*or* Je n'y vais) que (deux fois par mois).   5. Il ne faut y répondre qu'en français.   6. Je ne leur parle qu'en (anglais).

24.3   1. je ne les crains pas.   2. je ne les plains pas (*or* je ne plains pas des gens qui s'en plaignent).   3. vous ne vous plaignez de rien.   4. Je l'éteins quand (je me couche).   5. Ils éteignent le feu.   6. vous ne les avez pas peints.

24.4   1. Paul et Gisèle se voient souvent.   2. Charles et moi, nous nous écrivons.   3. Carole et Pierre se plaisent.   4. Jacques et Marie ont besoin l'un de l'autre.   5. Monique et Cécile se sont vues.   6. Lui et moi, nous comptons l'un sur l'autre.   7. Les Wilson et les Chabrier s'écrivent.

24.5   1. Vous aviez faim parce que vous n'aviez rien mangé.   2. Vous ne saviez plus l'adresse de Paul car vous l'aviez perdue.   3. Il faisait froid parce qu'il avait neigé.   4. Vous avez mis le pull que votre mère vous avait envoyé.   5. Vous êtes allé chez Paul, mais il était déjà parti.   6. Vous avez trouvé le message qu'il vous avait laissé.

(I)   1. Il a déjà suivi plusieurs cours d'anglais.   2. Ces étudiants ont besoin l'un de l'autre.   3. Je dois commencer mes recherches pour le cours de psychologie.   4. J'ai l'intention de me spécialiser en sciences économiques.   5. La semaine dernière il m'a donné un quatorze pour mon devoir.   6. Vous allez recevoir de bonnes notes dans tous vos cours.

(II)   1. Je suis sûr que le prof nous a dit qu'il n'y aurait que deux partiels : un en février et l'autre en juin.   2. Le prof arrive dans l'amphi et parle pendant une heure et demie, et nous prenons des notes comme des fous!

VINGT-QUATRIÈME LEÇON

Copyright © 1985, John Wiley & Sons, Inc.

VINGT-CINQUIÈME LEÇON

PREMIÈRE PARTIE

CONVERSATIONS

( ) **A** *Je n'ai ni le désir ni l'intention de faire ça.*
( ) **B** *Je n'aurais pas trouvé ce job si...*

EXERCICES ORAUX

● **1** Voix passive

A *Mettez les phrases suivantes à la voix passive d'après ce modèle.*

1 2 3 4 5 6 7 8 9 10 11 12

C *Modifiez les phrases suivantes d'après ce modèle.*

1 2 3 4 5 6 7 8

Compréhension auditive : *Mettez un cercle autour du mot que vous entendez.*

1. corriger / corrigés / corrigées
2. retrouvé / retrouvée / retrouvez
3. nettoyée / nettoyez / nettoyer
4. réciter / récité / récitée
5. inspecté / inspectée / inspecter
6. contrôle / contrôlé / contrôlée
7. arriver / arrivé / arrivée
8. manger / mangé / mangés

● **2** Forme négative : **ne...ni...ni...**

A *Ajoutez des phrases d'après ce modèle.*

1 2 3 4 5 6 7 8

B *Vous allez entendre des questions qui sont plutôt bêtes. Répondez-y d'après ce modèle.*

1 2 3 4 5 6 7 8

Exercice supplémentaire : *Répondez aux questions en employant la locution* **ne...ni...ni...**

1 2 3 4 5 6

● 3 **Vivre**

   A *Exercice de contrôle*

   1   2   3   4   5   6

   Compréhension auditive : *Indiquez si la réponse à chaque question est logique et appropriée.*

1.	oui non	4.	oui non	7.	oui non
2.	oui non	5.	oui non	8.	oui non
3.	oui non	6.	oui non	9.	oui non

● 4 **Le passé du conditionnel**

   A *Exercice de contrôle*

   1   2   3   4   5   6;   1   2   3   4   5   6

   B *Mettez les phrases suivantes au passé d'après ce modèle.*

   Si j'avais besoin d'argent, je chercherais un emploi.
   Si j'avais eu besoin d'argent, j'aurais cherché un emploi.

   1   2   3   4   5   6   7   8

   Exercice supplémentaire : *Ajoutez des phrases d'après ce modèle.*

   Vous vouliez apprendre le français ; vous vous êtes inscrit à ce cours.
   Mais si je n'avais pas voulu apprendre le français, je ne me serais pas inscrit à ce cours.

   1   2   3   4   5   6

   Compréhension auditive : *Indiquez si la réponse à chaque question est logique et appropriée.*

1.	oui non	4.	oui non	7.	oui non
2.	oui non	5.	oui non	8.	oui non
3.	oui non	6.	oui non	9.	oui non

● 5 **Pronom indéfini : tout**

   A *Je vais vous dire quelque chose, et vous allez me contredire. Ajoutez donc des phrases d'après ce modèle.*

   1   2   3   4   5   6   7   8

   B *Nous allons parler d'ouvriers mécontents. Ils sont tous en grève. Mettez les phrases suivantes au passé composé d'après ce modèle.*

   1   2   3   4   5   6   7   8

APPLICATIONS

   A Dialogue : *Un emploi d'été* (   )

   Questions :   1   2   3   4   5   6   7   8   9   10

   Compréhension auditive : *Indiquez si les commentaires suivants au sujet du dialogue sont vrais ou faux.*

1.	v f	3.	v f	5.	v f
2.	v f	4.	v f	6.	v f

NOM _____ COURS _____ SECTION _____

Compréhension auditive : *Indiquez le mot qui n'appartient pas à chaque série.*

a.	1	2	3	4	d.	1	2	3	4
b.	1	2	3	4	e.	1	2	3	4
c.	1	2	3	4	f.	1	2	3	4

Compréhension auditive : *Écoutez les questions et les réponses. Pour chaque question, choisissez le numéro qui correspond à la bonne réponse.*

a.	1	2	3	c.	1	2	3	e.	1	2	3
b.	1	2	3	d.	1	2	3	f.	1	2	3

Compréhension auditive : *Vous allez entendre quelques définitions. Pour chaque définition, indiquez le mot défini en mettant le nombre qui correspond à la définition.*

_____ décorateur   _____ interprète   _____ chauffeur

_____ architecte   _____ garçon   _____ vétérinaire

_____ infirmier   _____ journaliste   _____ fonctionnaire

Dictée : *Une carte postale de Marie*

_____

_____

_____

_____

_____

_____

_____

DEUXIÈME PARTIE

EXERCICES ÉCRITS

● **1** Voix passive

Mettez les phrases suivantes à la voix passive.

1. Le professeur pose les questions.

_____

2. Les étudiants ont lu l'explication.

_____

3. Demain les étudiants réciteront le dialogue.

_____

VINGT-CINQUIÈME LEÇON

4. Le professeur corrigera leurs compositions.

5. On a nettoyé la chambre.

6. On avait fabriqué cette montre en Suisse.

7. Les étudiants avaient fait les exercices.

*8. Ils ont donné les réponses.

*9. Le professeur lira leurs travaux écrits.

*10. Une jeune fille avait occupé ce poste.

● 2 Forme négative : **ne...ni...ni...**

Répondez aux questions en employant la locution **ne...ni...ni...**

1. Avez-vous faim ou soif ?

2. Avez-vous mangé des escargots ou du rosbif ce matin ?

3. Avez-vous téléphoné à Marie ou à Michel ?

4. Êtes-vous bête et paresseux(euse) ?

5. Y a-t-il des chats ou des souris dans votre classe ?

6. Est-ce que Paul ou Robert est venu me chercher ?

*7. Fait-il trop chaud ou trop froid dans votre chambre ?

*8. Avez-vous parlé de vos vacances ou de votre travail ?

*9. Est-ce que vos parents ou vos camarades vous a réveillé(e) ce matin ?

NOM _____ COURS _____ SECTION _____

● 3 Vivre

Répondez aux questions.

1. Dans quel pays vivons-nous ?
   _____

2. Avez-vous jamais vécu en Russie ?
   _____

3. Dans quel état vivent vos parents ?
   _____

4. Dans quel pays voudriez-vous vivre pendant toute une année ?
   _____

Donnez la forme appropriée du verbe **vivre**.

5. *passé composé*
   tu _____

6. *imparfait*
   je _____

7. *futur*
   nous _____

8. *conditionnel*
   vous _____

9. *présent de l'indicatif*
   je _____

10. *présent du subjonctif*
    je _____

11. *futur antérieur*
    ils _____

12. *plus-que-parfait de l'indicatif*
    ils _____

● 4 Le passé du conditionnel

Répondez aux questions.

1. Qu'est-ce que vous auriez dû faire la semaine dernière (et que vous n'avez pas fait) ?
   _____

2. Qu'est-ce que vous n'auriez pas dû faire (et que vous avez fait) ?
   _____

3. Devinez ce que j'aurais fait l'été dernier si on m'avait donné deux mille dollars.
   _____
   _____

*4. Quels vêtements est-ce que j'aurais mis hier s'il avait fait très, très chaud ?
   _____
   _____

VINGT-CINQUIÈME LEÇON 283

Ajoutez des phrases d'après ce modèle.

Vous vouliez apprendre le français ; voilà pourquoi vous vous êtes inscrit(e) à ce cours.
Si je n'avais pas voulu apprendre le français, je ne me serais pas inscrit(e) à ce cours.

5. Vous avez lu les explications ; voilà pourquoi vous avez très bien fait les exercices.

   _____

   _____

6. Je suis devenu professeur parce que je ne voulais pas être riche.

   _____

   _____

7. Il est allé à l'université parce qu'il n'avait pas l'intention de devenir plombier.

   _____

   _____

*8. Vous avez regardé la télévision parce que vous n'aviez pas beaucoup de travail.

   _____

   _____

*9. Vous avez bien réussi à l'examen parce que vous l'avez préparé pendant tout un mois.

   _____

   _____

● 5 Pronom indéfini : **tout**

*Répondez aux questions en employant **tout**, **tous** ou **toutes**.*

1. Vos camarades parlent-ils français dans le cours ?

   Oui, _____

2. Est-ce que rien ne va bien aujourd'hui ?

   Au contraire, _____

3. Êtes-vous étudiants en français ?

   Oui, _____

4. Avez-vous tout appris dans votre livre ?

   Non, _____

5. Vos camarades parlent-ils tous anglais ?

   Oui, _____

6. N'avez-vous pensé à rien ?

   Au contraire, _____

*7. Votre professeur pose-t-il des questions aux étudiants ?

   _____

*8. Est-ce que ce chien ne mange rien ?

   Au contraire, _____

NOM _____ COURS _____ SECTION _____

*9. Avez-vous écrit toutes les réponses ?

Oui, _____

APPLICATIONS : Travaux écrits

( ) **A** *Questions*
( ) **D** *Posez des questions sur les parties soulignées.*
( ) **E** *Renseignements et opinions*

(I) *Trouvez les mots à l'aide des définitions.*

- m travaille dans une usine
- m vend du bœuf et du veau
- m s'occupe des gens qui sont malades
- f vend des marchandises dans un magasin
- m/f s'occupe des gens qui ont mal aux dents
- m fait de la musique
- m répare les choses qui ne marchent pas (bien)
- m s'occupe des malades
- m conduit des voitures
- m s'occupe de la conception et de l'exécution d'un bâtiment
- m enseigne à l'université
- f vend du pain
- m/f écrit dans des journaux
- m enseigne dans une école pour enfants
- f décore les maisons et les appartements

(II) *Avec quoi peut-on associer les professions et les métiers suivants ?*

1. coiffeur ( )
2. comptable ( )
3. dactylo ( )
4. douanier ( )
5. écrivain ( )
6. garçon ( )
7. mécanicien ( )
8. médecin ( )
9. ouvrier ( )
10. pharmacien ( )
11. plombier ( )
12. programmeur ( )
13. savant ( )
14. sculpteur ( )
15. traducteur ( )
16. vétérinaire ( )

a. bagages
b. stéthoscope
c. buste
d. chien
e. laboratoire
f. usine
g. café
h. romans
i. machine à écrire
j. moteurs
k. ordonnance
l. ordinateur
m. langues étrangères
n. chiffres
o. cheveux
p. robinets

TROISIÈME PARTIE

CONVERSATIONS

A *I have neither the desire nor the intention [don't want or intend] to do that.*

DANIEL Why are you reading the want ads? Do you want to buy something?
CÉCILE No, I'm looking for a part-time job.
DANIEL The restaurant near my place is looking for a waitress.
CÉCILE Oh, no! I don't want or intend to work in a restaurant, even part-time!

VINGT-CINQUIÈME LEÇON 285

B *I wouldn't have found this job if...*

LAURENCE   My uncle tells me you're going to work for him.
JACQUES   Yes, the job is interesting and pays well [well-paying].
LAURENCE   You'll get along well with him.
JACQUES   I certainly hope [so]. And I thank you.
LAURENCE   Thank me? Why?
JACQUES   If I hadn't met you last week, I wouldn't have found this job.

APPLICATIONS

A Dialogue et questions: *A summer job*

DIRECTOR   I see that for [as] foreign languages you [have] indicated in your dossier: English and Spanish—reading, writing, speaking [read, written, spoken]; and then German—reading and speaking.
YANNICK   Yes[, sir]. I studied English and German in [the] lycée and I'm majoring in Spanish and linguistics at the university.
DIRECTOR   Perfect. Do you know someone who works in our agency?
YANNICK   Yes[, sir]. Bernard Savin. I think he's been with you for two years.
DIRECTOR   Oh, yes. I know him. Do you have any experience in this kind of work?
YANNICK   Well, I've participated in the OTU program and the Club Méditerranée's, but as [in the capacity of] a member, not as an organizer.
DIRECTOR   Very well, Miss. You didn't indicate it in your dossier, but can you [do you know how to] type?
YANNICK   Yes[, sir]. But only 30 or 35 words a minute.
DIRECTOR   Very well. If I promised you this job [position], beginning what date would you be free?
YANNICK   Beginning June 20. Would that suit you?
DIRECTOR   Perfectly. Do you have any questions to ask me regarding this position?
YANNICK   No[, sir]. I would be very happy to work in your agency.

B Expressions utiles

Trades and professions

police officer	accountant	waiter (waitress)	pharmacist
travel agent	typist	tour/museum guide	photographer
architect	decorator	welcome hostess	plumber
artisan	dentist	nurse	professor
artist	repairman (repairwoman)	engineer	programmer
social worker	draftsman (draftswoman)	grade-school teacher	psychiatrist
aviator	diplomat	interpreter	psychologist
lawyer	writer	journalist	scientist, scholar
biologist	electrician	mechanic	(administrative) secretary
(middle-/high-level) executive	office worker	doctor	flight attendant
chemist	beautician	musician	translator
hair stylist	government worker	skilled/nonskilled worker	salesperson
merchant	garage owner	painter	veterinarian

Work

to look for/to find ⎫
                   ⎬ a { part-time   } { employment
to apply for   ⎭   { full-time [two ways] } { work
                                                { position

to choose   ⎫   { a job[1]
to practice ⎬   { a trade
to give up   ⎭   { a profession

to earn { some (pocket) money
         { one's living
         { 800 francs an hour/a week/a month
         { a sufficient/insufficient salary

---

[1] An American word, now widely used in French, implying menial or nonpermanent work, especially for young people.

to change work
to resign

to be dismissed [*two ways*]

to retire

to be {unemployed [in unemployment]/without work / in retirement}

(not) to get along with {one's boss / one's superiors}

VOCABULAIRE

Masculine nouns

steel **acier**	director **directeur**	personnel **personnel**
Chinese **chinois**	dossier, file **dossier**	position **poste**
unemployment **chômage**	job, employment **emploi**	salary **salaire**
resumé **CV (curriculum vitae)**	schedule **horaire**	superior **supérieur**
desire, wish **désir**	jazz **jazz**	stamp **timbre**
despotism **despotisme**	job **job**	
diploma **diplôme**	member **membre**	

Feminine nouns

(employment/·travel) agency **agence (de travail/de voyage)**	construction **construction**	organizer **organisatrice**
	frog **grenouille**	peace **paix**
antenna **antenne**	inflation **inflation**	want ads **petites annonces** *pl*
increase **augmentation**	step **marche**	platform **plate-forme**
Bible **Bible**	subject matter **matière**	ton **tonne**

Verbs

to finish, to achieve **achever**	to copy **copier**	to type **taper (à la machine)**
to add **ajouter**	to erase **effacer**	to repaint **repeindre** *irrég*
to complete **compléter**	to install **installer**	to live **vivre** *irrég*
to conceive **concevoir** *irrég*	to participate in **participer à**	to vote **voter**
to consider **considérer**	to submit **soumettre** *irrég*	

Adjectives

classic **classique**	perfect **parfait(e)**
meteorological **météorologique**	paid **payé(e)**

Adverbs

easily **facilement**	naturally **naturellement**	perfectly **parfaitement**

Other expressions

Down with + *noun*! **À bas + *nom* !**	to get along well with someone **s'entendre bien avec quelqu'un**	(30) words a minute **(30) mots-minute**
part-time **à mi-temps**		neither...nor... **ne...ni...ni...**
beginning (with) **à partir de**		neither (one) **ni l'un(e) ni l'autre**
full-time **à temps complet**	to dismiss **mettre à la porte**	both **tous les deux**
concerning **au sujet de**	to go on strike **se mettre en grève**	Long live + *noun*! **Vive (Vivent) + *nom* !**
as [in the capacity of] **en tant que**	Moscow **Moscou**	

ANSWER KEYS

COMPRÉHENSION AUDITIVE

Exercices oraux

25.1 1. corrigées 2. retrouvée 3. nettoyer 4. récité 5. inspectée 6. contrôlé 7. arriver 8. mangé

25.2 (*Exercice supplémentaire*) 1. Fait-il trop chaud ou trop froid au printemps ? 2. Est-ce que le français est facile ou difficile ? 3. Apprenez-vous l'anglais ou le latin ? 4. Connaissez-vous Monique et Jean-Paul ? 5. Êtes-vous resté chez les Chabrier ou chez les Johnson ? 6. Est-ce que votre mère et votre père me connaissent ?

VINGT-CINQUIÈME LEÇON 287

25.3 oui—non—oui; oui—non—non; non—oui—oui

25.4 (*Exercice supplémentaire*) 1. Vous n'étiez pas malade ; vous êtes allé au cours. 2. Vous avez lu les explications ; vous avez compris la leçon. 3. Marie a étudié le français ; elle est allée en France. 4. Il n'a pas plu ; nous sommes sortis. 5. Vous m'avez aidé ; j'ai trouvé ce travail. 6. Vous aviez faim ; vous avez déjeuné.

non—non—oui; oui—oui—oui; oui—non—non

Applications

f—v; f—f; f—v

4—2—1; 3—4—3

2—3; 1—2; 3—2

1. architecte 2. chauffeur 3. vétérinaire 4. garçon 5. infirmier 6. fonctionnaire 7. interprète 8. décorateur 9. journaliste

(*Dictée*) Je suis à Nice depuis dix jours. J'ai trouvé un emploi dans un grand hôtel près de la mer. Je nettoie les chambres et je fais les lits. C'est assez bien payé comme job et ma patronne est très sympa. Viens me voir avant la fin d'août.

EXERCICES ÉCRITS

25.1 1. Les questions sont posées par le professeur. 2. L'explication a été lue par les étudiants. 3. Demain le dialogue sera récité par les étudiants. 4. Leurs compositions seront corrigées par le professeur. 5. La chambre a été nettoyée. 6. Cette montre avait été fabriquée en Suisse. 7. Les exercices avaient été faits par les étudiants.

25.2 1. Je n'ai ni faim ni soif. 2. Je n'ai mangé ni escargots ni rosbif ce matin. 3. Je n'ai téléphoné ni à Marie ni à Michel. 4. Je ne suis ni bête ni paresseux(euse). 5. Il n'y a ni chats ni souris dans ma [notre] classe. 6. Ni Paul ni Robert [Ni l'un ni l'autre] n'est venu vous chercher.

25.3 1. Nous vivons (aux États-Unis). 2. (Je n'ai jamais vécu) en Russie. 3. Ils vivent (dans l'Ohio). 4. Je voudrais vivre (en Suisse) [pendant toute une année]. 5. as vécu 6. vivais 7. vivrons 8. vivriez 9. vis 10. vive 11. auront vécu 12. avaient vécu

25.4 1. [La semaine dernière] j'aurais dû (aller deux fois au labo). 2. Je n'aurais pas dû (prendre quatre repas avant-hier). 3. [Si on vous avait donné deux mille francs,] vous seriez allé en France. 4. Si je n'avais pas lu les explications, je n'aurais pas très bien fait les exercices. 5. 6. Vous ne seriez pas devenu professeur si vous aviez voulu être riche. 7. Il ne serait pas allé à l'université s'il avait eu l'intention de devenir plombier.

25.5 1. ils parlent tous français [dans le cours]. 2. tout va bien aujourd'hui. 3. nous sommes tous étudiants en français. 4. je ne l'ai pas tout appris [dans mon livre]. 5. ils parlent tous anglais. 6. j'ai pensé à tout.

(I)
o	u	v	r	i	e	r		
b	o	u	c	h	e	r		
m	é	d	e	c	i	n		
v	e	n	d	e	u	s	e	
d	e	n	t	i	s	t	e	
m	u	s	i	c	i	e	n	
d	é	p	a	n	n	e	u	r
i	n	f	i	r	m	i	e	r
c	h	a	u	f	f	e	u	r
a	r	c	h	i	t	e	c	t	e
p	r	o	f	e	s	s	e	u	r
b	o	u	l	a	n	g	è	r	e
j	o	u	r	n	a	l	i	s	t	e
i	n	s	t	i	t	u	t	e	u	r
d	é	c	o	r	a	t	r	i	c	e

(II) 1. o 2. n 3. i 4. a 5. h 6. g 7. j 8. b 9. f 10. k 11. p 12. l 13. e 14. c 15. m 16. d

NOM _____ COURS _____ SECTION _____

VINGT-SIXIÈME LEÇON

PREMIÈRE PARTIE

CONVERSATIONS

    ( ) **B** *Il est plus tard que tu ne penses.*

EXERCICES ORAUX

- **1** Emploi de **faire faire**

   A *Il y a des choses que vous faites vous-même, et il y a d'autres choses que vous faites faire par quelqu'un. Répondez aux questions suivantes d'après ce modèle.*

   1 2 3 4 5 6 7 8 9 10

   B *Modifiez les phrases suivantes d'après ce modèle.*

   1 2 3 4 5 6 7 8

   Exercice supplémentaire : *Vous faites beaucoup de choses dans ce cours. Répondez aux questions d'après ce modèle.*

   Pourquoi lisez-vous les explications ?   **Parce que vous me les faites lire.**

   1 2 3 4 5 6 7 8

   Compréhension auditive : *Mettez un cercle autour du verbe que vous entendez.*

1.	goûter / goûté / goûtés	5.	vit / vive / vivent
2.	étudier / étudié / étudiais	6.	écrit / écrits / écrite / écrites
3.	manger / mangé / mangeais	7.	sont / sent / sente / sentent
4.	copier / copié / copiais	8.	aiment / s'aiment

- **2 Rire** et **sourire**

   A *Exercice de contrôle*

   1 2 3 4 5 6; 1 2 3 4 5 6

Compréhension auditive : *Écoutez ces conversations et indiquez si chaque réplique est logique et appropriée.*

1.	oui non	4.	oui non	7.	oui non
2.	oui non	5.	oui non	8.	oui non
3.	oui non	6.	oui non	9.	oui non

● **3** Emploi de l'adverbe **si** et des phrases exclamatives

A *Vous faites, ou vous ne faites pas, certaines choses pour certaines raisons. Répondez aux questions d'après ce modèle.*

1   2   3   4   5   6   7   8

B *Maintenant, vous allez parler de moi. Ajoutez des phrases d'après ces modèles.*

1   2   3   4   5   6   7   8

Exercice supplémentaire : *Nous sommes dans un musée. Nous admirons tout ce que nous voyons. Ajoutez des phrases d'après ce modèle.*

Comme cette statue est belle !   **Quelle belle statue, en effet !**

1   2   3   4   5   6   7   8

Compréhension auditive : *Dites si chaque phrase exprime une opinion favorable ou défavorable.*

1.	favorable défavorable	5.	favorable défavorable
2.	favorable défavorable	6.	favorable défavorable
3.	favorable défavorable	7.	favorable défavorable
4.	favorable défavorable	8.	favorable défavorable

● **4** Le **ne** explétif

A *Nous allons au théâtre. Mais nous trouvons que tout est mauvais. Ça va être une soirée perdue ! Ajoutez* **je crains que** *devant chaque phrase d'après ce modèle.*

1   2   3   4   5   6   7   8   9   10

B *Modifiez les phrases suivantes d'après ces modèles.*

1   2   3   4   5   6

Compréhension auditive : *Écoutez le dialogue et dites si les réponses que vous entendez sont logiques et appropriées.*

1.	oui non	4.	oui non	7.	oui non
2.	oui non	5.	oui non	8.	oui non
3.	oui non	6.	oui non	9.	oui non

APPLICATIONS

A Dialogue : *Le rosé est le meilleur !* (   )

Questions :   1   2   3   4   5   6   7   8   9   10

NOM _____ COURS _____ SECTION _____

Compréhension auditive : *Voici quelques commentaires au sujet du dialogue. Indiquez s'ils sont vrais ou faux.*

1. v f   3. v f   5. v f
2. v f   4. v f   6. v f

Compréhension auditive : *Nous parlons de la ferme. Indiquez le mot qui n'appartient pas à chaque série.*

a. 1 2 3 4   e. 1 2 3 4
b. 1 2 3 4   f. 1 2 3 4
c. 1 2 3 4   g. 1 2 3 4
d. 1 2 3 4   h. 1 2 3 4

Dictée : *Avant la Révolution de 1789, la France se divisait en provinces. Voici les noms de quelques provinces. Écrivez chaque nom.*

1. _____   5. _____
2. _____   6. _____
3. _____   7. _____
4. _____   8. _____

Dictée : *Une invitation au voyage*

_____
_____
_____
_____
_____
_____
_____

DEUXIÈME PARTIE

EXERCICES ÉCRITS

● **1 Emploi de faire faire**

Répondez aux questions. Employez les pronoms appropriés quand c'est possible.

1. Est-ce que vous vous coupez les cheveux vous-même ?

   Non, _____

VINGT-SIXIÈME LEÇON **291**

2. Réparez-vous votre montre vous-même ?

Non, _____

3. Qui nettoie votre chambre ?

_____

4. Par qui faites-vous réparer votre poste de télévision ?

_____

5. Qui fait vos devoirs ?

_____

6. Par qui faites-vous réparer votre voiture ?

_____

*7. Qu'est-ce que vos parents vous font faire ?

_____

*8. Et qu'est-ce que votre professeur vous fait faire ?

_____

*9. Et qu'est-ce que vous faites faire à votre professeur ?

_____

● 2 **Rire** et **sourire**

Répondez aux questions.

1. À qui souriez-vous souvent ?

_____

2. Quand est-ce que nous sourions ?

_____

3. Est-ce qu'on rit souvent dans le cours de français ?

_____

4. Quand est-ce qu'on rit ?

_____

5. Dites-moi de ne pas être trop sérieux et de sourire un peu.

_____

*6. Connaissez-vous quelqu'un qui ne rie jamais ?

_____

*7. Quand est-ce qu'on ne devrait pas rire ?

_____

● 3 Emploi de l'adverbe **si** et des phrases exclamatives

Complétez les phrases suivantes.

1. Je suis si sympa que...

_____

2. Hier j'étais si occupé(e) que...

_____

292 VINGT-SIXIÈME LEÇON　　　　　　　　　　Copyright © 1985, John Wiley & Sons, Inc.

NOM _____ COURS _____ SECTION _____

3. Tu manges si rapidement que...

*4. Vous gagnerez tant d'argent que...

Faites des phrases exclamatives.

5. Tu es travailleuse.

6. Vous avez un enfant intelligent.

7. Il fait beau.

*8. Vous avez un bel appartement.

● 4 Le **ne** explétif

*Répondez aux questions en employant le **ne** explétif et les expressions indiquées.*

1. Pourquoi prenez-vous un parapluie ? (craindre / pleuvoir)

2. Sortirez-vous ce week-end avec votre ami(e) ? (à moins que / il / être / occupé)

3. Je suppose que vous n'êtes pas très travailleur(euse). Est-ce vrai ? (plus...que)
   Mais non,

4. Pourquoi allez-vous mettre deux pulls ? (de peur que / attraper un rhume)

5. Je ne crois pas que le français soit très utile. Qu'est-ce que vous en pensez ? (plus...que)

*6. Pourquoi avez-vous couru ? (je / avoir peur / nous / être / en retard)

*7. Ne voulez-vous pas rester ici ? (je / vouloir / partir / avant que / il / venir)

APPLICATIONS : Travaux écrits

( ) **A** *Questions*
( ) **C** *Complétez le passage.*
( ) **D** *Composition*
( ) **E** *Renseignements et opinions*

VINGT-SIXIÈME LEÇON 293

(I) *Remplissez les cases avec l'équivalent français des mots suivants.*

3 lettres : donkey, rooster, goose, rat
4 lettres : cat, lion, calf
5 lettres : dog, turkey, owl, rabbit, hen, monkey, tiger, cow
6 lettres : animal, duck, horse, goat, pig, fly, sheep, bird, chicken
7 lettres : chick, fish, snake
8 lettres : shrimp, elephant, snail, butterfly
9 lettres : crocodile
10 lettres : frog

(II) *Remplissez les cases avec le participe passé des verbes suivants.*

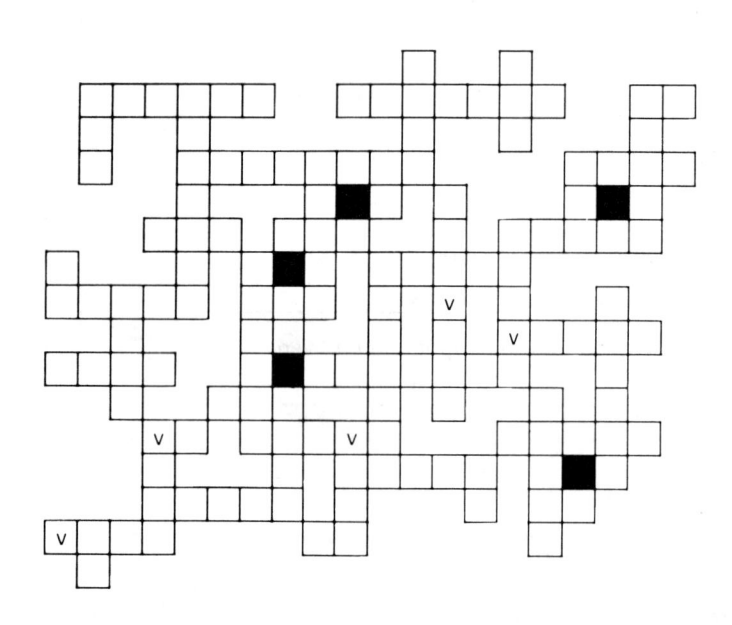

NOM _____ COURS _____ SECTION _____

2 lettres : avoir, boire, devoir, lire, naître, pouvoir, rire, savoir, taire, voir
3 lettres : croire, dire, élire, être, mettre, plaire, pleuvoir
4 lettres : décevoir, mourir, paraître, recevoir, tenir, valoir, venir, vivre
5 lettres : (s')asseoir, connaître, courir, dormir, écrire, falloir, peindre, sentir, servir, sourire, suivre, vouloir
6 lettres : apprendre, éteindre, plaindre
7 lettres : comprendre, couvrir, inscrire, produire, repartir
8 lettres : souffrir

TROISIÈME PARTIE

CONVERSATIONS

B *It's later than you think.*

DANIEL   What, you aren't ready yet?
ROBERT   One minute! We have all the time.
DANIEL   It's later than you think. Look at your alarm. It has [is] stopped!
ROBERT   It has stopped? I've got to have it repaired.

APPLICATIONS

A Dialogue et questions: *The rosé is the best!*

MR. RICHARD   Hello[, sir, Miss].
JEAN-PAUL   Hello[, sir]. Can we taste your wine?
MR. RICHARD   Why, of course. This way, please.
CHRISTINE   How cool it is here! It feels good after such a long bicycle ride.
MR. RICHARD   You must be thirsty. Would you like to begin with [by] the rosé? It's very mild.
JEAN-PAUL   Yes, OK. (*Mr. Richard offers them two glasses, filled to one-third. Jean-Paul swishes the wine around, slowly, in his glass and examines its color [the color of it].*) What a pretty color! (*He tastes the wine in small sips.*) Hmm, this rosé is marvelous. The aroma [bouquet] is very pleasant. What do you think of it, Christine?
CHRISTINE   It's delicious.
MR. RICHARD   Would you like to try this one? It's a 1980 white wine. It's drier than the rosé.
JEAN-PAUL   It's less fruity than the rosé, but very good also.
CHRISTINE   And it leaves a great sensation of coolness. (*They taste some more wines.*)
JEAN-PAUL   So, what do you think of them?
CHRISTINE   *I prefer the rosé. I think my father will like it.*
JEAN-PAUL   Well, let's buy ten bottles. I can have them shipped [sent] to your parents' house.
CHRISTINE   And we will open them at Christmas. What a marvelous idea!

B Expressions utiles

On the farm

the {farmer / grower} : to cultivate {the field / the earth}
to sow {wheat / corn} in the field
to harvest

to grow [*two ways*] {flowers in the garden / vegetables in the vegetable garden}

In the orchard, there are {cherry trees (←cherry). / pear trees (←pear). / apple trees (←apple). / peach trees (←peach).}

VINGT-SIXIÈME LEÇON   **295**

the fruits: { to ripen / to be ripe

In the barnyard there are { ducks. / turkeys. / geese. / roosters/hens/chicks.

The raising of (One raises) { horses. / sheep. / pigs. / steers/cows.

Wine tasting

to open [uncork] a bottle (with a bottle-opener)
to pour the wine into a glass/to fill a glass with this wine
to examine/to admire the color
to smell [*two ways*] the aroma
to taste/to drink in small sips

The wine is { sweet [*two ways*]. / mild (a little sweet). / mellow (neither too dry nor too sweet). / dry [*two ways*].

The wine is { light. / full-bodied. / fruity. / sparkling [*two ways*]. / sour. }   It is a { good / great } vintage.

VOCABULAIRE

Masculine nouns

- animal **animal**
- jeweler **bijoutier**
- cherry tree **cerisier**
- pork butcher **charcutier**
- pig **cochon**
- barber **coiffeur**
- leather **cuir**
- repairman **dépanneur**
- down **duvet**
- schoolboy **écolier**
- grocer **épicier**
- liver **foie**
- oven **four**

watchmaker **horloger**
mechanic **mécanicien**
- trade **métier**
furniture **meuble**
- sheep **mouton**
- olive tree **olivier**
- orange tree **oranger**
- pear tree **poirier**
- apple tree **pommier**
- fire fighter **pompier**
vegetable garden **potager**
- plum tree **prunier**
- grapes **raisin**

- person in charge **responsable**
result **résultat**
- return **retour**
laughter **rire**
- rosé **rosé**
- lord **seigneur**
smile **sourire**
- third **tiers**
- orchard **verger**
- vineyard **vignoble**
- yogurt **yogourt**

Feminine nouns

ring **bague**
- wine cellar **cave**
- cherry **cerise**
- cart **charrette**
barnyard, courtyard **cour**
- (wine) tasting **dégustation**
- farm **ferme**
- coolness **fraîcheur**
- strawberry **fraise**
- sip **gorgée**

grimace, face **grimace**
indigestion **indigestion**
- oie **goose**
- olive **olive**
- skin **peau**
- plant **plante**
- feather **plume**
frying pan **poêle**
- Renaissance **Renaissance**
performance **représentation**

- rose **rose**
- feeling **sensation**
statue **statue**
tapestry **tapisserie**
- tulip **tulipe**
- cow **vache**
- life **vie**
- vine **vigne**
- violet **violette**

Verbs

- to welcome **accueillir** *irrég*
- to notice **apercevoir** *irrég*
- to pull (out) **arracher**
- to boil **bouillir** *irrég*
- to cook **cuire** *irrég*
- to open, to uncork **déboucher**
- to go (toward) **se diriger**
- to evoke **évoquer**
- to examine **examiner**
- to melt **fondre**
- to grow **pousser**
- to repair **réparer**
- to laugh **rire** *irrég*
- to roast **rôtir**
- to smile **sourire** *irrég*
- to suppose **supposer**
- to pull **tirer**

Adjectives

- stopped **arrêté(e)**
- bordered **bordé(e)**
- comic **comique**
- mild **doux (douce)**
- funny **drôle**
- enigmatic **énigmatique**
- exhausted **épuisé(e)**
- pompous **fastueux(euse)**
- fruity **fruité(e)**
- majestic **majestueux(euse)**
- marvelous **merveilleux(euse)**
- remarkable **remarquable**
- dry **sec (sèche)**
- splendid **splendide**

Other expressions

- it feels good **ça fait du bien**
- for fear that **de peur que**
- to do with (something) **faire de +** *nom*
- to have something done, to have someone do **faire faire**
- to swish **faire tourner**
- Hmm! **Humm !**
- this way **par ici**
- What...! **Quel(le)(s)...!**
- so...! **si...!**

ANSWER KEYS

COMPRÉHENSION AUDITIVE

Exercices oraux

26.1 (*Exercice supplémentaire*) 1. Pourquoi lisez-vous les dialogues ? 2. Pourquoi faites-vous vos devoirs ? 3. Pourquoi écrivez-vous des compositions ? 4. Pourquoi employez-vous le verbe **faire** ? 5. Pourquoi est-ce que les étudiants travaillent ? 6. Pourquoi font-ils leurs devoirs ? 7. Pourquoi lisent-ils les explications ? 8. Pourquoi ne dorment-ils pas ?

1. goûter 2. étudiais 3. mangé 4. copier 5. vivent 6. écrites 7. sont 8. s'aiment

26.2 oui—non—oui; non—non—oui; oui—non—oui

26.3 (*Exercice supplémentaire*) 1. Comme cette statue est intéressante ! 2. Comme cette statue est extraordinaire ! 3. Comme cette statuette est belle ! 4. Comme cette sculpture est magnifique ! 5. Comme ce tableau est curieux ! 6. Comme ce tableau est bizarre ! 7. Comme cette peinture est splendide ! 8. Comme ce portrait est beau !

défavorable—défavorable—favorable—favorable; défavorable—défavorable—favorable—défavorable

26.4 oui—oui—non; oui—oui—non; oui—oui—oui

Applications

f—v; f—v; v—f

4—2—1—3; 3—4—2—1

(*Dictée*) 1. Normandie 2. Bretagne 3. Provence 4. Bourgogne 5. Alsace 6. Gascogne 7. Champagne 8. Lorraine

(*Dictée*) Je vous invite à passer le week-end chez mes grands-parents. Vous travaillez trop depuis longtemps et il faut que je vous fasse quitter la ville. Ça vous fera du bien de sentir l'air frais de la campagne.

EXERCICES ÉCRITS

26.1 1. je me les fais couper [chez le coiffeur]. 2. je la fais réparer [par l'horloger]. 3. (Je la nettoie moi-même). 4. Je le fais réparer par le dépanneur. 5. (Voyons,) je les fais toujours moi-même ! 6. (Je n'ai pas de voiture, mais si j'en avais une, je la ferais réparer par le mécanicien).

26.2 1. Je souris souvent (à mon ami(e)). 2. Nous sourions quand (nous sommes heureux). 3. (Oui; on rit assez souvent) [dans le cours de français]. 4. On rit quand (on voit ou entend quelque chose de drôle). 5. Ne soyez pas trop sérieux, et souriez un peu !

26.3 1. (tout le monde m'aime). 2. (je n'ai pas eu le temps de déjeuner). 3. (tu vas avoir une indigestion). 5. Comme / Que tu es travailleuse ! (*or* Comme / Que tu travailles bien !) 6. Quel enfant intelligent vous avez ! (*or* Comme / Que votre enfant est intelligent !) 7. Comme / Qu'il fait beau ! (*or* Quel beau temps [il fait] !)

26.4 1. Parce que je crains qu'il ne pleuve. 2. Je sortirai à moins qu'il / elle ne soit occupé(e). 3. je suis plus travailleur(euse) que vous ne le supposez ! 4. Je vais les mettre de peur que je n'attrape un rhume. 5. Je pense qu'il est plus utile que vous ne le croyez.

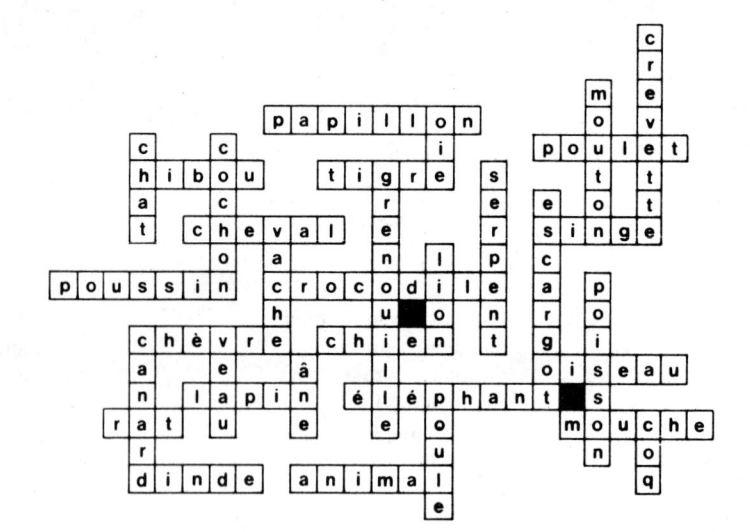

(I)

(II)

298 VINGT-SIXIÈME LEÇON

NOM _____ COURS _____ SECTION _____

LEÇON SUPPLÉMENTAIRE

PREMIÈRE PARTIE

EXERCICES ORAUX

- **1** Passé simple et passé antérieur

    A *Donnez la troisième personne du singulier et du pluriel et la première personne du pluriel de chaque verbe, d'après ce modèle.*

    1   2   3   4   5   6   7   8   9

    B *Répétez chaque verbe après moi, ensuite mettez-le au passé composé.*

    1   2   3   4   5   6   7   8   9   10   11   12   13   14   15   16   17
    18

    Compréhension auditive : *Mettez un cercle autour du verbe que vous entendez.*

    1. eut / eu / eurent / surent
    2. durent / duraient / durer / durèrent
    3. vient / viennent / vint / vont
    4. se levait / s'est levé / se leva
    5. ouvrir / ouvrirent / ouvraient
    6. furent / firent / faire
    7. écrivit / écrivent / écrivaient
    8. parlas / parlé / parlais
    9. manger / mangez / mangiez / mangeai
    10. tu / tue / tué / tut

    Compréhension auditive : *Écrivez le sujet et le verbe de chaque phrase.*

    1. _____
    2. _____
    3. _____
    4. _____
    5. _____
    6. _____
    7. _____
    8. _____
    9. _____
    10. _____

- **2** Imparfait et plus-que-parfait du subjonctif

    A *Lisez chaque phrase, puis remplacez les temps de la langue écrite par ceux de la langue parlée d'après ce modèle.*

    1   2   3   4   5   6   7   8

DEUXIÈME PARTIE

EXERCICES ÉCRITS

- **1** Passé simple et passé antérieur

    Mettez les verbes soulignés au passé simple ou au passé antérieur selon le cas.

    On (1) a fini le déjeuner. Mme Chabrier (2) est sortie de l'appartement. Monique (3) a fait la vaisselle et je (4) l'ai aidée. (5) J'ai éteint la lumière et (6) je suis montée dans ma chambre. (7) J'ai pris ma valise et (8) l'ai posée sur le lit. Je fermais la valise quand Monique (9) est entrée. Elle (10) s'est assise sur le lit. La valise (11) s'est ouverte et mes vêtements (12) sont tombés par terre. Monique (13) s'est excusée et (14) les a ramassés. Jean-Paul (15) a frappé à la porte quand (16) j'ai refermé ma valise. Il nous (17) a proposé d'aller au Parc de Sceaux. Il (18) est descendu et nous (19) a attendues dans la cour. Il (20) a commencé à pleuvoir dès que (21) nous sommes descendues dans la cour. Il nous (22) a vues et nous (23) a demandé d'apporter des parapluies. Heureusement, la pluie (24) n'a pas duré longtemps.

    1. _____   13. _____
    2. _____   14. _____
    3. _____   15. _____
    4. _____   16. _____
    5. _____   17. _____
    6. _____   18. _____
    7. _____   19. _____
    8. _____   20. _____
    9. _____   21. _____
    10. _____ 22. _____
    11. _____ 23. _____
    12. _____ 24. _____

NOM _____ COURS _____ SECTION _____

● 2 Imparfait et plus-que-parfait du subjonctif

Remplacez les temps de la langue écrite par ceux de la langue parlée.

Il fallait que Christine (1) rentrât aux États-Unis. Monique était malheureuse que Christine (2) dût partir si tôt. Elle (3) insista que Christine (4) prît un de ses bibelots. Qui (5) eût cru qu'elle (6) fût si sentimentale ? Christine (7) eût voulu rester plus longtemps à Paris. M. et Mme Chabrier et leur fille (8) allèrent à Roissy et (9) dirent au revoir à Christine et à Jean-Paul. Monique (10) demanda que Christine lui (11) écrivît souvent et qu'elle (12) revînt bientôt.

1. _____   7. _____
2. _____   8. _____
3. _____   9. _____
4. _____   10. _____
5. _____   11. _____
6. _____   12. _____

Complétez la grille avec la forme « il » du passé simple des verbes suivants.

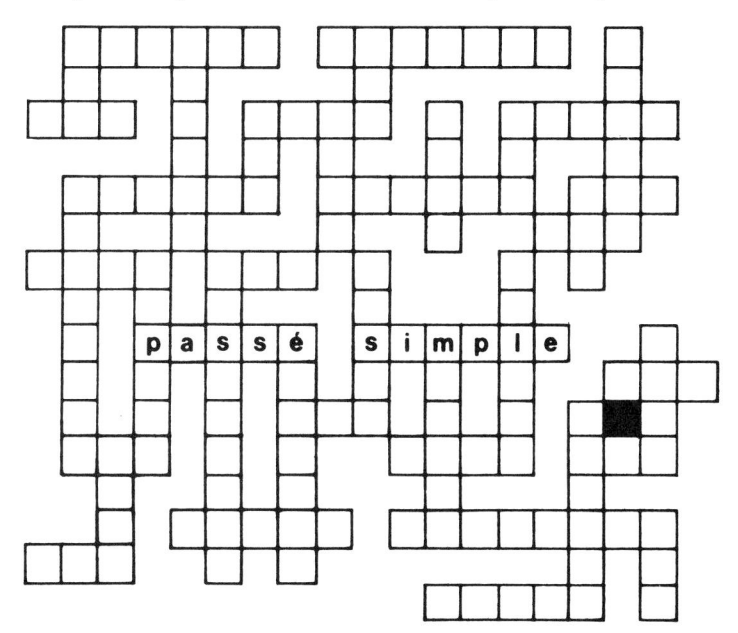

annoncer	naître
apprendre	nier
s'asseoir	ôter
attendre	payer
avoir	plaire
courir	pouvoir
craindre	recevoir
croire	rentrer
descendre	rire
devoir	savoir
dire[1]	sourire
écrire	se taire
être	tenir
faire	tuer
falloir	unir
finir	vendre
lever	venir
lire	vivre
mettre[1]	voir
mourir	vouloir

[1]Les cases occupées par ces deux verbes peuvent être échangées.

TROISIÈME PARTIE

VOCABULAIRE

Masculine nouns

love	**amour**	effect	**effet**	pride	**orgueil**
baron	**baron**	grammarian	**grammairien**	screen	**paravent**
guide	**conducteur**	instant	**instant**	porter	**porteur**
kick	**coup de pied**	next day	**lendemain**	valet	**valet**
table (setting)	**couvert**	simmering soup	**mitonné**		
behind	**derrière**	handkerchief	**mouchoir**		

Feminine nouns

baroness	**baronne**	young lady	**demoiselle**	solitude	**solitude**
beauty	**beauté**	aroma, smoke	**fumée**	source	**source**
ceremony	**cérémonie**	grace	**grâce**	liveliness	**vivacité**
civility	**civilité**	sweetheart	**mie**		
declaration	**déclaration**	sensitivity	**sensibilité**		

Verbs

to approach	**s'approcher (de)**	to stop (from)	**empêcher (de)**	to utter	**proférer**
to murder	**assassiner**	to burn [with passion]	**s'enflammer**	to meet one another	**se rencontrer**
to kiss	**baiser**	to faint	**s'évanouir**	to blush	**rougir**
to drive out (from)	**chasser (de)**	to idolize	**idolâtrer**	to slap	**souffleter**
to strip	**dépouiller**	to dare	**oser**	to wish	**souhaiter**
to drive to despair	**désespérer**	to forgive	**pardonner**	to tremble	**trembler**
to wander	**s'égarer**	to perish, to die (from)	**périr (de)**		

Adjectives

in dismay	**consterné(e)**	ferocious	**féroce**	succulent(e)	**succulent**
broken [*voice*]	**entrecoupé(e)**	furnished	**meublé(e)**		

Adverbs

strongly	**fort**	innocently	**innocemment**	immediately	**sur-le-champ**
naively	**ingénument**	magnificently	**magnifiquement**		

Other expressions

hardly...when	**à peine...que**	to do one's utmost	**faire tout son possible**	not at all	**ne...point**
near	**auprès de**	when	**lorsque**	to come back to oneself	**revenir à soi-même**
from	**dès**	to set the table	**mettre le couvert**		
as soon as	**dès que**				

LEÇON SUPPLÉMENTAIRE

ANSWER KEYS

COMPRÉHENSION AUDITIVE

Exercices oraux

1 1. eu 2. duraient 3. vint 4. s'est levé 5. ouvrir 6. firent 7. écrivent 8. parlais 9. mangiez 10. tue

1. Ils firent 2. Nous mangeâmes 3. Elles finirent 4. Il y eut 5. Ils parlèrent 6. Vous entendîtes 7. Je fus 8. Il commença 9. Nous fûmes 10. Elles burent

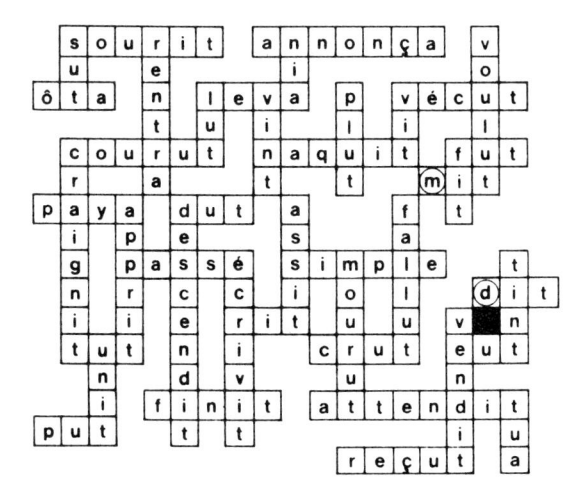

EXERCICES ÉCRITS

1 1. finit 2. sortit 3. fit 4. l'aidai 5. J'éteignis 6. je montai 7. Je pris 8. la posai 9. entra 10. s'assit 11. s'ouvrit 12. tombèrent 13. s'excusa 14. les ramassa 15. frappa 16. j'eus refermé 17. proposa 18. descendit 19. attendit 20. commença 21. nous fûmes descendues 22. vit 23. demanda 24. ne dura pas

2 1. rentre 2. doive 3. a insisté 4. prenne 5. aurait cru 6. soit 7. aurait voulu 8. sont allés 9. ont dit 10. a demandé 11. écrive 12. revienne

LEÇON SUPPLÉMENTAIRE

PERMISSION FORM FOR TAPE COPYING

John Wiley & Sons, Inc. permits you to have a copy made of the tape program of *Thème et Variations,* for your own use only, at the language laboratory of your school. You should retain the first form and return the second to the language laboratory.

STUDENT COPY

Date _____

I request a copy of the recorded materials for *Thème et Variations* from (name of laboratory and institution) _____

_____. This copy will be used only for my personal study in connection with

my enrollment in (course or courses) _____ for which the tapes

are required. I am aware that the copyright of the publisher for the tapes forbids any other

use or reproduction of the materials.

Signed _____

LABORATORY COPY

Date _____

I request a copy of the recorded materials for *Thème et Variations* from (name of laboratory and institution) _____

_____. This copy will be used only for my personal study in connection with

my enrollment in (course or courses) _____ for which the tapes

are required. I am aware that the copyright of the publisher for the tapes forbids any other

use or reproduction of the materials.

Signed _____

Student Identification Number _____